本书为湖北省社会科学基金重点项目暨习近平文化思想研究专项课题成果

道德·价值·文化丛书

道德情感原理引论

李家莲 ／ 著

科学出版社

北京

内 容 简 介

道德情感主义最初诞生于 18 世纪的英国，自此之后，虽一度淹没于功利主义和理性主义大潮中，但它不仅没有消失，而且还在当代西方道德哲学舞台上发出了掷地有声的回响。在对 18 世纪以降的西方道德情感主义进行综合性研究的基础上，本书围绕道德赞同、情感机制、道德判断的先天性以及道德规范的客观性介绍道德情感之内在原理并试图构建更合理的道德情感主义理论体系。

本书是一本道德情感主义哲学专业书籍，面向具有一定伦理学专业知识储备的读者，包括伦理学专业的本科生、硕博生以及专业研究人员。

图书在版编目（CIP）数据

道德情感原理引论/李家莲著 . —北京：科学出版社，2024.5
（道德·价值·文化丛书）
ISBN 978-7-03-078426-1

Ⅰ . ①道… Ⅱ . ①李… Ⅲ . ①道德－研究 Ⅳ . ① B82

中国国家版本馆 CIP 数据核字（2024）第 082748 号

丛书策划：侯俊琳 樊 飞
责任编辑：杨婵娟 陈晶晶 / 责任校对：韩 杨
责任印制：师艳茹 / 封面设计：无极书装

科 学 出 版 社 出版
北京东黄城根北街16号
邮政编码：100717
http://www.sciencep.com

天津市新科印刷有限公司印刷
科学出版社发行 各地新华书店经销

*

2024 年 4 月第 一 版 开本：720×1000 B5
2024 年 4 月第一次印刷 印张：10 1/4
字数：207 000

定价：78.00 元
（如有印装质量问题，我社负责调换）

目录

前言 道德情感主义哲学中的无利害感①

　　道德情感主义在西方伦理思想史上是真正的"小众"。尽管如此，时至今日，它却依然拥有强劲的生命力。18世纪英国道德哲学舞台上曾出现过以沙夫茨伯里伯爵三世（Anthony Ashley Cooper, the Third Earl of Shaftesbury, 1671—1713）、弗朗西斯·哈奇森（Francis Hutcheson, 1694—1746）、大卫·休谟（David Hume, 1711—1776）和亚当·斯密（Adam Smith, 1723—1790）为代表的道德情感主义学派，该学派致力于以道德赞同为前提来理解道德判断。18世纪道德情感主义得到了以迈克尔·斯洛特（Michael Slote, 1941—　）为代表的当代西方道德情感主义者和美德伦理学家的回应。在继承18世纪道德情感主义者们留下的精神遗产的同时，斯洛特把这种情感主义置于当代哲学语境中，以一种不同于认知科学的方式来处理关怀伦理学、元伦理学和政治哲学中的情感问题。在18世纪众多的道德情感主义者中，斯洛特尤其偏爱休谟，他在《道德情感主义》（*Moral Sentimentalism*）的扉页上写着"若无休谟，将无此书"②，表示该书与休谟联系紧密。不过，尽管继承了休谟的道德情感主义，斯洛特还是指出，较之18世纪以休谟等为代表的那种情感主

---

① "无利害感"是disinterestedness的汉译，该词又译为"无利害性"或"无功利性"。该词由18世纪道德情感主义者沙夫茨伯里首次提出，经伊曼纽尔·康德（Immanuel Kant, 1724—1804）在美学中系统阐释后，业已发展为重要的美学概念。然而，该词在诞生之初却并不具有美学目的，沙夫茨伯里明确提出以该词为基础理解道德情感和审美情感的本性，意在用道德情感和审美情感的无利害感论证道德情感和审美情感的天然性并据此反驳以约翰·洛克（John Locke, 1632—1704）和托马斯·霍布斯（Thomas Hobbes, 1588—1679）等为代表的17世纪道德哲学。根据沙夫茨伯里的本意，具有无利害感特征的道德情感既不以道德主体的私人利益或私人善为目的，也不以社会公共利益或社会公共善为目的，此种意义上的道德情感完全消除了以私人善和社会公共善为代表的功利目的。不过，沙夫茨伯里用无利害感描述道德情感，并不意味着他认同斯多亚学派所重视的那种"平静的、不动心的幸福"（calm and undisturbed happiness），也不意味着他赞同斯多亚学派并会像该学派那样以一种不动心的态度看待世俗社会中的私人善或社会公共善，事实上，作为启蒙思想家，他真正想表达或论证的内容恰好与此相悖。具有无利害感特征的道德情感并不会像霍布斯所说的那样通过把社会公共利益或社会公共善视为满足私人利益或私人善之工具或手段的方式来实现社会公共利益或社会公共善，更确切地说，他不赞同17世纪思想家们对社会公共善和私人善的关系的认知，在抓住道德情感的无利害感特征的同时，他试图为社会公共善和私人善找到一种与17世纪思想家对该问题看法截然不同的新理论，并在该理论的指导下增进社会公共善和私人善。具有无利害感特征的道德情感在情感领域内暗示了一种自然的秩序，该秩序既美且神圣，只要遵循该秩序，以私人善和社会公共善为代表的功利目标都将得到实现。就此而言，探析道德情感的无利害感既是沙夫茨伯里道德哲学的起点，也是18世纪道德情感主义哲学的"初心"。不过，令人遗憾的是，随着苏格兰启蒙运动不断深化，该起点和"初心"已被历史尘封起来，被滚滚红尘湮没殆尽。对于以斯洛特为代表的当代西方道德情感主义来说，由于深受后果主义影响，被尘封的起点和"初心"也没能重现光彩。有鉴于此，本书试图在当代哲学语境中重拾道德情感的无利害感，用它阐释为道德情感主义者们深切关注但却分歧重大的基本理论问题，以期给研究道德情感主义的后来者们提供一幅具有引导价值的地图。

② Slote M. *Moral Sentimentalism*. New York: Oxford University Press, 2010: v.

义，经他发展后的这种道德情感主义是一种更彻底、更系统、更具情感性的情感主义。在谈到元伦理学中的情感主义时，斯洛特还指出，在当代西方元伦理学舞台上，有很多元伦理学家从认知科学出发研究道德语言，主张用情感表达主义和主观主义研究语义观，他明确表示不赞成以这种态度研究道德情感，认为他们的解释"未能从道德理论内部合理解释这一切"①。从认知科学出发研究元伦理学的那些人认为道德语言并不具有客观性，但《道德情感主义》却明确指出，"这种做法——以科学概念为主要基础并忽视伦理学学科内部的观念可能具有的某种力量来研究元伦理学——是一种错误"②。与此同时，该书也亮明了自己的立场，即从人类共同的遗产——本能——出发，论证道德语言的客观性。很显然，除了本能之外，这种共同遗产还包括以休谟等为代表的 18 世纪道德情感主义者们的成果。

通过继承 18 世纪英国道德情感主义者们留下的遗产，《道德情感主义》站在当代哲学语境中对它进行了创造性发展。《道德情感主义》沿着 18 世纪道德情感主义者们所立足的情感机制③（尤其是休谟道德哲学中的同情机制）来构建其理论体系，不过，斯洛特并未沿用休谟和其他 18 世纪道德情感主义者们对它的命名。通过吸收当代神经科学以及以霍夫曼（Martin Hoffman）为代表的美国心理学家推出的最新研究成果，斯洛特把情感机制命名为移情（empathy）④。不过，斯洛特对 18 世纪道德情感主义哲学的理论创新没有止步于此。

众所周知，18 世纪道德情感主义者们在基于情感机制构建道德情感主义哲学体系时，严格遵循的基本的理论前提是洛克对先天观念论的批判。18 世纪道德情感主义者们以此为前提来研究情感主义诸问题，不仅如此，他们还把自己的研究拓展到政治经济学、语言学、宗教学等领域。以政治经济学为例，由该学派提供的道德情感主义哲学曾为英国古典政治经济学奠定了坚实的哲学基础。与此同时，该学派还具有十分浓厚的世俗化色彩，而正是在世俗化的推动下，辅以宗教宽容、科技新发明以及英国人对新的文明社会的追求，18 世纪的英国诞生了人类思想史上第一次启蒙运动，即苏格兰启蒙运动。尽管如此，18 世纪的苏格兰启蒙学派推出的这种

---

① Slote M. *Moral Sentimentalism*. New York: Oxford University Press, 2010: ⅶ.

② Slote M. *Moral Sentimentalism*. New York: Oxford University Press, 2010: ⅷ.

③ 不管是 18 世纪道德情感主义者沙夫茨伯里和哈奇森讨论过的"道德感官"，还是休谟和斯密讨论过的同情（sympathy），抑或是当代西方道德情感主义者斯洛特讨论过的移情（empathy）以及当今社会生活中广泛流行的共情（empathy），本质上指的都是人类情感领域中的情感机制。虽然是同一情感机制，只是在不同历史发展阶段展现为不同的"面孔"，但试图用人类语言中的某个单一词汇描述该情感机制却显得十分困难，故本书放弃了为该情感机制给予情感化命名的思路，直接用"情感机制"称呼它。

④ empathy 在汉语中的译名很多，常见的有共情、移情、共感、同感、同理心等，斯洛特对"移情"这一表达抱有偏爱，理由是"移"字可以凸显人与人之间情感的交流状态，更接近休谟哲学中的同情。不过，斯洛特虽主张把 empathy 翻译成"移情"，但却同时强调说，该译名与美学意义上的移情无甚关联。因此，《道德情感主义》把 empathy 翻译为"移情"，而基于对斯洛特的敬重，本书在当代哲学话语中阐述empathy 时，也将继续沿用《道德情感主义》中的译名。

带有浓厚世俗化色彩的道德情感主义哲学也并非完美到无可挑剔，更确切地说，它问题重重。18 世纪的德国启蒙思想家康德（Immanuel Kant，1724—1804）曾深受英国道德情感主义者——如休谟、斯密等——的影响。他曾说过，休谟把他从独断论中惊醒，而斯密则是他最喜爱的作家，他曾反复阅读《道德情操论》（*The Theory of Moral Sentiments*）。不过，他并不赞成英国道德情感主义者们基于同情机制阐述道德赞同和道德判断原则的做法，曾从反对自然主义的视角给予过批判。对于该学派最后一位也是这一时期道德情感主义的重要代表人物——亚当·斯密——的《道德情操论》来说，该体系就明确存在着可被称为"游叙弗伦困境"（Euthyphron dilemma）的理论难题。自《国富论》（*An Inquiry into the Nature and Causes of the Wealth of Nations*）出版后，18 世纪的英国完成了启蒙任务，随着苏格兰启蒙运动逐渐落下帷幕，英国道德情感主义也淡出了历史的舞台，为她所孕育的功利主义伦理思想开始在伦理学舞台上崭露头角并在 19 世纪乃至今天的伦理学中绽放着耀眼的光芒。

当《道德情感主义》基于以移情为代表的情感机制阐述道德赞同和道德判断原则并试图把它们置于当代元伦理学话语体系中理解道德语言的内涵时，斯洛特首先改变了 18 世纪道德情感主义者们所坚守的基本理论立场，即对先天观念论的批判，重新接受了 17—18 世纪经验主义哲学所极力排斥的先天观念论，通过改造索尔·A. 克里普克（Saul Aaron Kripke，1940— ）的指称固定理论（theory of reference fixing），论证了情感机制的先天性，与此同时，也赋予了基于该情感机制的道德赞同和道德判断以客观性，以此为基础，斯洛特主张，由道德情感主义阐述的道德命令可以和康德道德哲学中的"绝对命令"一样，享有绝对道德价值。很显然，斯洛特在基本理论立场上背离了 17—18 世纪英国道德哲学家所确立的对先天观念论的批判立场，那么，该如何看待这种做法呢？《道德情感主义》已对这种做法进行了较中肯的评价："自休谟时代以来，一切都已发生了巨大变化，现在可能——或许甚至更紧迫——需要以一种早期情感主义者未曾预料且极有可能会反感的方式来应用休谟和情感主义者提出的观念。进一步说，我要论证的仅仅只是情感主义，而非内在蕴含着休谟原初道德情感主义的那种更广义的或形而上学意义上的经验主义。"[1] 也就是说，为了对道德情感主义进行论证，斯洛特认为，我们需要克服并超越 18 世纪道德情感主义者们所坚守的那种狭隘的形而上学意义上的经验主义。更确切地说，我们需要在遵循道德情感主义之核心理论主旨的同时，超越 17—18 世纪的那种狭隘的经验主义，在当代西方哲学视域中，从 17—18 世纪经验主义者们所不待见的哲学遗产中吸收并借鉴有助于道德情感主义理论构建的有益成分。那么，这种做法是否意味着《道德情感主义》偏离了 17—18 世纪道德情感主

---

[1] Slote M. *Moral Sentimentalism*. New York: Oxford University Press, 2010: VIII.

义者们所偏爱的那种经验主义呢？答案是否定的。用斯洛特的话说，这只意味着近代经验主义在当代哲学语境中实现了新的发展，与此同时，我们也发现，当代西方哲学语境中的理性主义也经过长久的自我发展而呈现出了异于近代理性主义的理论特色。

以情感机制——《道德情感主义》所说的移情——为基础讨论道德赞同或不赞同并以此类道德赞同为前提解释道德判断原则，《道德情感主义》主张，伴随着道德赞同的情感表达不是苦乐感而是温暖感或冷漠感。众所周知，以沙夫茨伯里、哈奇森、休谟和斯密为代表的 18 世纪道德情感主义者们几乎全都认为，如同美伴随着令人愉快的感觉而丑伴随着令人不愉快的感觉一样，道德赞同伴随着令人愉快的感觉，道德不赞同则伴随着令人不愉快的感觉。然而，斯洛特指出，与道德赞同或不赞同紧密相连的情感表达不是苦乐感，而是温暖感或冷漠感。笔者在研究 18 世纪道德情感主义时注意到，当这种道德情感主义在西方伦理学舞台上得以兴起时，以沙夫茨伯里和哈奇森为代表的早期道德情感主义者们曾试图以道德情感中的无利害感（disinterestedness）反驳以洛克、霍布斯等为代表的 17 世纪道德哲学并基于情感构建一种新的道德哲学体系，无利害感虽然表现于道德情感之中，但其基础却不在情感本身，而在隐藏于情感背后的情感机制之中，而情感机制广义上却是自然法的表现形式，然而，承载着启蒙之重任的 18 世纪启蒙思想家们在推动道德情感主义理论构建的过程中却逐步遗忘了这种情感主义得以兴起的“初心”。时至今日，历史与现实已向我们表明，无论是对 18 世纪道德情感主义的理论构建来说，还是对当代西方道德情感主义的理论构建来说，这种遗忘已对其造成了致命影响。因此，立足当代西方道德情感主义，本书不认为苦乐感以及温暖感或冷漠感可被视为伴随着道德赞同或不赞同的情感感受，而认为为 18 世纪早期道德情感主义者们所认可的无利害感才是与道德赞同或不赞同紧密相连的情感感受。不过，当 18 世纪早期道德情感主义者们把无利害感视为与道德赞同或不赞同紧密相连的情感感受时，他们从未把无利害感与情感机制连接起来。以沙夫茨伯里为例，他脱离情感机制讨论道德情感中的无利害感的做法不仅没有给他的道德情感主义带来助力，反而招致了以伯纳德·曼德维尔（Bernard Mandeville，1670—1733）等为代表的 18 世纪思想家们的批判，思想家们认为他以贵族身份提出的那种道德情感主义太过高调、太过远离人性的现实状况。就此而言，本书认为，当我们讨论道德情感中的无利害感时，我们并不专注于道德情感本身来讨论它，我们将始终立足于情感机制来论证它，换句话说，论证道德情感中的无利害感，从根本上说就是要使情感机制为道德秩序奠定基础。不过，对于道德情感主义而言，所有这一切都离不开如何理解道德赞同，因此，在展开论证前，让我们简要回顾一下 18 世纪道德情感主义者们和当代道德情感主义者斯洛特对道德赞同的理解。

虽然休谟在《人性论》（A Treatise of Human Nature）结尾部分也曾说过，当我们被爱感动时，我们的眼里会有泪水，此时，未必会伴随着令人愉快的感觉，"对于被爱触动的人来说，爱直接使之感到愉快，恨则直接使之感到不愉快，这也是我们赞扬所有包含着爱的激情并谴责所有包含着大量恨的激情的主要理由。毫无疑问，一如我们会被豪情无限感动，我们也会被温柔的情感无限感动。一旦辨认出它，我们自然而然就会热泪盈眶，对于表现了这种柔情的人，我们也会毫不吝啬地流露出同样的情感"①。不过，很显然，休谟在其哲学体系中并未以此为基础展开对赞同理论和道德判断原则的讨论，而是基于与效用相连的苦乐感阐述其赞同理论和道德判断原则。与休谟类似的是，哈奇森也基于效用讨论赞同理论。在《论美与德性观念的根源》（*An Inquiry into the Original of Our Ideas of Beauty and Virtue: in Two Treatises*）中的第二篇论文《论我们的美德或道德善的根源》（"An Inquiry Concerning the Original of Our Ideas of Virtue or Moral Good"）的开篇处，哈奇森指出，"本文的道德善，指的是行为中某种性质——对于不会从该行为中获得任何益处的那些人来说，该性质会使人对行为者产生赞同和爱——引起的观念。道德恶则指相反的性质——即使对于局外人来说，该性质也会自然而然使人对行为者产生憎恨和厌恶——引起的观念"②。不过，该定义并未进一步明确解释何谓道德善（moral goodness）和道德恶，用哈奇森的话说，我们必须满足于这种不完美的定义。随着论证逐步展开，《道德善恶研究》第三节条目八明确认为，"最好的行为是为最大多数人带来最大幸福的行为，而最糟的行为则是以类似方式产生苦难的行为"③。这表明，虽然哈奇森的道德哲学中的赞同者本人并不根据行为者的行为是否给自己带来了某种益处而赞同或不赞同该行为，但却会根据该行为是否给他人带来某种益处而赞同或不赞同该行为，根据该行为是否为最大多数人带来最大幸福来判定该行为是不是最佳的行为。这表明，哈奇森道德哲学中的道德赞同理论事实上是根据仁爱的行为的后果所产生的效用确定赞同的原则和基础的。当善的行为给旁观者带来的幸福越大，伴随着道德赞同而产生的愉悦感也越大，同理，当恶的行为给旁观者带来的苦难越大，伴随着道德不赞同而产生的不快也越大。总而言之，对哈奇森和休谟讨论的道德赞同或不赞同来说，与其相伴的苦乐感得以产生的根据是被赞同或不赞同的情感或行为所产生的效用。

对沙夫茨伯里和斯密来说，他们虽然也认为道德赞同伴随着令人愉快的感觉，道德不赞同则伴随着令人不快的感觉，但苦乐感的原因和性质却与效用无关。沙夫

---

① Hume D. *The Philosophical Works of David Hume, Including all the Essays, and Exhibiting the more Important Alterations and Corrections in the Successive Editions Published by the Author.* Vol. 2. Edinbugh: Adam Black and William Tait, 1826: 395-396.

② Hutcheson F. *An Inquiry into the Original of Our Ideas of Beauty and Virtue: in Two Treatises.* Indianapolis: Liberty Fund, 2004: 85.

③ Hutcheson F. *An Inquiry into the Original of Our Ideas of Beauty and Virtue: in Two Treatises.* Indianapolis: Liberty Fund, 2004: 125.

茨伯里认为，发生在心灵中的道德赞同和审美判断具有相同属性，"作为其他心灵的旁观者和听众，心灵不可能没有自己的眼睛和耳朵，它不仅会分辨比例、区分声音，也会区分出现在它面前的每一种情感或思想。它不会使任何事物逃脱它的审查。它会在情感中感受到温柔和强硬、愉悦和不快，且会发现美丑、和谐与不和谐，就像会在音符或可被感知的事物的外在形式或表征中真真切切且实实在在发现它们一样"①。由于道德判断和审美判断都是对心灵内部的情感秩序之美的回应，具有相同的情感属性，因此，苦乐感既可被视为与道德判断紧密相连的情感感受，也可被视为与审美判断紧密相连的情感感受。于是，自沙夫茨伯里开始，18世纪的道德情感主义者所讨论的道德判断都或多或少沾染了审美的品性，更极端的做法是在审美的视镜中讨论道德赞同问题并认为伴随着道德赞同或不赞同的苦乐感具有审美品性，这种思想既表现在哈奇森的道德情感主义哲学中，也表现在斯密的道德情感主义哲学中。不过，哈奇森的道德情感主义哲学并未基于伴随着道德赞同的审美品性来讨论道德赞同，然而，这却正是斯密的道德情感主义哲学得以被构建起来的理论地基。《道德情操论》基于合宜性阐述道德赞同，而合宜性则生于同情。合宜点得以形成的标志是位于同一道德语境中的当事人与旁观者的情感之间形成了对称平衡状态。当旁观者基于想象把自己置于当事人的语境中并发现自己的情感与当事人的情感具有相似性或一致性时，这就表明该情感具有合宜性，"在当事人的原始感情与旁观者产生的同情完全一致时，对于后者来说，这样的情感必然是正确而又合宜的，并且与它们的对象是适合的"②，对于当事人来说，当当事人发现旁观者在自己的语境中产生了与自己相似或一致的情感时，这意味着当事人自己的情感也具有合宜性。合宜性的基础是以同情为代表的情感机制，媒介是当事人或旁观者的想象力，本质是位于同一道德语境中的旁观者和当事人的两种不同的情感所展现出的相似性或一致性，这是同一情感机制借助不同主体实现的自我表达，以不同主体体现出的情感对称美实现自我。斯密在基于合宜性讨论道德赞同时，注意到相互同情会产生快乐。不过，就这种快乐的性质而言，它属于美学而非效用。就此而言，伴随着道德赞同或不赞同而来的苦乐感超过了由效用而生的苦乐感而在斯密道德哲学中占支配地位。例如，斯密认为，对于我们认为的美的事物而言，其巧妙的设计往往比效用更能给我们带来愉悦，"任何工艺品所具有的这种合宜性，这种巧妙的设计，往往比人们对它的预期的目的本身更受重视；而且，为获得便利或愉快而对手段进行的精确调整，常常比那些便利或愉快本身更受重视，尽管获得这种便利和愉快似乎就是其整个价值之所在"③。以凌乱的房间为例，斯密认为我们之所以会整理凌乱

---

① Shaftesbury A A C. *Characteristicks of Men, Manners, Opinions, Times*. Vol.2. Indianapolis: Liberty Fund, 2001: 17.

② Smith A. *The Theory of Moral Sentiments*. Indianapolis: Liberty Fund, 1984: 16.

③ Smith A. *The Theory of Moral Sentiments*. Indianapolis: Liberty Fund, 1984: 179-180.

的房间，不是为了追求便利，而是为了追求产生这种便利的那种设计，即整体上的恰当（the whole property）或整体恰当与美（the whole of its property and beauty）。一如斯密所言，"看来人们想要的与其说是这种便利，不如说是带来这种便利的对家具的布置"①。就合宜性的本质是当事人和旁观者的情感之间的对称美来说，伴随着赞同的愉悦感本质上属于伴随着审美判断而生的审美快乐，而伴随着道德不赞同的不快感，其本质上同样属于伴随着审美判断而生的审美不快感。因此，当我们欲求旁观者的赞同时，我们真正欲求的不是使旁观者赞同我们的情感所产生的后果或效用，而是我们自己的情感与旁观者的情感之间表现出的那种合宜性，而欲求合宜性，其本质是欲求美。在此意义上，斯密主张，求美可以推动我们追求实现社会公共利益，不仅如此，斯密还主张，正义也建立在相同的基础上②。

上文的分析表明，18 世纪道德情感主义者们均认为伴随着道德赞同或不赞同的情感感受是苦乐感，尽管他们对这种苦乐感的性质或引起这种苦乐感的根源持不同看法，但他们都聚焦于用苦乐感来阐述道德赞同或不赞同。时至今日，这种状况发生了根本性改变。与 18 世纪道德情感主义者们一样，斯洛特也认为，不以理性为基础且不以任何道德判断为预设前提的道德赞同是情感主义道德判断的基础。不过，当他在《道德情感主义》中基于移情阐述道德赞同时，他认为伴随着道德赞同或不赞同的情感感受不是苦乐感而是温暖感或冷漠感。斯洛特说，"我相信，移情得到充分发展的人面对移情得到充分发展的主体（的独特行为）和移情尚未得到充分发展的主体（的独特行为）会产生不同的移情反应。尤其是，如果主体的行为反射了对他人（幸福或愿望）的移情关怀，富有移情心的人就会对他们产生温暖或温柔的感觉，这种温暖或温柔以移情的方式反射了该主体的移情温暖或温柔"③。他接着说，自己所说的这种温暖感或冷漠感源于休谟。事实上，休谟在《人性论》中的确说过这样的话。当他在《人性论》第三卷《道德学》中讨论因爱引起的赞同时，他在不同地方都认为因爱引起的赞同伴随着温暖感。对于因爱引起的赞同，休谟认为其赞同的根源不是效用，而是我们自己或他人的性格，他认为相似的性格更容易引起直接同情（immediate sympathy），"他们能从这种感情中体会更多温暖且更容易从中感受到快乐"④。接下来，他说，"最能打动人的是爱和友谊中无微不至的体贴，关心朋友最细微的需要，愿意为朋友放弃自己最大的利益……当有些例证非常明显地表现出友谊时，我的心也会产生同样的激情，并被展现在我面前的那些令人温暖

---

① Smith A. *The Theory of Moral Sentiments*. Indianapolis: Liberty Fund, 1984: 180.

② Smith A. *The Theory of Moral Sentiments*. Indianapolis: Liberty Fund, 1984: 190.

③ Slote M. *Moral Sentimentalism*. New York: Oxford University Press, 2010: 34.

④ Hume D. *The Philosophical Works of David Hume, Including All the Essays, and Exhibiting the More Important Alterations and Corrections in the Successive Editions Published by the Author*. Vol. 2. Edinburgh: Adam Black and William Tait, 1826: 396.

的感情所温暖"①。休谟也说过，令人温暖的感觉是爱的感觉，当我们感受到温暖时，实际上意味着伴随着道德赞同的情感感受已经实现了从快乐到爱的转变，因此，从令人愉快到令人温暖的转变是容易的，因为"由同情激发的令人愉快的情感感受正是爱本身"②。前文说过，尽管休谟讨论过因爱引起的温暖感，但较之苦乐感，这种情感感受在他的全部情感哲学体系中并不占主导地位，而它也仅仅只被视为被转换后的苦乐感。不过，当斯洛特在《道德情感主义》中阐述道德赞同时，他选择把温暖感或冷漠感而非苦乐感视为伴随着道德赞同或不赞同的情感感受，而为 18 世纪道德情感主义者们所重视的苦乐感在他的道德情感主义哲学体系中却不再占有任何地位，这种做法从根本上改变了 18 世纪道德情感主义者们基于情感机制讨论道德赞同时为之确立的、把苦乐感视为唯一情感感受的理论路径。

那么，对于斯洛特创立的这种以情感机制为基础解释道德赞同并把伴随着道德赞同或不赞同的情感感受确立为温暖感或冷漠感的做法，我们该如何评价？在推动道德情感主义理论建设的过程中，在当代哲学语境中通过指称固定的方式恢复情感机制先天性，抛弃 17—18 世纪经验主义者们所固守的那种对先天观念论的批判性态度，由斯洛特做出的这种理论创新已为道德情感主义注入了新的理论活力。不过，斯洛特所说的温暖感或冷漠感纯粹源于经验的、后天的世界，而就《道德情感主义》对该情感感受的描述而言，其理论基础具有明确的后果论倾向，因此，在解决移情疲劳等问题时，总是难以排除后果论的影响。以《道德情感主义》讨论过的遭遇移情疲劳的护士为例。由于十分善于移情，该护士对所有患者总是有求必应，最终使自己身陷移情疲劳。由于身陷移情疲劳，当其他患者再次对该护士表达需求时，这位护士再也无力照料他们了。《道德情感主义》就此发问，该护士的这种行为在何种意义上应该得到谅解？斯洛特认为，如果该护士的行为是初犯，那么，完全应该得到谅解；如果不是初犯，但该护士积极从此前因移情疲劳而引起恶劣后果中汲取教训并杜绝今后再出现类似行为，那么，也完全应该得到谅解；可是，如果该护士既非初犯，也未从过去的行为中汲取教训，而是一而再再而三地身陷类似处境，那么，该行为就完全可被视为错误的行为③。很显然，此处所言的"道德错误"，其理论基础并非是对伴随着温暖感或冷漠感的移情的考量，而是对情感或行为后果的考量。更确切地说，如果我们视基于温暖感或冷漠感的移情而来的道德原则和基

①　Hume D. *The Philosophical Works of David Hume, Including All the Essays, and Exhibiting the More Important Alterations and Corrections in the Successive Editions Published by the Author.* Vol. 2. Edinbugh: Adam Black and William Tait, 1826: 396.

②　Hume D. *The Philosophical Works of David Hume, Including All the Essays, and Exhibiting the More Important Alterations and Corrections in the Successive Editions Published by the Author.* Vol. 2. Edinbugh: Adam Black and William Tait, 1826: 397.

③　Slote M. *Moral Sentimentalism.* New York: Oxford University Press, 2010: 101.

于对情感或行为后果的考量而来的道德原则为两种截然不同的道德原则，那么，很显然，对于遭遇移情疲劳的护士来说，当这位护士基于对情感或行为后果的考量而杜绝发生类似行为时，这意味着其实际上并未遵循温暖感或冷漠感的移情机制而行事。进一步说，当道德情感主义面对这两种原则时，究竟哪一种原则会处于支配地位？《道德情感主义》给我们提供的答案显得不够清晰。在讨论陷入移情疲劳的护士之前，斯洛特还讨论过受困于矿井的矿工的例子。他说，当我们面对被困于矿井的矿工时，我们需要立即对眼前的矿工展开救援，只有这样，我们的情感或行为才可被称为美德。与此同时，斯洛特指出，查尔斯·弗里德（Charles Fried, 1932—　）[①]却不这么认为，他在《价值解剖》（*An Anatomy of Values*）中宣称，我们不应立即救助眼前的矿工，而应该拿出资金在矿井中安装安全设备，理由是，后者今后能拯救更多的生命。斯洛特指出，弗里德的这种观点会给人以冷酷的印象。斯洛特对弗里德的批评表明，道德赞同需以时空远近为标准，而前文提到过的移情疲劳的例证则向我们表明，道德赞同需建立在对行为后果的考量之上。简言之，以移情为代表的情感机制代表着一种赞同原则，而以温暖感或冷漠感为代表的情感感受则代表另一种赞同原则，笔者曾就此请教过斯洛特，斯洛特的回答是，温暖感或冷漠感仅仅只被用来固定道德善的指称，并不能用作道德赞同或不赞同的内在原则。如果我们完全接受这种观点，那么，这意味着温暖感或冷漠感不会在情感主义道德赞同和道德判断原则中发挥实质性作用，换句话说，对于情感主义道德赞同、道德判断和道德规范理论来说，内蕴于情感机制的时空原则所产生的约束力远大于道德主体的情感感受。那么，既然如此，我们何不寻求一种不会与情感机制相冲突的情感感受并将它视为道德赞同的"语言"？这进一步表明，我们需认可并接受斯洛特对道德情感主义理论构建业已做出的创新，但我们不可止步于此，更确切地说，我们需从18世纪道德情感主义者那里寻找新的理论生长点，并以此为基础推动道德情感主义的理论构建进一步走向完备。

那么，我们面对的问题是，当斯洛特恢复了以"道德感官"（moral sense）、同情（sympathy）以及以移情为名的情感机制的先天性之后，这种情感机制能否在道德赞同理论中找到恰当的情感表达？答案是肯定的。这种情感感受就是沙夫茨伯里和哈奇森曾在美学中讨论过的那种无利害感。当道德情感主义在18世纪英国伦理学舞台上崭露头角时，无利害感便把美学和伦理学紧密连接起来，助力道德情感主义者们成功反驳了以霍布斯、洛克等为代表的17世纪道德哲学中的原子论式自爱

---

① 查尔斯·弗里德自1961年开始在哈佛大学法学院担任教授，1985—1989年担任美国司法部副检察长（the Solicitor General of the United States），1995—1999年曾担任马萨诸塞州最高法院法官，著述颇丰，包括《价值解剖》《正确与错误》《现代自由》等。

说①。有意思的是，虽然沙夫茨伯里和哈奇森指出过道德情感的无利害性特征，但他们却从未把它与情感机制连接在一起，与此同时，虽然休谟和斯密系统地论证过情感机制，但却从未认为该情感机制具有无利害性，因此，无利害性以及道德主体对它产生的无利害感虽然本来就是情感机制自身具有的重要道德特征，但迄今却没有在道德情感主义哲学中享有其应享有的理论地位。这是道德情感主义者们的疏忽，更是道德情感主义命途多舛的证据。

需特别说明的是，当道德情感主义以情感机制——如"道德感官"、同情、移情等——的无利害感为基础构建其理论体系时，这并不意味着道德情感主义可被划归为自然主义。正如黑尔所言，"绝大多数'情感的'理论都不是自然主义的，尽管人们常常这样称呼它们"②。18世纪道德情感主义者们曾致力于划清情感主义与自然主义的边界。哈奇森和休谟不仅论证过道德对象与自然对象之间的差异，而且论证过由道德对象激发的情感以及由自然对象激发的情感之间的差异。哈奇森认为道德只限于"人"或"理性主体"，与外在于人的"物"或"自然界"没有关系，因此，由道德对象激发的情感不同于由自然对象激发的情感。道德善不同于自然善。哈奇森把我们对包括美在内的自然事物的爱称为对自然善所产生的情感，而道德善只限于对"理性主体"产生的情感，因此，"我们对道德善与恶的知觉全然不同于我们对自然善或益处产生的那些知觉"③。进一步说，推动我们产生道德善的知觉不同于外在感官刺激我们产生的那种知觉。我们对肥沃的田野和豪宅的爱不同于我们对慷慨朋友的爱，若非如此的话，"同对理性主体一样，我们就会对无生命的存在物产生相同的情感和感情。然而，每个人都知道并非如此"④。我们之所以会做出这种区分，是因为我们基于对我们自身的"益处"（advantage）的期待或追求而去占有这些自然物，而当我们知觉到了道德善时，我们"在没有反思该行为会如何有益于我们"时，"我们注定会在他人的行为中知觉到某种美，并会爱该行为者"，并且，当我们"意识到我们自己已经做了这种行为时，我们就会知觉到更多的快乐"⑤。因此，"我们对道德行为的知觉必定不同于我们对利益的那些知觉"⑥。同理，道德恶

① 原子论式自爱说认为自爱是人性中唯一处于支配地位的情感。这种自爱观割裂了人与人之间的天然情感纽带，把每个人视为现实的"原子"，"原子"唯一关注和关心的是自己的私人利益，因追求自己的快乐而与他人分离，道德与社会生活没有天然情感基础，仅仅只是人类理性的"发明"而已。

② ［英］理查德·麦尔文·黑尔：《道德语言》，万俊人译，北京：商务印书馆，1999年，第80页。

③ Hutcheson F. *An Inquiry into the Original of Our Ideas of Beauty and Virtue: in Two Treaties*. Indianapolis: Liberty Fund, 2004: 89.

④ Hutcheson F. *An Inquiry into the Original of Our Ideas of Beauty and Virtue: in Two Treaties*. Indianapolis: Liberty Fund, 2004: 89.

⑤ Hutcheson F. *An Inquiry into the Original of Our Ideas of Beauty and Virtue: in Two Treaties*. Indianapolis: Liberty Fund, 2004: 87.

⑥ Hutcheson F. *An Inquiry into the Original of Our Ideas of Beauty and Virtue: in Two Treaties*. Indianapolis: Liberty Fund, 2004: 90.

不同于自然恶。面对自然事物带给我们的恶，如梁柱的倒塌、瓦片的破裂以及风暴的来临等，我们会平静地接受，但面对邻人的攻击、殴打和侮辱，我们却无法做到平静地接受，因为后者不会像前者那样在我们心中引起相同的情感，就像邪恶、背叛、残忍不会像狂风、霉变或漫溢的河水那样在我们心中引起相同的情感一样。就此而言，道德或道德情感仅关乎与自然事物不同的"理性主体"或"人"本身。继哈奇森之后，休谟认为属于主体的道德情感与属于对象的自然特征或自然属性之间有着根本性差异。休谟认为美是一种情感活动或主观心灵效果，以圆之美为例，美不是圆的性质或属性，到圆中去寻找美或通过数学推理去寻找美的根源是徒劳之举，因为美只存在于人的心中，"美仅仅是这个图形在那个因具备特有组织或结构而容易感受这样一些情感的心灵上所产生的一种效果"[①]。就此而言，美的本质与自然对象的属性无关，仅与主体自身的情感有关，或者说，美不是一种实在的东西，只是使灵魂产生快乐的能力，或只是灵魂中的情感或印象。同理，道德情感也是如此。

就此而言，摩尔（George Edward Moore，1873—1958）所言的"自然主义谬误"（the naturalistic fallacy）不适合道德情感主义。《伦理学原理》认为通过参照某一自然客体而对善进行定义的伦理学理论均犯了"自然主义谬误"，因为一切自然客体均没有任何坚实的理论基础可以为道德判断或伦理判断或道德善提供理由。自然客体可分为物质性的自然客体和精神性的自然客体，任何试图通过这两种类型的自然客体对道德善进行定义的伦理学，均可被视为犯了"自然主义谬误"。因此，不管是由密尔（John Stuart Mill）等人做出的试图通过快乐或幸福定义道德善的做法，还是由康德等人做出的试图通过某种超越性的道德命令或道德规则定义道德善的做法，均犯下了"自然主义谬误"。无疑，摩尔对"自然主义谬误"的归纳极富洞见，也为休谟所指出的"是－应该"关系以及由此而产生的事实与价值的二分问题在元伦理学中找到了最生动的表达。然而，我们需要注意摩尔得出这一论断的理论前提是所有那些被摩尔断定为犯了"自然主义谬误"的道德哲学家们都未能注意到道德善本身不能被给予分析性的定义这一理论事实。不过，本书接受了斯洛特对道德善的看法而认为道德善并不能被给予分析性的定义，一如"水""红"等概念不能被给予分析性的定义一样。在此意义上，本书赞同斯洛特在《道德情感主义》第四章中所采纳的克里普克的指称固定理论，认为唯有通过指称固定的方式，我们才能理解"何谓道德善"。就此而言，道德情感主义并不会陷入摩尔所说的"自然主义谬误"。

然而，尽管如此，以哈奇森和休谟为代表的18世纪英国道德情感主义者对道德善的定义却不幸陷入了自然主义谬误。哈奇森这样定义道德善："道德善一词表

---

① ［英］休谟：《道德原则研究》，曾晓平译，北京：商务印书馆，2001年，第143页。

示行为中为人所领悟的某种品质观念，这种行为会为从中不会获得益处的那些行为者获取赞同和爱。"①用这种方式定义道德善，其中潜藏着三个问题：其一，该定义立足于情感或行为的后果定义道德善，偏离了主体情感体验，即使情感或行为的后果被赋予先天性，也不能使人在道德善与人的情感体验之间找到连接二者的关联点；其二，该定义中的道德善偏离了情感机制，使道德善的基础建立在有别于情感机制的情感后果之上，该做法有违道德情感主义的基本理论立场；其三，严格根据情感或行为的后果定义道德善，这意味着道德善不包含先天元素，由此而来的道德判断和道德规范也将失去强制性和客观性。继哈奇森之后，休谟虽然试图基于以同情为表现形式的情感机制定义道德善，但也没有拒斥以情感或行为后果定义道德善的理论进路，正是因为如此，休谟的道德哲学才未能完全基于情感机制讨论道德赞同与道德判断。休谟认为道德善恶与理性无关，只与人的情感有关。任何对象，不论是否有生命，不论是否有理性，只要能激发快感或不快，就有可能在道德上为善或为恶。该定义的优点在于它抓住了道德善的情感属性，但有两个缺点：其一，前文的叙述表明，从苦乐感入手定义道德善或恶的情感属性，这种做法本身是有局限的；其二，该定义忽视了情感机制，随之导致的结果是，休谟未能基于情感机制解释苦乐感之根源。休谟之所以创立人为美德说，从根本上说与情感机制在其道德哲学中未被足够重视或未受到足够信任不无关联。休谟认为，正义作为人为美德，其基础是利益感而非情感机制。契约来源于对共同利益的普遍的感受，所谓"共同的利益感"指的是，"人们每履行一种单一的行为，都会期望其他人也会同样地履行这种行为"②，即当"我"约束了"我"的利益感时，"我"希望"你"也会约束"你"的利益感，当"你""我"都这么做的时候，我们之间就订了契约。契约得以建立的基础就是这种"共同的利益感"，休谟据此认为，"正义起源于人类的契约"③。不仅如此，财产、权利和义务都起源于这种"共同的利益感"。正义会约束我们每个人以利益感为基础而建立起来的个人情感，使我们变得有节制。一旦正义被建立起来之后，契约的作用就会逐渐减弱，这时，同情将取代契约维护正义的正常运行。如果人性中没有同情这种情感，那么正义即使被建立了，也不会得到遵守，因为人们找不到遵守正义的理由。然而，同情的存在使人们认识到，他人的利益和"我"的利益并不是不相关，相反，基于同情，他人的利益和"我"的利益息息相关。在同情的作用下，"我"的利益和他人的利益会有机地联系起来，当他人的利益由于非正义的行为而受到伤害时，同情就会使"我"感到不快。因此，同情不仅可以用来维护正义，而且对正义所指向的社会公共利益也可提供保障。在讨论正义这种人

---

① Hutcheson F. *An Inquiry into the Original of Our Ideas of Beauty and Virtue: in Two Treaties*. Indianapolis: Liberty Fund, 2004: 85.

② ［英］休谟：《人性论》，石碧球译，北京：九州出版社，2007 年，第 1021 页。

③ ［英］休谟：《人性论》，石碧球译，北京：九州出版社，2007 年，第 1013 页。

为美德时，很显然，休谟把同情这种情感机制视为使正义得到维护的手段与工具。以上分析表明，作为情感机制的同情并不在休谟道德情感主义哲学中具有独立的道德价值。

哈奇森和休谟对道德善的定义有一个共同点，即偏离了情感机制。或者说，这两种对道德善的定义都试图从情感机制外部入手，使效用最终成功取代情感机制而成为用以定义道德善的重要元素，据此说来，这种道德善必定难以与"自然主义谬误"脱离关系。此外，由于这种类型的道德善排除了一切先天因素，因此，它变成了一个纯经验性的概念。以休谟为例，这种理论进路导致休谟的道德情感主义哲学在道德命令问题上无法持有一种严格的强制态度，虽然休谟以严格的态度讨论了我们对正义的义务（这种义务的强制性并不来自情感机制自身的制约，而来自人们对社会效用的重视），但是我们似乎从休谟道德哲学中找不到严格坚守日常道德义务的基础，因此，"有人认为，休谟这样的情感主义者不会真正坚持义务的严格性，也不会偿还债务并恪守承诺"①。

真正严格的道德情感主义始终基于情感机制定义道德善，不过，道德情感主义面临的难题是，道德善事实上不可被给予分析定义。通过改造克里普克的指称固定理论，斯洛特采用了以指称固定的方式确定道德善的内涵。较之苏格兰启蒙时代道德情感主义者（如哈奇森）对道德善的定义，斯洛特的定义能在道德赞同的情感"语言"的引导下基于移情为道德善中的先天性奠定基础，而苏格兰启蒙学派的道德情感主义者们所定义的道德善却不仅不能论证道德善的先天性，而且还难以与"自然主义谬误"脱离关系。对比斯洛特对道德善给予的分析定义与哈奇森和休谟对道德善的定义，可以发现，基于情感机制以指称固定的方式定义道德善的做法更可取。

当斯洛特基于移情机制固定道德善的指称时，他使用了温暖感或冷漠感来达到目的。前文的分析表明，当斯洛特只赋予温暖感或冷漠感以指称固定的作用时，这意味着温暖感或冷漠感不具有道德判断价值。那么，随之而来的是，以移情为代表的情感机制将在斯洛特的道德情感主义中充当道德判断的"法官"。如前文所述，18世纪道德情感主义者们均说过，道德情感主义与自然主义泾渭分明。就此而言，不能完全基于排除了人的情感感受的情感机制来阐述情感主义道德赞同和道德判断。然而，这正是斯洛特的《道德情感主义》以及《阴阳的哲学》（*The Philosophy of Yin and Yang*）等致力于达到的理论目的。虽然斯洛特借助中国的阴阳概念在具有自然主义倾向的情感机制内部找到了价值与事实的连接点，但这无法改变情感机制的自然主义属性。因此，可靠的道德情感主义理论须找到既具有属人秉性同时又与情感机制紧密相关的情感感受来描述情感主义道德赞同和道德判断。前文的分析

---

① Slote M. *Essays on the History of Ethics*. New York: Oxford University Press, 2009: 103.

表明，这种情感感受就是道德主体产生的无利害感。我们讨论的这种无利害感不仅可用于固定道德善的指称，而且可用来解释道德赞同和道德判断的客观性。

虽然情感主义道德赞同和道德判断都以情感机制为基础，但道德赞同却不能与道德判断画等号。在继承18世纪英国道德情感主义理论遗产的同时，通过汲取《道德情感主义》在当代哲学语境中对该学派的推进，本书将基于与情感机制紧密相连的无利害感来阐释道德赞同，主张道德赞同的基础是无利害的一阶情感机制，而道德判断的基础是无利害的二阶情感机制。当无利害的二阶情感机制充当道德判断的基础时，它必然会表现出对称、平衡的美学特征。那么，我们该如何看待这种美学特征给我们带来的审美感受呢？换句话说，这种审美感受是否在道德赞同和道德判断中具有道德价值？斯密曾给予肯定性的回答。不过，"游叙弗伦困境"的存在表明，这种做法值得商榷。我们认为，尽管当以无利害的二阶情感机制充当道德判断的基础时必然会表现出对称、平衡的美学特征，但由该美学特征产生的审美快乐并不具有道德价值，不能在道德赞同和道德判断中发挥任何作用。毕竟，美虽是道德的表征或象征，但却不是道德的基础。

以上述观点为前提，本书分五章展开论述。第一章试图从宏观上刻画18世纪英国道德情感主义的理论面貌，以回顾历史的方式阐明本书的理论立场和理论任务。第二章讨论道德情感的生成问题，对于何谓道德情感这个问题，不同的情感主义者有不同的回答。综合来看，所有的回答共分为两种：第一种答案认为单一类型的情感可以成为道德情感的唯一来源，而第二种答案则认为道德情感并不由单一类型的情感所构成，各种不同类型的情感均享有成为道德情感的均等机会。道德情感主义以道德赞同为前提讨论道德判断，而这种道德赞同在赞同过程中不以理性为基础且不以任何既定的道德判断为预设前提。第三章讨论道德赞同的模式。该章重点讨论18世纪以降的道德情感主义者们提出的两种道德赞同模式，即以一阶情感机制为基础的道德赞同和以二阶情感机制为基础的道德赞同。第四章讨论道德赞同的"语言"，即伴随着道德赞同的情感感受，评析18世纪以降的西方道德情感主义重点讨论的苦乐感以及温暖感或冷漠感。第五章重点讨论情感主义道德判断的客观性和规范效力，通过分析18世纪以降的道德情感主义者们对情感主义道德判断之客观性的论证，笔者认为，情感主义道德判断具有与康德所说的"绝对命令"相似的客观价值和规范效力。该章用裴格斯戒指问题比喻情感主义道德判断的规范效力，通过分析18世纪以降的道德情感主义者们对道德判断之规范效力的论证，笔者认为，情感主义道德判断的规范效力来源于道德主体对情感机制产生的无利害感。

值得一提的是，以18世纪道德情感主义者和当代西方道德情感主义者斯洛特对道德情感主义诸理论问题的深入讨论为基础，在较详尽地讨论了道德情感的生成之道、道德赞同的内在机理以及道德判断的客观性与规范效力等道德情感主义基本理论问题后，基于对斯洛特道德情感主义哲学思想的研究，本书最后试图以附录形式介绍道德情感主义哲学的中西哲学传统渊源及道德情感主义哲学的前沿动态。虽然本书尚未基于这些新的理论动向展开论证，但笔者相信，它们在一定程度上代表着本书论证的未来走向。概言之，这种新的理论动向有两个发展方向：为道德情感主义哲学引入先天性以及为道德情感主义哲学引入更新后的阴阳概念。附录一"当代西方道德情感主义的中西哲学传统渊源"围绕美国当代道德情感主义的内在特征，通过笔者与斯洛特的访谈，讨论了这种内在特征与西方传统道德情感主义哲学和传统中国哲学之间的内在关联及独特理论价值；附录二"论斯洛特道德情感主义哲学对'先天'的证成及其意义"重点讨论了道德情感主义哲学中的"先天"问题，代表着当代道德情感主义对 18 世纪英国道德情感主义哲学的经验主义哲学基础的超越；附录三"论斯洛特道德情感主义哲学中的阴阳"提到斯洛特试图把更新后的阴阳概念引入道德情感主义哲学，赋予了阴阳以非常重要的哲学功能，使之不仅能用来解释伦理美德，而且能用来解释认识论美德和美学美德，还使之为一种新的世界观提供哲学基础。

　　本书的观点源于笔者对道德情感主义理论问题的长期思考，其中有些思考所产生的成果已公开发表或出版，期待有识之士批评指正。当我们真正近距离地接触道德情感主义时，不管我们是不是真正的道德情感主义者，不管道德情感主义在西方伦理思想史上是不是真正的"小众"，由真正的道德情感主义者们对道德情感主义基本理论问题作出的理论贡献都值得被高度重视，如果没有这些理论贡献，后来者在试图创新或赓续道德情感主义理论时都将面临无本之源的理论窘境。有鉴于此，如果说本书在对 18 世纪以降的道德情感主义进行导言性的介绍与评析的同时略有创新，那么，我们首先必须对那些闪耀在道德情感主义哲学天幕上的耀眼星星——如沙夫茨伯里、哈奇森、休谟、斯密、斯洛特等——报以崇高的敬意与谢意。

第一章　18世纪英国道德情感主义哲学的自然化进程[①]

　　虽然安斯库姆（G. E. M. Anscombe, 1919—2001）于 1958 年在《现代道德哲学》（*Modern Moral Philosophy*）中明确指出，如果排斥了心理学，一切道德研究都将无意义[②]，然而，事实上，把道德哲学置于心理学基础之上予以研究却并非西方道德哲学的主流做法。不过，即使如此，在西方伦理思想史上也依然出现过基于心理学展开道德哲学研究的先例，即 18 世纪苏格兰启蒙学派中的道德情感主义思想。道德哲学真正把情感视为自身的主题，始于苏格兰启蒙时代的道德哲学家、美学家沙夫茨伯里，其代表作《论人、风俗、意见与时代的特征》（*Characteristicks of Men, Manners, Opinions, Times*，简称《论特征》）详细阐明了以情感为基础研究道德、宗教、社会和政治哲学的基本立场，该书曾一度成为 18 世纪最畅销的图书之一，对欧洲启蒙运动产生了重要影响。西季威克（Henry Sidgwick, 1838—1900）的《伦理学史纲》高度评价了沙夫茨伯里在西方伦理思想史上的转折性地位，"把自然情感视为人与人之间联结的纽带，尽管沙夫茨伯里不是第一人，在早期思想家中，理查德·坎伯兰（Richard Cumberland, 1732—1811）详细讨论过这个问题，萨缪尔·克拉克（Samuel Clarke, 1675—1729）也用这种观点对他所解释的普遍仁爱的抽象理性进行过补充。然而，在沙夫茨伯里之前，没有任何一位道德学家把这种观点确立为体系的基础，没有人明确地把伦理学关注的中心从理性——这种理性要么被视为抽象的道德原则，要么被视为神圣立法的法则——转移到能激发社会义务的情感冲动上来，没有人试图通过仔细地分析经验来明确地区分我们本性中的无利害元素和关注自我的元素，或以归纳的方式论证二者的完美和谐"[③]……"沙夫茨伯里《论特征》的面世，标志着英国伦理思想史的转折。自此之后，道德学家们不再专注于思考抽象的理性原则，而是专注于对人类心灵进行经验研究，专注于观察发生在人类心灵中的各种冲动与情感。"[④]随着哈奇森在《论美与德性观念的根源》和《论激情和感情的本性与表现，以及对道德感官的阐明》（*An Essay on the Nature and Conduct of the Passions and Affections, with Illustrations on the Moral Sense*）这两部代表作中进一步发展了沙夫茨伯里提出的有关道德情感主义的诸种基本观点，道德情

---

　　① 关于 18 世纪英国道德情感主义哲学中的自然化进程，请参阅笔者 2022 年所著《情感的自然化：英国古典政治经济学的哲学基础》。

　　② Anscombe G E M. Modern moral philosophy. *Philosophy*, 1958(124): 540-543.

　　③ Sedgwick H. *Outlines of the History of Ethics for English Readers*. New York: The Macmillan Company, 1906: 184.

　　④ Smith A. *The Theory of Moral Sentiments*. Raphael D D, Macfie A L(eds.). Indianapolis: Liberty Fund, 1984: 190.

感主义理论中的基本理论问题——如道德判断原则的基础等——进一步显得重要起来。随着休谟和斯密继续沿着沙夫茨伯里和哈奇森开辟的理论路径构建道德情感主义理论体系，沙夫茨伯里、哈奇森、休谟和斯密以一种前赴后继的姿态第一次在西方伦理思想史上深化了道德情感主义理论研究。

沙夫茨伯里之所以主张把情感确立为道德的基础，或者说，沙夫茨伯里之所以相信我们在从事道德研究的过程中有必要讨论情感，主要是因为他坚信道德须建立在心理学或情感基础之上。需注意的是，沙夫茨伯里主张以心理学或情感为基础研究道德哲学，其动机却不同于安斯库姆的《现代道德哲学》所指出的那种动机。《现代道德哲学》站在20世纪伦理学舞台上审视被启蒙之后的现代道德哲学尤其是以西季威克为代表的功利主义道德哲学中的道德概念，发现往昔为这些概念奠定基础的宗教传统早已消失殆尽，但由其派生而来的道德概念却依然流行于世，笔者由此认为需从心理学出发为这些道德概念奠定基础，"义务（obligation）——道德义务（moral obligation）——概念以及道德上的对错和道德意义上的'应当'唯有在心理学意义上成为可能，否则就应当被弃之一旁，因为它们是普遍具有生命力的往昔的伦理概念的残留物或残留物的派生品，仅只有害而无益"[①]。然而，对于站在人类历史上第一次启蒙运动最前列的沙夫茨伯里而言，他在提出道德需以心理学和情感为基础时，其动机和理由不是为被抽空了理论基础而徒有其名的现代道德哲学中的"应当"奠定新的地基，而是为了反驳以洛克和霍布斯为代表的17世纪英国道德哲学中流行的道德观。洛克认为道德是奖惩法则发挥作用的结果，"所谓道德上的善恶，就是指我们底（的）自愿行动是否契合于某种能致苦乐的法律而言。它们如果契合于这些法律，则这个法律可以借立法者底（的）意志和权力使我们得到好事，反之则便得到恶报"[②]。沙夫茨伯里则认为，受奖惩法则的支配而做出道德的行为，无异于受铁链捆绑的老虎或被皮鞭威胁的猴子做出温顺的行为，其本质毫无道德性，仅仅只展示奴性罢了。"如果……有一种与神有关的信念或概念，而该神却仅仅被设想为比其被造物更有力量且会通过特定的奖惩强迫被造物服从其绝对意志，以此为基础，如果被造物出于纯粹对奖励的希冀或对惩罚的害怕而被引导做出自己憎恨的善或未能做出本来一点儿都不反感的恶，那么，（如其所示）其中根本就没有什么美德或善。尽管该被造物做出了善行，但就内在本质而言，这种行为就像未受忧虑和恐惧的影响时自然而然做出的行为那样，几乎没有价值。以这种方式被塑造的被造物，其正直、虔诚或圣洁就像被铁链捆绑的老虎表现得服从或温和一样以及像被皮鞭威胁的猴子表现得天真和温顺一样没有价值。这些动物或受类似法则支配的人，不管表现得多么听话和温顺，其行为都是被诱导的结果，既不受意志

---

① Anscombe G E M. Modern moral philosophy. *Philosophy*, 1958(124): 1-19.
② ［英］洛克：《人类理解论》，关文运译，北京：商务印书馆，1983年，第328页。

的支配，也不受意愿的影响，仅仅只是因畏惧而被迫服从，这种服从具有奴性，而出于奴性的一切都仅仅只属于奴性。这种顺从或服从的程度越高，奴性就越大，不管其服从的对象是谁。"①沙夫茨伯里试图从人的内部或内心构建一种于人而言显得自然而然的道德哲学体系，为此，他主张将道德建立在情感的基础上。在他看来，未能以情感为基础而构筑的道德就像未能建立在牢固地基上的大楼一样，由于地基不稳，极易因外力倾压而轰然倒塌。

　　虽然沙夫茨伯里的理论愿景是美好的，但要使之真正得到实现却非易事。对于 18 世纪苏格兰启蒙时代的道德情感主义者们来说，把道德建立在情感的基础上，就必须论证情感主义道德赞同和道德判断的有效性。这是所有 18 世纪道德情感主义者们共同面对的理论任务，任何一位伦理学家都没能单独完成它。毋宁说，经由沙夫茨伯里、哈奇森、休谟和斯密以一种前赴后继的方式不断探索，该任务才最终在斯密的道德哲学中取得了标志性的研究成果。为了使情感及其机制能成为道德哲学的基础，18 世纪道德情感主义者们需要在道德大厦中逐步排除异于情感的各种元素，对沙夫茨伯里的道德情感主义来说，需要排除的元素是理性，但他本人在其思想体系中并未真正排除理性对情感的"干扰"。当 18 世纪的道德情感主义发展到哈奇森道德哲学时，蕴含在沙夫茨伯里道德情感主义哲学尤其是作为道德判断原则的"道德感官"中的理性元素受到了扬弃，不过，随着哈奇森道德哲学把情感的后果视为道德赞同和道德判断的基础，基于仁爱而来的效用开始"干扰"情感而成为道德情感主义哲学的重要元素。哈奇森道德情感主义哲学的这种不纯粹性直接延续到了休谟哲学，效用在休谟的道德情感主义哲学中也扮演了重要角色，但这种效用并不以仁爱为基础。不过，当道德情感主义发展到斯密这里时，随着效用被完全从其合宜性概念中排除，心理学或情感才开始真正为道德哲学奠基。在道德判断原则逐步完成其自然化进程的同时，随着它逐步排除来自理性、单一类型的自然情感以及效用的干扰，这种哲学中的道德情感也开始逐步摆脱理性、单一类型的自然情感以及效用的约束并在向着自然的方向迈进的过程中享有越来越大的自由。因此，18 世纪英国道德情感主义者们也沿着自然化的内在逻辑线索讨论"道德情感何以构成"这个问题。在经历并完成了自然化进程后，处于隐藏状态的情感机制才在该学派中被确立为道德赞同或道德判断的情感基础。就此而言，情感机制是道德判断原则自然化进程和道德情感自然化进程中的核心线索，当情感机制在道德判断原则中排除种种障碍而成为其支配性原则时，道德情感也必然会随之展现多样性特征。

---

　　① Shaftesbury A A C. *Characteristicks of Men, Manners, Opinions, Times*. Vol. 2. Indianapolis: Liberty Fund, 2001: 32.

第一节　道德判断原则自然化进程

18世纪情感主义道德判断原则的自然化进程即道德判断原则逐步排除理性、单一类型的自然情感以及情感后果（即效用）的约束或干扰的过程。18世纪道德情感主义以沙夫茨伯里、哈奇森、休谟和斯密为典型代表，他们都面对诸多共同的问题。例如，如何从情感出发解释情感主义道德判断原则等。不仅如此，当他们回答这些理论问题时，还因其师承、朋友等关系而展现了较明显的一致性，换句话说，他们以一种接力棒式的方式对他们共同面对的问题进行了回答。因此，尽管这一时期的同一道德情感主义理论问题由不同思想家做出了回答，但所有的回答均具有十分明显的连贯性和一致性。正是如此，我们才能把不同道德情感主义者对同一理论问题——如道德判断原则——的回答整合起来，并发现蕴含在其中的自然化进程。

一、沙夫茨伯里：情感主义道德判断原则自然化进程的起点

沙夫茨伯里基于"道德感官"讨论情感主义道德判断原则，试图把蕴含于"道德感官"中的情感机制视为情感主义道德判断原则的理论基础，然而，他本人并未很好地完成自己的理论愿景，毋宁说他只是为18世纪道德情感主义学派提出了一个有待完成的理论愿景。沙夫茨伯里与剑桥柏拉图学派具有十分紧密的理论关联且从该学派所热衷的先天理性出发讨论"道德感官"，其学说中的"道德感官"是活性的心灵内在具有的一种极富创造性和创生性的能力[①]。用沙夫茨伯里的话说，用于分辨对与错的"道德感官"是大自然的产物，"对我们来说，对与错的感官同自然感情本身一样自然，是我们的体格构造中的第一原则，任何思辨性的观点、论证或信仰均不能断然或直接排除或损坏它……除相反的习惯与风俗（第二本性）外，没有什么能取代它"[②]。自然可为"道德感官"提供部分道德判断标准，在此意义上，经"道德感官"判定为美德的行为须包含两种因素，即情感对象的正确性与情感强度的适当性。"美德的本质由理性之人的某种适当的性情或以正确和错误的道德对象为指向的、比例合适的感情所构成。"[③]不过，即使如此，沙夫茨伯里却认为，"道德感官"的本质并非源于自然的情感机制或其他某种自然性事物，而是理性。沙夫

[①]　Darwall S. *The British Moralists and The Internal 'Ought' 1640-1740*. New York: Cambridge University Press,1995: 180-181.

[②]　Shaftesbury A A C. *Characteristicks of Men, Manners, Opinions, Times*. Vol. 2. Indianapolis: Liberty Fund, 2001: 25.

[③]　Shaftesbury A A C. *Characteristicks of Men, Manners, Opinions, Times*. Vol. 2. Indianapolis: Liberty Fund, 2001: 23.

茨伯里把"道德感官"视为人类理性的代言人，尽管外物和观念都可被称为情感的对象，但观念之于"道德感官"所具有的理论重要性远甚外物，当一切外物得以超越生物学或物理学特征而成为公正、慷慨、感恩和爱等道德概念的考察对象时，它自身就成了理性考察的对象，需接受理性的检验。就此而言，沙夫茨伯里认为，"道德感官"概念无关感官知觉，"的确，灵魂没有感官，对其所知的事物也没有崇敬"①。更确切地说，对这种意义上的"道德感官"来说，其本质就是理性。"道德感官"的理性本质体现为道德判断需服从具有审美性质的理性原则。"道德感官"是"以一种新的方式观看与崇敬的能力"，"必定会发现行为、心灵或性情中的美与丑，正如它必定会发现数字、声音或颜色中的美与丑一样"②。在审美判断过程中，以"美的感官"（sense of beauty）为表现形式的审美判断原则中的理性本质体现为审美对象须具备恰当的比例，同理，以"道德感官"为表现形式的道德判断原则意味着道德行为具有审美属性，道德的行为就是美的行为，因此，须和美的对象一样拥有恰当的比例。道德生于情感，道德美意味着情感美。与自然事物不同的是，美的情感并不表现为数学比例，而是表现为心灵内部的情感秩序。除此之外，以"道德感官"为基础而做出的道德判断原则中的理性本质还体现为它高度重视观念在道德实践中的指导作用。沙夫茨伯里认为观念对人的情感的影响大于他物，由理性和知识所提供的观念尤甚，用沙夫茨伯里的话说，"美德依赖于对与错的知识"③。就此而言，沙夫茨伯里认为，"道德感官"不会基于自身的内在情感机制或自然法则指导道德主体的道德实践，它以间接的方式——由感官判断转化而来的观念——给道德主体提供正确或错误的道德观念，从而指导道德实践并引导道德主体走向美德之路。

二、哈奇森：情感主义道德判断原则自然化进程的中枢

当哈奇森把沙夫茨伯里的道德情感主义哲学沿着体系化方向进一步向前发展时，哈奇森也基于"道德感官"讨论情感主义道德判断原则，但他所说的"道德感官"与沙夫茨伯里的"道德感官"并不相同。沙夫茨伯里的"道德感官"以理性为本，而当哈奇森进一步对该概念给予系统化的哲学阐述时，较之沙夫茨伯里，他的这种阐述展现了一个最鲜明的理论特点，即逐步摆脱或排斥理性对"道德感官"的限制与约束，尽可能使道德判断原则奠基在内蕴于"道德感官"中的情感机

---

① Shaftesbury A A C. *Characteristicks of Men, Manners, Opinions, Times*. Vol. 2. Indianapolis: Liberty Fund, 2001: 25.

② Shaftesbury A A C. *Characteristicks of Men, Manners, Opinions, Times*. Vol. 2. Indianapolis: Liberty Fund, 2001: 25.

③ Shaftesbury A A C. *Characteristicks of Men, Manners, Opinions, Times*. Vol. 2. Indianapolis: Liberty Fund, 2001: 20.

制之上。就此而言，我们认为，较之沙夫茨伯里道德情感主义哲学中的道德判断原则，哈奇森道德情感主义哲学中的道德判断原则沿着自然化进程向前迈进了一步。不过，从18世纪英国道德情感主义哲学的自然化进程的总视域来看，这只能算是一小步。哈奇森认为，一如以五官为内容的外在感官一样，用以进行道德赞同和道德判断的"道德感官"有其自身的内在机理。以味觉为例，当我们吃到蜂蜜时，我们就会感到甜蜜，而当我们喝到苦艾水时，我们就能感觉到苦味，这种感觉产生于内在于感官自身的情感机制，独立于我们的意志而发生作用。同理，哈奇森认为，我们的"道德感官"也遵循相同的情感机制，它一见到道德的行为就会产生快乐的感觉，而一见到不道德的行为，就会产生不快乐乃至痛苦的感觉。在此意义上，哈奇森对包括外在感官在内的各种感官给予了自己的定义，所谓感官，指的是"我们的心灵用以接受独立于我们的意志且产生快乐和痛苦知觉的每一种决意（determination）"[1]。不过，哈奇森并未沿着这种路径阐述作为道德赞同之基础的"道德感官"。哈奇森认为，"道德感官的普遍基础是仁爱"[2]。当哈奇森以仁爱为基础论证道德赞同的内在机理时，他着眼于由这种情感所产生的后果论证赞同原则和道德判断原则，"在对行为的道德品质进行比较的过程中，为了在各种被比较的行为中约束我们的选择，或者说，为了在被比较对象中发现最闪光的道德优点，在与美德有关的'道德感官'的引导下，我们会做出这种判断：当行为产生的幸福度一样时，美德与该幸福所覆盖的人数的量成正比……因此，为最大多数人获得最大幸福的那种行为是最好的行为，而以同样的方式引起不幸的行为则是最坏的行为"[3]。不仅如此，哈奇森还用道德代数法根据行为所产生的善的大小对其道德程度进行计算。这样，哈奇森便给我们呈现了一个十分矛盾的道德情感主义哲学体系。通过把道德情感视为特殊的审美情感，哈奇森认为道德情感也和审美情感一样具有无利害性，然而，在阐述赞同原则和道德判断原则时，哈奇森的道德情感主义哲学却把功利主义原则确立为赞同原则和道德判断原则的内核。休谟发现了哈奇森道德情感主义哲学中的问题并从批判哈奇森的"道德感官"入手构建了一种全新的、真正以情感机制为基础的赞同理论和道德判断理论。

三、休谟：情感主义道德判断原则自然化进程的关键发展

哈奇森的"道德感官"受到了休谟的批评。休谟认为，人体解剖学无法为"道

---

[1]　Hutcheson F. *An Essay on the Nature and Conduct of the Passions and Affections, with Illustrations on the Moral Sense*. Indianapolis: Liberty Fund, 2002: 17.

[2]　Hutcheson F. *An Inquiry into the Original of Beauty and Virtue: in Two Treatises*. Indianapolis: Liberty Fund, 2004: 136.

[3]　Hutcheson F. *An Inquiry into the Original of our Ideas of Beauty and Virtue: in Two Treatises*. Indianapolis: Liberty Fund, 2004: 125.

德感官"提供证据，"道德感官"是个不知所云的概念。在抛弃哈奇森的"道德感官"的同时，休谟以同情为基础理解道德赞同和道德判断原则。不过，即使抛弃了哈奇森的"道德感官"概念，休谟却没有抛弃蕴含在该概念中的情感机制，毋宁说，他用"同情"这个术语更好地描述了位于该概念内部的情感机制。休谟试图立足较严格的经验主义，用自然科学研究方法研究人性，通过用观察和实验的方法研究人的精神或情感从而建立精神哲学体系。休谟的道德情感主义哲学体系认为道德自身源于人的感觉，因此，道德判断也应以感觉为基础。伴随着美德的感觉令人愉悦，而伴随着恶行的感觉则令人不快。在道德判断原则问题上，休谟试图按照蕴含于"道德感官"内部以及以本性的结构或构造为内核的情感机制构建道德判断原则，与此同时，休谟对哈奇森学说提出的以仁爱为基础的"道德感官"所构建的道德判断原则持排斥态度。在休谟看来，与审美判断一样，道德判断"完全建基于人类的特定组织和结构"①，休谟把这种特定的组织和结构命名为同情。同情是蕴含于人性内部天然存在的情感感染机制，是人与人之间的同胞感（fellow-feeling with others），可以把不同个体之间的效用以及快乐和不快的情感感受连接起来从而建立起道德秩序和社会秩序。

然而，同情在休谟的道德哲学中虽可为道德和社会秩序的建立提供情感基础，但休谟道德哲学中的同情却不能仅仅或纯粹依靠自己的力量实现该目标。毋宁说，休谟对同情机制提供的道德判断原则持警戒态度。比如，休谟认为同情机制在运行过程中深受时空远近的制约，这种制约会影响我们的道德判断，但休谟并不认为这是同情机制对情感主义道德赞同和道德判断原则产生的积极影响。当我们的情感在时空上受远近法则制约时，我们的道德判断就会使我们更多同情我们自己和与我们相邻的人，但休谟主张，真正的道德判断需克服这种倾向并忽略由此产生的这种差异，"我们应当承认，较之我们对自己的关怀，同情要微弱得多；而较之对靠近和毗邻我们的人的同情，对远离我们的人的同情要微弱得多。不过，正是出于这个原因，我们在对人们性格的平静的判断和讨论中就必须忽略所有这些差异，从而使我们的情感更具公共性和社会性"②。当我们的情感受时空意义上的远近法则制约时，我们就会难以同情在时空上离我们较远的人，我们会更多同情在时空上离我们较近的人，由此产生的结果是，我们对在我们自己的时代为我们自己的国家效劳的政治家或爱国者的爱和尊重，要比对遥远时代或国家中产生过重要影响的政治家或爱国者的爱和尊重更强烈。为了使道德判断更具普遍性，我们也须克服这种差异。不过，尽管如此，要真正做到这点，却并不容易。

---

① Hume D. *Enquiries Concerning the Human Understanding and Concerning the Principles of Morals*. Oxford: Clarendon Press, 1902: 292.

② Hume D. *Enquiries Concerning the Human Understanding and Concerning the Principles of Morals*. Oxford: Clarendon Press, 1902: 229.

既然不能依靠同情机制理解道德赞同和道德判断原则，那么，休谟就必须为之寻求新的基础。休谟认为，在建立道德秩序和社会秩序的过程中，发挥关键作用的因素是效用，美德归根到底受制于效用，在此意义上，同情只是人与人、人与社会就"社会公共效用"这个共同话题进行有效沟通的工具。因此，当休谟基于赞同和不赞同讨论道德判断原则时，被视为情感感染机制的同情机制并未成为该原则的基础，被这种情感感染机制所感染的那种情感——经由同情而来的快乐或痛苦——的结果（即社会公共效用）才是道德判断原则的重要考量因素。简言之，在休谟的道德情感主义哲学中，效用化的同情机制才是以赞同和不赞同为内核的情感主义道德判断原则的真正理论基础。

四、斯密：情感主义道德判断原则自然化进程的集大成

如果说情感机制在沙夫茨伯里和哈奇森的道德情感主义哲学中虽深深地潜藏于各自提出的"道德感官"理论之中但却并未以情感机制之名充当情感主义道德原则之基础，如果说情感机制在休谟的道德情感主义哲学体系中虽以同情之名郑重出场但却未能以情感机制之名独立充当情感主义道德判断原则的理论基础，那么，当苏格兰启蒙时代的道德情感主义哲学发展到斯密这里时，借助斯密所理解的、蕴含于同情概念中的当事人与旁观者的情感所展现出的美学对称原则[1]，情感机制便开始独立充当情感主义道德判断原则的理论基础。斯密伦理学中的同情机制完全排除了异于自身的各种元素，如理性、单一类型的情感（如仁爱）或效用等，完全以内蕴于情感机制自身的法则为道德赞同和道德判断原则奠定基础，在此意义上，《道德情操论》借同情为道德判断找到了一种既源于自然又极富情感内涵但却剥离了道德主体之主观性或相对性的情感表达。就此而言，作为情感主义道德判断原则的理论基础，斯密的同情概念在自然意义上享有绝对自由，正是如此，它才得以以独立身份充当情感主义道德判断原则的理论基础。其"自由"体现为：作为蕴含在自然情感中的自然法则或情感机制，它既不像沙夫茨伯里的"道德感官"那样以理性为本，也不像哈奇森的"道德感官"那样须把道德判断的基础建立在仁爱之情的后果之上，更不像休谟的同情那样掺和着效用元素，如果说它在斯密的道德情感主义哲学中依然受到什么限制的话，那么，它只受到由自身所生发出来的、以位于同一道德

---

[1] 虽然斯密的同情与休谟的同情均属于情感机制，在某种意义上也均是对沙夫茨伯里和哈奇森"道德感官"概念中的情感机制做出的阐释，但是二者对于以同情为名的情感机制的理解却迥然不同。蕴含在斯密的同情概念中的情感机制与休谟的同情概念所言的人际情感感染机制毫无关联，不仅如此，斯密的同情在进行道德判断的过程中与效用划清了界限，借助位于同一道德语境中的旁观者和当事人的情感所展现的以对称和平衡为表现形式的美学效果，斯密的同情才得以使情感机制以自主性姿态独立充当了情感主义道德判断原则的理论基础。

语境中的旁观者和当事人的情感所展现出的对称平衡为表征的美学效果的限制，这种限制是一种源于自身的限制，完全可以说它只接受来自自律的限制，这种限制不仅未对其自身享有的自由状态造成阻碍或破坏，而且还以自律的方式实现了自由。在此意义上，在情感的自然化进程中，较之沙夫茨伯里、哈奇森与休谟所讨论的道德判断原则，唯有斯密在道德判断原则问题上借助同情以一种最彻底的方式完成了道德判断原则自然化进程，使道德判断原则变成了源于情感机制、仅只受自律支配的自由原则。

尽管18世纪早期道德情感主义者沙夫茨伯里和哈奇森曾指出过道德情感中的无利害感是道德情感的重要特点，但令人遗憾的是，在道德判断原则自然化进程中，没有任何一位思想家真正立足于无利害感构建道德情感主义理论大厦。究其原因，或许与启蒙思想家面临的启蒙任务不无关系，也与18世纪的英国醉心于追求国家富强不无关系。不管基于什么原因，18世纪道德情感主义者们在构建其理论体系的过程中已经遗忘了该学派诞生时的"初心"却是不争的事实。

对18世纪以降的道德情感主义者们讨论的道德判断原则来说，因遗忘"初心"而引起的后果是严重的。对沙夫茨伯里和哈奇森讨论的道德判断原则来说，如果把无利害感视为与"道德感官"紧密相伴的情感感受，那么，沙夫茨伯里就无须在理性的帮助下为道德判断原则奠基，而哈奇森也无须以仁爱之情的后果为基础阐述道德判断原则。不过，令人遗憾的是，尽管他们都在其道德情感主义哲学中提到过蕴含于"道德感官"中的情感机制，但该情感机制终究未能在道德判断中发挥关键作用。因此，对沙夫茨伯里和哈奇森来说，根据伴随着该情感机制的情感感受来阐述道德判断原则，这一问题或许从未进入过二者的理论视野。对于以同情为名讨论情感机制的休谟和斯密道德情感主义哲学来说，由于未能注意到伴随着该机制而生的无利害感，因此，由二者阐释的道德判断原则也都显得问题重重。休谟对基于该情感机制的道德判断原则表现出了强烈的不信任感，这种不信任感使他认为道德判断原则为了实现其公正性和公共性目标，必须摆脱情感机制的制约，转而向效用求助，最终使得受效用制约的同情机制成为真正被休谟认可的道德判断原则。斯密不赞同休谟基于受效用制约的同情机制阐述道德判断原则的理论进路，他试图以同情机制自身产生的美学对称原则阐述道德判断原则，事实证明，这种理论进路使情感机制第一次以自主身份为道德判断原则奠基，这是值得高度肯定的理论贡献。但是，由于未能关注到与情感机制紧密相连的无利害感，斯密阐述的道德判断原则纯粹建立在由情感机制而生的审美快乐之上，这使得他所阐述的道德判断原则因此具有了无规范性特点，换句话说，这是一种深陷"游叙弗伦困境"[①]的道德判断原则。由是观之，恢复18世纪道德情感主义诞生时的理论"初心"，基于由情感机制而生

---

① 关于"游叙弗伦困境"的详细阐述，请参考本书第三章第二节。

的无利害感阐述道德赞同和道德判断原则，对于道德情感主义理论构建来说，可谓重中之重。

第二节　道德情感自然化进程

伴随着情感主义道德判断原则自然化进程，对道德情感之生成机理的理论探讨也经历了类似的自然化进程。当苏格兰启蒙时代的道德情感主义哲学从情感出发回答"道德情感何以构成"这一问题时，如同在排除异己的过程中经历过自然化进程的情感主义道德判断原则一样，对该问题的回答也经历了一个通过排除异己而向着自然化方向前进的理论进程。因此，当苏格兰启蒙时代的道德情感主义者们基于情感机制讨论道德情感的构成时，他们面临的理论任务是如何一步步把理性、单一类型的自然情感以及效用从自然情感的道德价值中排除出去，最终让自然情感根据情感机制仅凭自身自主获取道德价值。

一、沙夫茨伯里：受适度与理性钳制的自然情感

虽然沙夫茨伯里主张道德需以心理学和情感为基础，但为沙夫茨伯里所赞同的道德情感却不是受情感机制支配的情感，而是受理性支配的情感，很显然，在讨论道德情感的生成机理时，他未能消除理性前提。沙夫茨伯里认为，情感可分三类：自然情感、自我情感和非自然情感。就情感目标来说，自然情感的目标是公共善，自我情感的目标是私人善，而非自然情感的目标既非公共善也非私人善。从情感性质来说，能成为道德情感的，唯有自然情感和自我情感，非自然情感被沙夫茨伯里视为百分之百为恶，失去了成为道德情感的理论可能性[1]。尽管如此，自然情感和自我情感也不会自然而然地成为道德情感，因为它们均须同时接受适度与理性的约束才能成为道德情感，用沙夫茨伯里的话说，"这两类情感，根据其度，既可为善，也可为恶"[2]。情感虽被视为道德哲学的基础，但被视为道德哲学的基础的情感自身却不能以独立身份自主成为道德情感，换句话说，被视为道德哲学的基础的情感必须接受异于自身的某种东西的约束，方能成为道德情感。在沙夫茨伯里看来，有两种力量能对情感进行约束并使之成为道德情感：适度与理性。

---

① Shaftesbury A A C. *Characteristicks of Men, Manners, Opinions, Times*. Vol.2. Indianapolis: Liberty Fund, 2001: 50.

② Shaftesbury A A C. *Characteristicks of Men, Manners, Opinions, Times*. Vol.2. Indianapolis: Liberty Fund, 2001: 50.

所谓适度，指的是情感的强度要与大自然统治物种的治理之道（oeconomy）[①]相吻合，就此而言，沙夫茨伯里所说的适度概念中蕴含着源于大自然的力量。那么，何谓受适度约束的情感？简言之，对于产生于特定物种体格结构（constitution）之内的情感来说，所谓拥有适度的情感，即情感的强度须与其体格结构一致。物种唯有凭借此种意义上的适度情感才能使其公共善得到保持，而只有有利于公共善的情感才能被称为道德情感，用沙夫茨伯里的话说，"因为引起某种正确目的的激情，仅仅只有在具有这种强度时，才会更有益、更有效。只要激情的强度不会引起内在的紊乱，也不会导致它与其他感情之间的比例失调，那么，这种激情，无论多么强烈，都不能说是恶。可是，若使所有激情都与它处于对等比例，只要被造物的体格无法承受，那么，这就说明，仅只有某些激情可以达到这种高度，而其他激情均无法如此，也不可能形成同样的比例，那么，那些强烈的激情，尽管属于更好的类型，也会被认为过度。因为与其他激情比例不等并在广义上引起感情失衡，所以必然会导致行为失衡，并产生错误的道德实践"[②]。例如，对于雌兔来说，当危险来临时，弃子而逃并不能被视为不道德，因为大自然使不具攻击性的雌兔只能用这种方式保存私人善和以之为基础的公共善。对于黄蜂来说，危险来临时它们会在狂怒和惊恐的激情中用生命与入侵者搏斗，这种激情对它们形成了保护，从而使其他物种不可能毫发无损地伤害它们，因此，这种强度的激情对它们来说与它们的体格结构高度吻合，可被视为道德情感。

所谓理性，指的是要使情感接受"道德感官"的约束，沙夫茨伯里的"道德感官"虽含有以情感机制为表现形式的自然性特征，但作为苏格兰启蒙时代的第一位道德情感主义者，由于其与剑桥柏拉图学派的紧密关联，他的"道德感官"终究依然是人类理性的代言。人从根本上来说是理性被造物，"道德感官"只与理性有关，无关直觉和灵魂，"的确，灵魂没有感官，对其所知的事物也没有崇敬"[③]。沙夫茨伯里认为理性在道德中享有基础性地位，把理性视为美德得以生成的基础。在此意义上，任何一种情感若想要具有道德价值并成为道德情感，终究还是要受以理性为主要特征的"道德感官"的管辖或约束才能达到目的。这样，沙夫茨伯里明确说过，

---

① oeconomy 是 economy 的古代拼法，在英语中出现于 15 世纪后期，该词源于古希腊语中的 οἰκονμία，意思是家政管理的习惯或规则，到了 17 世纪，该词的内涵从家政管理的习惯或规则演变为国家管理的习惯或规则。在 18 世纪初进行写作的沙夫茨伯里在其著作中经常用到 oeconomy，不过，该词在他的著作中极少指家政管理或国家管理，而是指大自然管理并统治各种物种的习惯、规则或治理之道。

② Shaftesbury A A C. *Charactersticks of Men, Manners, Opinions, Times*. Vol.2. Indianapolis: Liberty Fund, 2001: 53.

③ Shaftesbury A A C. *Charactersticks of Men, Manners, Opinions, Times*. Vol.2. Indianapolis: Liberty Fund, 2001: 25.

"美德或德性依赖于对与错的知识，依赖于理性的应用，以确保感情的正确应用"①，不仅如此，他甚至进一步说，"仅凭优良的理性就能形成正当的感情、统一及稳定的意志与决意"②。沙夫茨伯里道德情感主义哲学提出的适度和理性原则之所以能成功约束自然情感并使之成为道德情感，与沙夫茨伯里对善的理解有关。沙夫茨伯里从物种整体善或公共善的视角出发理解道德善，认为一切情感均需服务于该情感得以产生的那种整体善、物种善或公共善才能真正被视为善的情感，也才能因此而成为道德情感，"若所有的感情或激情在总体上与公共善或物种善相一致，那么这种自然性情就是全然为善"③。事实上，借"适度"与"理性"之名对自然情感进行约束并使其成为道德情感，本质上是试图使自然情感为整体善或公共善效劳，而对于约束自然情感并使之具有道德价值的"适度"与"理性"来说，沙夫茨伯里却认为源于理性的约束力大于源于以适度为代表的、源于自然的约束力，这表明，沙夫茨伯里哲学中的情感终究只能因接受某种外在于情感本身的东西——如理性——的约束才能具有道德价值。

二、哈奇森：受仁爱制约的自然情感

与沙夫茨伯里不同的是，哈奇森在讨论道德情感的生成之道时，已明确把情感而非理性视为道德哲学的基础。哈奇森认为，人类一切行为均受情感推动，他把推动人类行为的理由称为"推动性理由"（the exciting reason）。以此为前提明确主张道德的基础是情感，而一切有别于情感的东西——如理性、知识、至高者的条律、利益等——均不是道德的基础。道德的基础之所以不是理性，是因为理性仅仅只是"发现真命题的能力"④，道德的主题是情感而非发现真命题的能力。道德的基础之所以不是知识，是因为所有知识都是关于观念与观念之关系的学问，而这些学问却不能为自身提供道德价值，这些学问的道德价值取决于应用这些学问的人的情感，因此，只能从异于这些关系的情感出发，这些知识才具有道德价值。道德的基础之所以不会来自至高者的条律，是因为由至高者制定的条律依靠奖惩法则约束人的行为，倘若人们据此决定情感或行为的道德价值，那么，道德于人而言就成了一

① Shaftesbury A A C. *Characteristicks of Men, Manners, Opinions, Times.* Vol.2. Indianapolis: Liberty Fund, 2001: 20.

② Shaftesbury A A C. *Characteristicks of Men, Manners, Opinions, Times.* Vol.2. Indianapolis: Liberty Fund, 2001: 22.

③ Shaftesbury A A C. *Characteristicks of Men, Manners, Opinions, Times.* Vol.2. Indianapolis: Liberty Fund, 2001: 15.

④ Hutcheson F. *An Essay on the Nature and Conduct of the Passions and Affections, with Illustrations on the Moral Sense.* Indianapolis: Liberty Fund, 2002: 137.

种外在的东西，即使人们根据奖惩法则做出了道德的行为，那也只是一种充满奴性的道德罢了。道德的基础之所以不是指向我们自身的利益，是因为我们受情感或本能推动而追求利益，被追求的利益最终只是为了满足我们的情感或本能，因此，不能基于利益而须基于情感讨论道德之基础。既然道德的基础是情感，那么也就意味着以本能和情感为内核的"推动性理由"是道德的基础，那么哈奇森所说的"推动性理由"的本质是什么？他引用亚里士多德的话说人性中"存在着不带任何他物之意图而被欲求的终极性目的，以及带有某种别的意图而被欲求的从属性目的或对象"①。人性的终极目的不是任何有别于人性的他物——如神——的意图，而是人性自身，就此而言，当他把人性视为情感、欲望和本能的复合体时，这就意味着他认为在人性中扮演"推动性理由"的终极角色是情感、欲望和本能，在此意义上，当他说"没有哪种目的能先于感情全体，因此不存在先于感情的推动性理由"②时，这就意味着情感或本能已被视为他的道德哲学的真正基础。较之沙夫茨伯里道德情感主义哲学，理性不再能支配或约束情感并赋予其道德价值，如果情感要拥有道德价值，那么，它必须从情感、欲望和本能中寻求某种异于理性的新基础，事实上，哈奇森道德情感主义哲学的理论任务之一就是对这种新基础进行系统论证。以此为基础，哈奇森把理性理解为实现目的过程中的某种睿智，他从亚里士多德哲学中寻求理论支撑把"目的"理解为主体自身的幸福，幸福只能受本能推动，而理性不过是主体实现自身幸福的工具而已。

就此而言，与沙夫茨伯里道德哲学不同的是，哈奇森面临的问题不是如何处理理性与情感的关系，而是如何处理单一情感（如仁爱）与其各类情感的关系。面对天然存在的各种自然情感，具有宗教背景的哈奇森独独偏爱仁爱并在其道德哲学中赋予这种自然情感以绝对道德优先性。因此，作为单一自然情感，仁爱得以超越所有其他各类自然情感而在道德理论中享有优先性。哈奇森主张，不仅用于进行情感主义道德判断的"道德感官"须以仁爱为基础，而且当道德主体培养道德情感时也须接受来自仁爱的情感启示。那么，仁爱给道德主体的情感启示是什么呢？哈奇森认为，仁爱给道德主体提供的情感启示正是道德善的核心构成要素。在《论我们的美德或道德善的根源》一文开篇处，哈奇森说他在文中所说的道德善指的是我们因领悟行为中的某种品质——该品质可使未从该行为中获取益处的行为者获得赞同和

① Hutcheson F. *An Essay on the Nature and Conduct of the Passions and Affections, with Illustrations on the Moral Sense*. Indianapolis: Liberty Fund, 2002: 139.

② Hutcheson F. *An Essay on the Nature and Conduct of the Passions and Affections, with Illustrations on the Moral Sense*. Indianapolis: Liberty Fund, 2002: 139.

爱①——而形成的观念②。推动这种品质得以产生的情感就是仁爱，哈奇森已向我们证明，受仁爱推动的行为尽管不能给行为者带来益处或效用但却可以给行为者带来赞同和爱，如审美一样，受仁爱推动的行为也具有无利害性。无利害性这种品质不仅使仁爱获得了区别于自爱的独特品质，而且也使仁爱在道德哲学中获得了独立的道德理论品性。

那么，为了使其他各类自然情感均因具有仁爱所具有的这种道德品质而成为道德情感，道德主体该如何接受来自仁爱的启示呢？哈奇森给我们提供的答案并非要使我们的情感保持基于情感机制而生的无利害性，而是要使我们自己不断对理性进行训练。但令人疑惑的是，为了培养道德情感，为什么道德主体必须接受理性的训练？一方面，因为哈奇森把道德善理解为一种"观念"，该观念因行为者或旁观者行为中的某种品质而产生，而这种品质在不能给行为者带来益处的同时能给行为者带来赞同和爱；另一方面，因为"道德感官"须以前定观念（previous ideas）为前提方能产生感官快乐。"道德感官"如同"美的感官"一样都属于内感官（internal sense），都只能在预设某种前定观念的前提下才能产生感官快乐，而使"道德感官"产生道德快乐的前定观念正是蕴含在仁爱中的道德品质。在此意义上，要使道德主体培养道德情感，就需对所有有别于仁爱的情感进行训练，训练的目的是使之具有仁爱所具有的品性。由于"道德感官"需以蕴含于仁爱之内的道德品质为预设前提才能产生道德快乐，因此，为了使道德主体拥有道德情感，就要对其理性进行训练，让其能在理性的指导或约束下使其他自然情感具有仁爱所具有的道德品性，更具体地说，当道德主体对理性进行训练时，需遵循"道德感官"提供的道德判断原则，令自己的情感和受情感推动的行为能为最大多数人带来最大幸福，唯有如此，道德主体的情感才能被"道德感官"赞同，而道德主体也才能感受到由"道德感官"所产生的最高和最持久的道德快乐。

三、休谟：受效用羁绊的自然情感

如果说沙夫茨伯里和哈奇森所讨论的道德情感都共同建立在对某种单一自然情感的偏爱的基础上，那么，休谟所讨论的道德情感则完全抛弃了这种偏爱。关于自然情感与道德情感的关系，一方面，休谟认为，在无须对某种单一自然情感给予道

---

① 有人或许会说，当行为者从该行为中获取赞同和爱时其实也获得了"益处"（advantage），但这种理解并不符合哈奇森的原意。根据哈奇森对"益处"或"利益"（interest）的理解，行为者从该行为中获得的赞同和爱不仅不可被视为益处或利益的组成部分，相反其具有超功利性，也正是因为这个原因，仁爱才得以具有无利害性特征。

② Hutcheson F. *An Inquiry into the Original of Beauty and Virtue: in Two Treatises.* Indianapolis: Liberty Fund, 2004: 85.

德优先性的前提下，自然情感可以成为道德情感；但另一方面他却认为，无论哪种自然情感都不能单独依靠自身而成为道德情感，离开了效用的加持，自然情感难以成为道德情感，不仅如此，并非所有道德情感都建立在自然情感的基础上，比如，正义这种道德情感就不以自然情感为基础，因此，较之其他基于自然情感而建立起来的美德，正义被称为人为美德。

休谟把美德分为人为美德和自然美德，如果说自然美德的形成需受到以情感感染为表现形式的同情机制的约束，那么，当自然美德服从于人为美德时，在自然情感成为道德情感的过程中，效用在道德上对道德主体的约束作用则远大于以情感感染为表现形式的同情机制。以正义为例，休谟认为正义须建立在契约的基础上，在此意义上，一如斯洛特所言，休谟的人为美德是一种缺乏自然情感动机的美德[1]。同样，加拿大圣玛丽大学的大卫·高蒂尔（David Gauthier，1964— ）也强调说，休谟在讨论自我和他人的关系时认为我们不可能依靠自然情感而进入道德的国度。这充分说明，一旦涉及自我与他人的关系时，我们不能因服从于某种单一自然情感或蕴含在自然情感内部的、以情感感染为表现形式的同情机制的约束而产生道德情感。简言之，我们不能循着自然情感路径或蕴含在自然情感背后的自然之道而获取道德情感。如果说休谟围绕同情所讨论的情感主义道德判断原则是受效用约束的判断原则，那么休谟讨论的道德情感也依然具有浓厚的效用化特征。

四、斯密：以合宜性为基础的自然情感

如果说苏格兰启蒙时代的所有道德情感主义者都须对"道德情感何以构成"这个问题做出自己的回答，如果说沙夫茨伯里、哈奇森和休谟在回答该问题时都认为自然情感不能单凭自身独立的身份以自立的姿态成为道德情感，那么，对斯密来说，人性中的每一种情感就都可以以独立的身份成为道德情感，以此为基础而建立起来的美德也因此而内在于情感自身。据前文所述，斯密道德情感主义哲学提出了以同情为基础、以合宜性为表征的情感主义道德判断原则，那么，要使自然情感成为道德情感，则需要使自然情感服从于合宜性原则。据斯密对同情与合宜性的分析，合宜性的本质是美学对称原则，更确切地说，是位于同一道德语境中的旁观者和当事人所展现出的情感与情感的对称性。

合宜性虽然能成为情感主义道德判断原则的理论基础，然而，它并不会以"规定"的方式对自然情感给予道德规定并使自然情感因服从于这些道德规定而成为道德情感。毋宁说，斯密的道德情感主义哲学向我们表明，不仅每一种自然情感都拥有成为道德情感的均等机会，而且可以以自由的状态在不受任何道德规定的前提下

---

[1]　Slote M. *Essays on the History of Ethics*. New York: Oxford university Press, 2009: 90.

成为道德情感。那么，我们不禁要问：其中的秘密是什么呢？《道德情操论》给我们的答案是：美。基于对位于同一道德语境中的当事人和旁观者的情感展现出的情感对称之美，合宜性被视为道德判断的情感基础，同理，也是基于对这种情感性的对称美的热爱，我们不仅可以体会同情之乐，而且可以体会合宜之乐。

就此而言，对于斯密的道德情感主义哲学来说，培养道德情感的过程是各种情感不断接受同情机制的制约并使自身具有合宜性的过程，其中既包含自然的自发性，又包含人为努力的过程。所谓自然的自发性，指的是道德主体在同情的作用下不断调试自己、克服情感的偏倚性从而最大限度地接近中立状态，也是道德主体不断自控的过程。所谓人为努力的过程，指的是经过道德主体不断学习、观察、揣摩而使情感具有合宜性的过程，对于位于同一道德语境中的道德主体来说，由于不同的主体均受不同文化、阶层、风俗、习惯的制约，因此，需在不断学习和领悟的过程中达到合宜点。

上文的讨论显示，当18世纪道德情感主义者们在情感的自然化进程中讨论道德情感的生成问题时，由于遗忘了早期道德情感主义者们提出理论的"初心"，因此，沙夫茨伯里不得不借助理性对情感的约束力为情感赋予道德价值，哈奇森则选择了通过对理性进行训练的方式为情感的道德价值添砖加瓦，为了达到相同的目的，休谟选择了效用，而斯密则选择了受旁观者的意见或情感反应支配的合宜性原则。事实上，一旦把基于情感机制而生的无利害感视为道德判断原则的组成部分，我们就会使各种日常情感在新力量的约束下成为道德情感。这是一项十分有前景但十分复杂的工作，为了更好地完成它，让我们从五彩缤纷的历史叙述转入道德情感主义的理论内部讨论道德情感的生成之道。

第二章　道德情感的单一性与多样性

自 18 世纪以降，所有道德情感主义者在构建其道德情感主义理论时都须阐释道德情感的生成机理问题。研究显示，18 世纪以降的道德情感主义思想史对该问题提供了两种答案。第一种答案赋予某种单一情感以道德优先性，主张把某种单一情感（如仁爱）直接视为道德情感并以此为前提构建道德情感主义理论大厦；第二种答案则反对这种做法，认为没有哪种单一情感享有高于其他各类情感的道德优先性，主张各种情感均享有获得成为道德情感的均等机会。进一步说，对于 18 世纪以降的道德情感主义者而言，由于各种情感都共同受令人快乐或不快或者温暖感或冷漠感的情感机制的约束，因此，只要使自身符合情感机制的道德属性，那么，就都有机会拥有道德价值并成为道德情感。

第一节　道德情感的单一性

把某种单一类型的情感视为道德情感以及其他情感得以获得道德价值的参照物是 18 世纪早期道德情感主义者沙夫茨伯里和哈奇森秉承的论证思路。沙夫茨伯里对整体性情感（entire affection）[①]情有独钟并高看一眼，赋予它以高于其他一切情感的道德价值，把它视为美德的唯一情感来源。整体性情感在沙夫茨伯里的哲学中被认为拥有"平等、稳定、自己对自己负责并持续不断地令人满意和愉悦"[②]等特征。谁拥有这种情感，谁的生活就自然而然拥有了按自然旨意生活的道德价值，"拥有这种整体性的情感或拥有心灵的完整，就是按自然而生活，就是依最高的智慧的命令与规则而生活，这就是道德、正义、虔诚与自然宗教"[③]，而谁在社会生活中拥有整体性情感，谁就"拥有来自社会的爱和赞同"[④]。与整体性情感对立的情感是偏倚的情感（partial affection），就情感目标来说，该情感仅只专注于个体或小团体的善，不关注社会或种属的整体善。偏倚的情感所产生的快乐会直接破坏由整体性情感所产生的美德之乐，因此，"意识到这种感情的人，不会因此而意识到美德或德

---

① 沙夫茨伯里又将这种情感称为自然情感（natural affection）。

② Shaftesbury A A C. *Characteristicks of Men, Manners, Opinions, Times*. Vol.2. Indianapolis: Liberty Fund, 2001: 65.

③ Shaftesbury A A C. *Characteristicks of Men, Manners, Opinions, Times*. Vol.2. Indianapolis: Liberty Fund, 2001: 66.

④ Shaftesbury A A C. *Characteristicks of Men, Manners, Opinions, Times*. Vol.2. Indianapolis: Liberty Fund, 2001: 65.

行"①。偏倚的情感若要拥有道德价值并成为道德情感，必要条件是要使自己分有整体性情感所具有的道德属性，更确切地说，就情感目标而言，要使与该情感紧密相连的私人善与公共善达成一致，并以此为基础形成和谐的情感关系。随着道德情感主义的发展，在沙夫茨伯里的追随者哈奇森那里，虽然整体性情感在名义上不再作为单一类型的情感而成为道德情感的唯一来源，仁爱取代整体性情感而成为道德情感主义理论大厦的新地基，但就二者都把单一类型的情感视为道德情感之唯一理论源泉而言，完全可以说二者在构建各自的道德情感主义理论体系时都遵循了相同的理论进路。

西方道德情感主义思想史表明，以沙夫茨伯里和哈奇森为代表的 18 世纪苏格兰启蒙学派早期道德情感主义者们均喜爱赋予单一类型的情感以道德优先性，把它视为道德情感主义理论大厦的基石。不过，随着该学派思想逐步向前发展，这种做法后来几乎被所有其他道德情感主义者们淘汰。当单一类型的情感在道德情感主义理论体系中不再享有优于其他各类情感的道德优先性时，当它不再被视为道德情感的唯一情感来源和价值基础时，道德情感主义理论体系的地基已经发生了根本性改变。就此而言，在讨论道德情感的生成之道时，虽然该问题引发的理论任务一模一样，但在回答该问题并完成该任务的过程中，这两种类型的道德情感主义完全可被视为建立在两种截然不同的地基之上。事实上，这本身就是一个值得深入分析的理论问题。

一、理性：道德优先性的理论基础

当道德情感主义在 18 世纪英国道德哲学舞台上崭露头角时，沙夫茨伯里和哈奇森倾向于把某种单一类型的情感视为道德情感的全部地基或唯一理论来源，虽然为二者所认可的、能作为道德情感之来源的单一类型的情感各有差异，但是，二者在构建道德情感主义理论体系的过程中所展现出的理论思路却毫无差别。究其原因，与二者作为道德情感主义之理论开拓者的身份不无关系。对沙夫茨伯里而言，当他在道德理性主义阵营中为道德情感主义的地基拓荒时，他依然受到了理性思维范式的影响，这表现为他始终试图以理性为基础理解情感的道德价值，认为理性能为情感的道德地位提供保障。对哈奇森而言，当他追随沙夫茨伯里的脚步构建道德情感主义理论体系时，虽然把道德的基础完全交给了以仁爱为代表的情感并使得道德情感主义更富情感色彩，但当他从人性出发讨论道德情感的生成之道时，他的观点却依然染上了浓厚的道德理性主义色彩。例如，他不仅从理性出发理解人性的结

---

① Shaftesbury A A C. *Characteristicks of Men, Manners, Opinions, Times*. Vol.2. Indianapolis: Liberty Fund, 2001: 64.

构，且认为以"道德感官"等为代表的内感官须以前定观念为预设前提才能产生感官知觉，因此，为了确保人性能产生纯粹的道德情感，或者说，为了对道德情感进行有效培养，哈奇森的道德情感主义哲学认为，对理性进行训练是培养道德情感的必要条件。

（一）沙夫茨伯里：用理性为情感的道德价值奠基

作为道德情感主义的拓荒者，虽然深受道德理性主义的影响，但在探析道德情感的生成之道时，沙夫茨伯里依然持有鲜明的情感主义立场，明确认为情感或激情是道德善的基础。善恶的本质由情感决定，"美德的本质由理性生物指向正确和错误道德对象的某种行为倾向或感情比例所构成"，"据这些感情，被造物就必定可以分为有德或无德，善或恶"[①]。道德善来自与物种的整体利益或公共利益相一致的情感，沙夫茨伯里把这种情感称为整体性情感。对于其他情感来说，若要具有道德价值并成为道德情感，就情感目标而言，须使自己以物种之整体利益或公共善为目标，换句话说，须使自己分有整体性情感具有的那种道德属性或情感价值。就情感的性质与道德善的关系而言，沙夫茨伯里认为，整体性情感会自然而然地与物种的整体利益或公共利益保持一致，因此能超越所有其他一切情感而天然拥有道德优先性。不过，尽管如此，当整体性情感超过一定的度时，也会变成不道德的情感或"不自然的"情感。因此，有必要对情感的"度"进行说明。就情感的"度"与道德善的关系而言，唯有适度的自然情感才是善的。就此而言，即使最自然的情感，也须有"度"。在此意义上，只要同时具有自然性和适度性，整体性情感或自然情感就完全可被视为道德情感。虽然沙夫茨伯里对整体性情感或自然情感演变为道德情感的条件进行了限定，但他还是明确主张把整体性情感或自然情感视为道德善的唯一情感来源。

虽然沙夫茨伯里把情感视为道德的基础，但他并不认为情感能以独立的身份为道德奠基，更确切地说，自然情感若要真正成为道德的基础，必须受到以理性为主要特征的"道德感官"的支持。为什么？因为在沙夫茨伯里看来，自然情感总是受理性的管控。那么，理性为何能管控自然情感？事实上，沙夫茨伯里之所以赋予理性以管控自然情感的权利，这与他对人或人的灵魂的理解密切相关。在他看来，灵魂具有双重属性或两个自我。一个自我自我们出生之时就拥有理性属性，它是我们的天使或守护神；而另一个自我则是内心深处的自然情感与欲望，是我们自己需要不断练习并修炼的对象[②]。灵魂的双重属性使我们把自己一分为二。那么，灵魂中

---

① Shaftesbury A A C. *Characteristicks of Men, Manners, Opinions, Times*. Vol.2. Indianapolis: Liberty Fund, 2001: 50.

② Shaftesbury A A C. *Characteristicks of Men, Manners, Opinions, Times*. Vol.1. Indianapolis: Liberty Fund, 2001: 106.

的这两种属性谁更重要呢？在回答该问题时，沙夫茨伯里明显表现出了对理性的偏爱。他把欲望比喻为理性的兄长，把意志比喻为足球，由于兄长更强壮，在二者进行较量时，兄长往往占尽便宜，而意志就像足球一样被二者踢来踢去，但最终欲望放弃了意志这个足球，乖乖回到了理性身边。经这番较量后，理性变得更通情达理，此后"开始尽可能与年幼的弟弟进行公平游戏"[①]。沙夫茨伯里的这个比喻表明，激情或欲望最终会回到理性的身边并接受其控制，这意味着他更看重理性在灵魂中的地位与作用。因此，在沙夫茨伯里所创立的道德情感主义思想体系中，美德之所以为美德，其基础不是情感，而是理性或由理性提供的知识，用沙夫茨伯里的话说，"美德或德行依赖于对与错的知识，依赖于理性的应用，以确保感情的正确应用，从而使支撑物种或社会的自然感情中没有任何可怕、不自然、不可效仿或毁灭性的东西"[②]。沙夫茨伯里还进一步认为，"理性被造物在不同程度上分有美德"[③]，"仅凭优良的理性就能形成正当的感情、统一及稳定的意志与决意"[④]。

沙夫茨伯里在讨论赞同原则和道德判断原则时，并不认为蕴含在"道德感官"内的情感机制可发挥支配性作用，"对于仅仅只受感官对象推动的那些被造物而言，他们因基于感官而生的感情而为善或为恶"[⑤]，然而，"对于能形成道德善的理性的被造物而言，实际情形却不是这样"[⑥]。更确切地说，沙夫茨伯里认为，美德真正依赖的是理性或观念而非蕴含在感官中的情感机制，观念或理性对人的影响远甚于蕴含于感官中的情感机制，换句话说，与"道德感官"有关的情感机制对于人类道德善几乎发挥不了什么作用。同理，在培养道德情感时，沙夫茨伯里也认为"道德感官"的影响力远不如理性或知识。在极端处境中，只要拥有完备的理性和源于理性的情感，即使感官被损毁，该人也依然不会产生恶的情感，也不会成为恶人。"若理性和感情都健全完备，即使一个人的身体构造或结构受到了损毁，以至感官所感知的自然对象，如同毁坏的玻璃一样，得到了错误的传递与表达，由于过失不占主要或重要成分，此人自身也不能被认定为恶或不公正。"[⑦]

---

① Shaftesbury A A C. *Characteristicks of Men, Manners, Opinions, Times*. Vol.1. Indianapolis: Liberty Fund, 2001: 116-117.

② Shaftesbury A A C. *Characteristicks of Men, Manners, Opinions, Times*. Vol.2. Indianapolis: Liberty Fund, 2001: 20.

③ Shaftesbury A A C. *Characteristicks of Men, Manners, Opinions, Times*. Vol.2. Indianapolis: Liberty Fund, 2001: 22.

④ Shaftesbury A A C. *Characteristicks of Men, Manners, Opinions, Times*. Vol.2. Indianapolis: Liberty Fund, 2001: 22.

⑤ Shaftesbury A A C. *Characteristicks of Men, Manners, Opinions, Times*. Vol.2. Indianapolis: Liberty Fund, 2001: 21-22.

⑥ Shaftesbury A A C. *Characteristicks of Men, Manners, Opinions, Times*. Vol.2. Indianapolis: Liberty Fund, 2001: 21-22.

⑦ Shaftesbury A A C. *Characteristicks of Men, Manners, Opinions, Times*. Vol.2. Indianapolis: Liberty Fund, 2001: 19.

不过，尽管如此，当沙夫茨伯里基于理性为道德情感的道德性奠基时，其理论并未完全表现出连贯的一致性，这表明，虽然沙夫茨伯里像传统理性主义思想家一样坚持把情感和行为的道德价值奠定在理性的地基之上，但这种基础却已受到某种新地基的排挤，最终在沙夫茨伯里的道德哲学中呈现出了一幅理性与情感紧密交织的复杂图景。例如，在《道德家，一部哲学狂想曲，关于自然和道德问题的对话的记述》（*The Moralists, A Philosophical Rhapsody, Being a Recital of Certain Conversations on Natural and Moral Subjects*）中，当菲勒克勒斯和特奥克勒斯在美丽的乡村相互交谈并探讨何谓持续而稳定的善时，沙夫茨伯里借菲勒克勒斯之口说，被延续一生的高尚友谊是一种崇高的、具有英雄气质的激情[①]。就此而言，自然、理性和人道在沙夫茨伯里的学说中时常被相提并论并为人类道德生活提供指导，"自然、理性和人道可以更好地教育我们，善待父亲，因为该人是父亲，善待孩子，因为该人是孩子，善待人类生活中的每种关系"[②]。不过，虽然沙夫茨伯里的道德情感主义大厦在地基上给我们呈现了情感与理性交织的画面，但理性始终扮演着超越情感在其学说中为道德大厦的地基涂抹基础色彩的角色。

（二）哈奇森：对理性进行训练以保障情感或行为的道德价值

沙夫茨伯里从人的灵魂的构造入手保留了理性对情感的支配性地位，但对于哈奇森而言，这并非理性能控制情感的原因，也非情感能被赋予道德价值的原因。沙夫茨伯里的情感主义伦理思想面世之后，随即受到了曼德维尔的讽刺、嘲弄与批判。有趣的是，曼德维尔和沙夫茨伯里有诸多相似之处，比如，二者都一样从情感出发理解人性。较之沙夫茨伯里，曼德维尔甚至对人性持有更富情感色彩的观点，他把人性视为情感的复合体，认为理性只是情感的奴婢罢了。尽管如此，二者却存有根本性的分歧。沙夫茨伯里认为人性中处于支配性地位的情感是以公共善为目标的自然情感或整体性情感，而曼德维尔则认为，人性完全被自爱支配，缺乏仁爱和利他性；沙夫茨伯里认为，一种被启蒙后的仁爱观可以调和私人善和公共善，只要照顾到整体利益，个体的利益也将得到保障，而曼德维尔却认为，专注于个体利益才能使整体利益得到实现，道德仅是自爱在实现个体利益过程中人为制造的副产品。两卷本的《蜜蜂的寓言》（*The Fable of the Bees*）把沙夫茨伯里视为可怕的榜样展开批判。曼德维尔的批判引起了哈奇森的不满，他著书立说，公开为沙夫茨伯里辩护。

前文说过，在道德的基础是理性还是情感这一问题上，较之沙夫茨伯里，哈奇

---

① Shaftesbury A A C. *Characteristicks of Men, Manners, Opinions, Times*. Vol.2. Indianapolis: Liberty Fund, 2001: 135.

② Shaftesbury A A C. *Characteristicks of Men, Manners, Opinions, Times*. Vol.2. Indianapolis: Liberty Fund, 2001: 136.

森更彻底地划清了道德与理性的边界，把情感确立为道德的基础，不过，在谈到人性的本质以及道德情感的培养之道时，哈奇森也和沙夫茨伯里一样未能完全摆脱理性主义思维范式的影响。与沙夫茨伯里一样，哈奇森把人性的本质理解为理性，然而，与沙夫茨伯里不同的是，哈奇森所赞成的这种理性是灵魂应用理性从而对不同的观念进行联合或联想的能力。

对各种不同观念进行联想的能力，是每个人与生俱来的能力和天然的行为倾向，若应用得当，往往能给我们带来十分有益的积极效应。以语言为例，哈奇森指出，这种能力于人而言显得十分重要，因为"我们的全部语言和大量记忆都依赖于此"①。根据现代语言学的研究，语言与人对观念进行联想的能力之间有着密不可分的关系，语言学行为主义者（behaviorists）提出的"联想链理论"（associative chain theory）就证明了观念的联合或联想之于语言的重要性。此外，人类心灵中的很多记忆都伴随着丰富的联想，因此，观念的联想之于人类的记忆也非常重要，我们不仅可以据此"使用话语、回忆起过去的事件"，而且可以依赖它们培养"有价值的能力和技艺"②，如果没有这种联想的能力，"我们几乎不可能有记忆或回忆，甚至不可能有语言"③。

在肯定心灵中的这种联想能力的积极作用时，哈奇森也注意到，对于我们的情感和受情感推动的行为来说，该能力经常使我们的情感超出其应有的"度"，从而给我们带来烦恼。由于受观念的联想的影响，我们每一种类型的情感都会因此被增强或削弱。对于与外在感官有关的情感来说，尽管大自然让我们有权使之保持适度，但一旦代表着尊严、慷慨、显赫等意义的观念介入这种类型的情感中，或者说，一旦代表着尊严、慷慨、显赫等意义的观念与外在感官观念联合起来，它们就十分容易超出其应有的限度，从而变得更强，以至于"给我们带来无尽的劳作、烦恼和不同类别的不幸"④。我们之所以能忍受那些超出感官限度的无尽的劳作、烦恼和不幸，原因在于我们希望据此获取尊严、慷慨、显赫等，换句话说，是为了使我们的情感满足介入感官观念之中的那些观念对我们的情感做出期待或要求。就此而言，我们不是在外在感官观念的影响下劳作，而是在介入这些外在感官观念的那些观念的影响下劳作。以天然嗜欲为例，一旦某种异于嗜欲的观念介入天然嗜欲，那么，就意味着满足嗜欲的同时也要满足介入进来的观念。我们会发现，由于豪奢之人"已经具有了与他们的饮食相连的与尊严、宏大、优异和生活的享乐有关的所有

---

①　Hutcheson F. *An Essay on the Nature and Conduct of the Passions and Affections, with Illustrations on the Moral Sense*. Indianapolis: Liberty Fund, 2002: 21.

②　Hutcheson F. *An Essay on the Nature and Conduct of the Passions and Affections, with Illustrations on the Moral Sense*. Indianapolis: Liberty Fund, 2002: 21.

③　Hutcheson F. *A System of Moral Philosophy*. Bristol: Thoemmes Press, 1755: 31.

④　Hutcheson F. *An Essay on the Nature and Conduct of the Passions and Affections, with Illustrations on the Moral Sense*. Indianapolis: Liberty Fund, 2002: 69.

观念"，因此，朴素的晚餐在这种人眼中已变得索然无味。同理，守财奴因为对财富拥有"同善、价值和重要性有关的所有观念"①，所以这种人从来不会认为自己的行为十分愚蠢，相反还会用这些观念为自己的行为进行辩护，基于财富而来的财产观念已使他深信，"没有拥有他所赞赏的一切就不可能幸福"②。

不仅外在感官观念极易受观念的联想的影响，产生于内在感官的观念也同样如此。以审美情感为例，哈奇森认为，由于美的知觉离不开观念，人类的审美情感更易受观念的联想的影响。观察显示，"艺术鉴赏家具有同其深爱的艺术品相连的以及与有价值的知识、高雅的价值和能力有关的所有观念"③。这样，甚至同审美鉴赏毫无关系的观念也会介入我们的审美活动中对我们的审美情感产生影响。以出类拔萃或出人头地的观念为例，相对审美情感自身而言，出类拔萃或出人头地的观念无疑属于异质观念，尽管美可以脱离出类拔萃或出人头地的观念而被审美者享受，但一旦出类拔萃或出人头地这类观念介入审美活动并将自己与美捆绑起来。比如，使人认为出类拔萃或出人头地才是美的标记或象征，那么，人们就会因拥有这类美的事物而感到自己出类拔萃或出人头地。反之，若失去或无法拥有这类美的事物，人们就会因为想到自己不是出类拔萃或出人头地之人而感到失望或痛苦。哈奇森发现，类似的命运还会发生在思辨科学、诗歌、音乐等领域中，从而给"最长寿的生命带来烦恼和悲伤"④。比审美情感更容易受观念的联合或联想影响的是道德情感。究其原因，与道德情感得以诞生的基础有关。道德情感"先于任何不适感""以善的看法或理解为前提"而产生，因此，它"必定会更直接地受看法和观念的联想的影响"⑤。

此外，我们的公共欲望"同我们的私人欲望一样，也以同样的方式受到混乱观念的影响"⑥。由于我们时常对利益持有错误的观念，在这种观念的影响下，我们的公共欲望经常会受到压制，自爱时常会战胜仁爱。即使对利益持有正确的看法，我们对公共欲望的对象——公共善——也会经常持有错误或偏倚的看法。哈奇森指出，若以这种错误或偏倚的看法为基础追求美德，那么就会深陷有害的行为之中，

---

① Hutcheson F. *An Essay on the Nature and Conduct of the Passions and Affections, with Illustrations on the Moral Sense*. Indianapolis: Liberty Fund, 2002: 70.

② Hutcheson F. *An Essay on the Nature and Conduct of the Passions and Affections, with Illustrations on the Moral Sense*. Indianapolis: Liberty Fund, 2002: 71.

③ Hutcheson F. *An Essay on the Nature and Conduct of the Passions and Affections, with Illustrations on the Moral Sense*. Indianapolis: Liberty Fund, 2002: 71.

④ Hutcheson F. *An Essay on the Nature and Conduct of the Passions and Affections, with Illustrations on the Moral Sense*. Indianapolis: Liberty Fund, 2002: 74.

⑤ Hutcheson F. *An Essay on the Nature and Conduct of the Passions and Affections, with Illustrations on the Moral Sense*. Indianapolis: Liberty Fund, 2002: 69.

⑥ Hutcheson F. *An Essay on the Nature and Conduct of the Passions and Affections, with Illustrations on the Moral Sense*. Indianapolis: Liberty Fund, 2002: 71.

以追求美德之名做出的最有害的行为是由于追求某些"美德的幻象"——如坚韧等——而忽视了所有其他美德赖以服从的终极目的，也即美德的"真实本性及其唯一目的——公共善"①。当我们追求荣誉时，我们的观念也会"以类似的方式产生愚蠢的联想"②，而当我们受观念的混乱联想的支配去追求荣誉时，"无论我们的欲望怎样因公共或私人善而得到筹划，错误的看法和混乱的观念或超出其适当比例的任何一种观念都会把其最佳的善转变为毁灭性的愚蠢行为"③。例如，通过观念的混乱联想，生活中某些微不足道的事物——如一款服饰、一道美食、一个头衔、一个地方、一种宝石以及对一个毫无用处的问题的争论、对一个过时词汇的评论、一个诗意寓言的起源、一处已消失了的城市的遗址等——都会成为被热烈追捧的对象，因为它们已被观念的联想赋予了荣誉的象征。

　　道德情感只是纯粹的情感，不是介入了观念的联想后的那种情感，哈奇森认为唯一纯粹的情感只有欲望和憎恶④，纯粹的情感意味着排除了一切异质的观念，只接受情感自身的约束。哈奇森认为，观念的联想是理性领域内的事务，因此，须从理性入手才能对它做出改变，故在道德事务上，为了使我们拥有道德情感并成为道德之人，我们需对理性进行训练。对理性进行训练，不仅可使我们消除观念的联想，从而产生纯粹的情感，还可以使我们明辨什么是真正的善，并因此享有最高和最持久的道德快乐。总之，在哈奇森看来，单凭情感自身，我们虽拥有成为道德之人的潜能，但并不意味着我们一定会在现实中真正成为道德之人，因为情感总会受到观念的联想的影响，而观念的联想往往会在道德领域给我们带来一系列负面影响，因此，为了确保我们能在情感的指导下成为道德之人，我们须时刻对我们的理性进行训练，唯有如此，我们才能凭自然情感而真正成为道德之人。简言之，在哈奇森看来，情感虽然具有使我们成为道德之人的潜质，但在达到目的的过程中，如果失去了理性的帮助，情感就会误入歧途，失去道德的方向。哈奇森的道德哲学声称，若要获得源于理性的帮助，情感须使自己服从理性，接受理性的训练。

　　上文的分析显示，虽然在道德的基础问题上，哈奇森划清了情感与理性的界限，但在如何培养道德情感这一问题上，却依然不得不向理性求助。这表明，哈奇森的道德情感主义并不具有彻底性，情感并不能以完全独立的身份自主获取道德价值，换句话说，在如何培养道德情感的问题上，必须使情感依附于理性或接受理性

---

　　① Hutcheson F. *An Essay on the Nature and Conduct of the Passions and Affections, with Illustrations on the Moral Sense*. Indianapolis: Liberty Fund, 2002: 72.

　　② Hutcheson F. *An Essay on the Nature and Conduct of the Passions and Affections, with Illustrations on the Moral Sense*. Indianapolis: Liberty Fund, 2002: 72.

　　③ Hutcheson F. *An Essay on the Nature and Conduct of the Passions and Affections, with Illustrations on the Moral Sense*. Indianapolis: Liberty Fund, 2002: 22.

　　④ Hutcheson F. *An Essay on the Nature and Conduct of the Passions and Affections, with Illustrations on the Moral Sense*. Indianapolis: Liberty Fund, 2002: 30.

的帮助，我们方能培养道德情感并成为道德之人 ①。

二、被质疑的理由

18世纪英国道德情感主义者沙夫茨伯里和哈奇森均认为，单一类型的情感能被视为道德情感主义哲学中的唯一道德情感并为道德奠基。不过，对于休谟和斯密来说，单一类型的情感却不能被赋予这种道德优先性。综合来看，理由有三。首先，相对其他各种情感来说，视某种单一类型的情感为唯一道德情感，意味着该情感会被赋予道德优先性，然而，这种优先性实则是可被质疑的。其次，由于破坏了道德的自主性，因此，赋予某种单一类型的情感以道德优先性，既不能使该情感因自身而获得道德价值，也不能使其他情感因自身而获得道德价值。最后，把某种单一类型的情感视为唯一道德情感并以之为基础解释道德赞同和道德判断，这种理论进路会遭遇循环论证的挑战。

（一）被质疑的道德优先性

18世纪的沙夫茨伯里和哈奇森在讨论道德情感的生成之道时，分别赋予了两种不同的单一情感——整体性情感和仁爱——以道德优先性。沙夫茨伯里的道德情感主义哲学详细论证了整体性情感的道德价值，道德情感主义哲学的任务就在于培养整体性情感并使其他各类情感分有该情感的道德属性。与沙夫茨伯里不同的是，哈奇森的道德情感主义哲学赋予了普遍而无私的仁爱之情以道德优先性。为了夯实基于这种情感而来的道德地基，哈奇森扩展并深化了感官概念，衍生出包括"道德感官""公共感官"（public sense）和"荣誉感官"（sense of honor）等在内的多种感官概念。经其论证后，仁爱在其道德情感主义哲学中不仅被视为道德的一般基础，而且也被视为道德赞同和道德判断原则的一般基础，故仁爱不仅在一般意义上被赋予了道德优先性，而且在道德判断原则问题上也被赋予了道德优先性。赋予单一情

---

① "对理性进行训练"在哈奇森的道德情感主义哲学中具有道德实践意义上的指导价值。哈奇森在讨论如何对理性进行训练的过程中，基本出发点是独立的主体，而当独立主体对理性进行训练时，实际上表明该主体在对自我进行道德修炼或锻炼。就此而言，哈奇森所讨论的"对理性进行训练"，是一种以主体自主性为基础和前提的道德修炼活动。除此之外，我们需要阐明并引起读者注意的是，在道德情感领域，除了哈奇森所说的这种以主体自主性为基础的道德修炼或锻炼之外，还有另外一种类型的道德修炼或锻炼，它也表现为"对理性进行训练"，这种类型的道德修炼或锻炼并不会以道德主体的自主性为前提和基础，相反，它以抹杀或遏制道德主体的自主性为基础和前提。道德主体A用自己的理性使道德主体B运用自己的理性能力对自身的情感进行训练，并在这个过程中培养某种占支配性地位的情感，其目的是服从或满足道德主体A的情感意图或目的，此时，就产生了另一种类型的"对理性进行训练"的道德活动。归根到底，由于主体缺乏自主性，或由于这种类型的道德活动并没有建立在主体的自主性基础上，这种类型的道德修炼或锻炼不能算作"道德的"行为，或许正是因为这个原因，这种类型的道德活动并未被哈奇森道德情感主义哲学纳入其内并予以讨论。即使如此，我们仍需要注意，这种类型的道德训练在日常生活中并不罕见。

感以道德优先性，这种做法受到了休谟和斯密的批判。休谟在《人性论》中既批判了哈奇森赋予仁爱以道德优先性的做法，也批判了哈奇森赋予"道德感官"以道德判断优先性的做法。无疑，休谟的批判是成功的。继休谟之后，斯密也对哈奇森的仁爱优先性思想进行了批判[①]，其并不认为某种单一类型的情感拥有优于其他各类情感的道德优先性。斯密认为，自然广义上有自己的计划且始终服从于该计划，道德只是自然自身的宏大计划中的一个较小组成部分罢了。《道德情操论》认为一切情感均平等享有道德机会，没有哪一种情感可享有优于其他情感的道德优先权。不仅如此，斯密也追随休谟，不认为哈奇森的"道德感官"享有道德判断优先权。

（二）被破坏的道德自主性

前文的分析显示，被赋予道德优先性的单一情感在沙夫茨伯里和哈奇森的道德哲学中均不能自主拥有道德价值。沙夫茨伯里认为理性重于情感，情感的道德价值归根到底取决于它是否接受来自理性的约束，而哈奇森虽然并不认为理性重于情感，但情感若要获得道德地位，还是需要向理性求助，被赋予道德情感优先性的仁爱和其他各类情感，均不能凭自身自主获得道德价值，通过对理性进行训练并使其保持纯粹性，才能成为道德情感。哈奇森认为，"我们的感情通常会与我们的看法相对应"[②]，对看法或观念做出改变，我们的感情或情感就能得到改变，因此，他主张以对理性进行训练的方法通过改变看法或观念来调控情感。不仅如此，哈奇森还注意到，观念与观念之间极易借助联想而联合起来。这种观念的联合往往会使我们的情感指向错误的对象。例如，在审美领域，由于存在着观念的联想，微不足道的东西往往会因此而被赋予显赫、庄重或得体的意义，从而受到猛烈追捧，让人做出可笑甚至荒谬的行为。再如，由有名望的人做出的小动作，由于与很多异于该动作的观念联合起来，就会被赋予异于该动作的诸多意蕴，从而受到众人的效仿和追捧。观念的联想还会影响情感的度，使之超出其应有的"度"，且只要观念的联想未被消除，这种超出其应有之"度"的情感就会持续存在。此外，观念的联想还会对自然情感赖以产生的感官本身产生影响，会在一定程度上使之受到扭曲，使其失去本有的自然状态，最终损害人们的幸福。观念的联想，是人们本性中的天然行为倾向，哈奇森认为人们无法阻止或消除它，人们唯一能做的就是通过对理性进行训练从而降低观念的联想造成的负面影响。由此可见，尽管哈奇森在讨论道德基础时赋予了仁爱以道德优先性，但在讨论人性的本质和道德情感的培养问题时，哈奇森道德哲学依然和沙夫茨伯里一样赋予理性以优先性，仁爱终究还是需借助理性的帮

---

① 关于斯密对哈奇森的批判，详见笔者发表于《世界哲学》2018 年第 4 期的《论斯密伦理思想对哈奇森仁爱观的背离》。

② Hutcheson F. *An Essay on the Nature and Conduct of the Passions and Affections, with Illustrations on the Moral Sense*. Indianapolis: Liberty Fund, 2002: 73.

助才能成为道德情感。

（三）循环论证的挑战

把某种单一情感视为道德情感的哈奇森道德情感主义哲学曾面临过循环论证的挑战。一方面，哈奇森主张，我们只能从情感出发理解道德善或恶，即"我们理解为道德善或恶的每一种行为，始终被认为源于指向理性主体的某种感情。我们称为德性或恶行的一切，要么是某种感情，要么是由它而来的某种行为"①。"爱的一般原则是一切显而易见的美德的基础。"②另一方面，在道德判断问题上，哈奇森主张动机论，认为以情感为基础的"道德感官"可为我们提供道德判断的标准。不过，哈奇森在《论激情和感情的本性与表现，以及对道德感官的阐明》明确指出，"道德感官的普遍基础是仁爱"③。不难发现，仁爱在哈奇森道德情感主义哲学中既被视为道德的基础，也被视为道德判断标准即"道德感官"的基础。很显然，这使他的道德情感主义理论体系陷入了循环论证。

哈奇森曾注意到了这个问题，他试图通过把仁爱产生的后果确立为道德判断原则来解决该问题。哈奇森主张，要衡量一个仁爱的行为的道德程度的高低，就要对仁爱的量进行衡量，即对仁爱所产生的后果的大小进行衡量，他认为可以借助数学公式达到目的。以此为基础，哈奇森列举了一系列数学公式来衡量道德善的量，后人把哈奇森的这些数学公式称为道德代数法。

那么，道德代数法有效解决了循环论证问题吗？道德代数法为道德判断原则找到了基于情感或行为的后果而来的新基础，但由于它依然没有把作为道德之基础的情感与作为道德判断原则（道德感官）之基础的情感区分开来，因此，它未能有效解决循环论证问题。不仅如此，由于哈奇森选择基于仁爱产生的后果展开道德计算，以此为基础而构建起来的道德判断原则实际上使他偏离了情感主义，走向了功利主义（尽管18世纪早期尚未诞生功利主义伦理思想），这或许是哈奇森始料未及的理论后果。更准确地说，虽然哈奇森明确表示仁爱是"道德感官"的基础，但其道德代数法却表明，在对情感或行为的道德程度进行计算的过程中，"公共善的量"以及"私人善的量或利益"却比仁爱更重要，或者说，较之情感本身，由该情感引起的后果被视为更重要的道德判断因素，后人往往据此把哈奇森视为功利主义哲学的早期创始人。斯坦福哲学百科全书网站在阐述功利主义思想史时说，尽管杰里米·边沁（Jeremy Bentham, 1748—1832）发展了一套系统化的功利主义理论，

---

① Hutcheson F. *An Inquiry into the Original of Beauty and Virtue in Two Treatises*. Indianapolis: Liberty Fund, 2004: 101.

② Hutcheson F. *An Inquiry into the Original of Beauty and Virtue in Two Treatises*. Indianapolis: Liberty Fund, 2004: 118.

③ Hutcheson F. *An Inquiry into the Original of Beauty and Virtue in Two Treatises*. Indianapolis: Liberty Fund, 2004: 136.

但功利主义思想的核心却早在边沁之前就产生了，哈奇森就是这种类型的功利主义者[①]。从道德情感主义视角而言，哈奇森之所以被后人定位为早期功利主义者，根本原因还是他选择了一种不恰当的方式来解决循环论证问题。该事实也进一步向我们表明，如果把某种单一类型的情感同时设定为道德和道德判断——哈奇森哲学中的"道德感官"——的基础，就道德情感主义的理论构建而言，这种做法难以行通，值得后来者警醒。

第二节　道德情感的多样性

18 世纪道德情感主义者休谟和斯密以及当代西方道德情感主义者斯洛特均不再像沙夫茨伯里和哈奇森那样把单一情感视为道德情感主义理论体系的基础，他们认为各类情感平等享有成为道德情感的机会。那么，多样性的情感如何能成为道德情感？研究显示，休谟、斯密和斯洛特在回答这个问题的过程中遵循了异于沙夫茨伯里和哈奇森的理论路径。前文的叙述表明，沙夫茨伯里和哈奇森均在理性的帮助下赋予单一情感以道德优先性。随着 18 世纪英国道德情感主义的自然化进程逐步走向深入，理性对道德赞同和道德判断的影响逐步降低，蕴含在情感背后的情感机制逐步胜出并最终得以为各类情感的道德价值奠定新的基础。不过，自 18 世纪以降，不同道德情感主义者对蕴含于情感中的情感机制的理解各有不同。休谟和斯密都用同情概念描述情感机制，但同情概念在各自道德哲学中的内涵却大相径庭，斯洛特接受了 18 世纪道德情感主义者们基于情感机制为道德情感奠基的做法，不过，通过吸收当代神经科学和心理学的最新研究成果，他把该机制称为移情。无论道德情感主义者如何命名情感机制，无论他们从什么视角理解情感机制，可以肯定的是，一旦基于情感机制阐述道德情感的生成之道，道德情感主义者就会赋予各种不同类型的情感以均等的道德机会，与此同时，他们不再赋予单一情感以道德优先性。由此可见，从不同视角理解的情感机制在道德情感得以生成的过程中扮演了重要角色。现在，让我们看看休谟、斯密和斯洛特如何基于情感机制阐述道德情感的多样性。

一、休谟的同情

第一次把情感机制上升到哲学的高度并用同情命名的思想家无疑当数 18 世纪道德情感主义者大卫·休谟。《人性论》第二卷第一章第十一节、第二章、第三章

---

① The History of Utilitarianism, https://plato.stanford.edu/entries/utilitarianism-history/。

第一节和第三节以及《道德原则研究》中都谈到了同情。休谟这样定义同情："我们在交流过程中一定会接受（他人的）意图和情感——不管它与我们自己的意图和情感如何不同或者说乃至相悖——的那种倾向。"①同情是情感之间的传达或感染机制，也是人际关系的"黏合剂"。在同情的作用下，个体之间的情感可实现有效沟通与交流，同情因此又被理解为情感之间的沟通与交流机制。同情机制既是情感相互沟通与交流的纽带与桥梁，也是利益相互沟通与交流的纽带与桥梁。以审美为例，由同情所产生的美，就是"想象的美"，这种类型的美使不同主体的审美感受可以相互传达并感染，由一个主体所产生的审美感受会经由同情而被另一个主体感知，同情原则使不同主体之间的审美感受彼此关联并相互沟通。在道德哲学中，同情也发挥着相同的情感沟通与传导作用，推动不同道德主体有效实现情感沟通和交流，在此意义上休谟把同情称为人心相互反射的镜子②。

同情在扮演人际情感的沟通者和交流者的角色时，一般会分两步发挥作用。首先，旁观者会在同情的作用下识别当事人的面部表情或肢体语言；其次，旁观者会在联想机制的作用下使当事人的面部表情或肢体语言转化为与原初情感一样的情感，"这种观念立即会被转化为印象，获得与激情本身一样的强度和生动度，从而产生出与原初情感一模一样的情感"③。这样，当遭遇苦难的主体在面部表情或肢体语言上表现出某种情感后，作为旁观者的我们就会在同情的作用下在自己心中产生类似情感。这样，苦难导致的结果（如悲痛、哀伤、眼泪、叫喊、呻吟等）就会以一种非常活跃的方式触动我们，使我们充满怜悯和不安④。同理，当旁观者看到当事人通过面部表情或肢体语言表现出愉快的情感时，他们也可以"通过感染或自然的同情而进入这同一种愉快的心境中，领略这种情感"⑤。

扮演着人际情感的沟通者和交流者之角色的同情在运行过程中深受自然法则的制约，同情的对象与自我之间的关系深受时空上的远近法则的约束。之所以如此，

---

① Hume D. *The Philosophical Works of David Hume, Including all the Essays, and Exhibiting the more Important Alterations and Corrections in the Successive Editions Published by the Author.* Vol. 2. Edinbugh: Adam Black and William Tait, 1826: 52.

② Hume D. *A Treatise of Human Nature.* Oxford: Clarendon Press, 1896: 365.

③ Hume D. *The Philosophical Works of David Hume, Including all the Essays, and Exhibiting the more Important Alterations and Corrections in the Successive Editions Published by the Author.* Vol. 2. Edinbugh: Adam Black and William Tait, 1826: 53.

④ Hume D. *Enquiries Concerning the Human Understanding and Concerning the Principles of Morals.* Oxford: Clarendon Press, 1902: 220.

⑤ Hume D. *Enquiries Concerning the Human Understanding and Concerning the Principles of Morals.* Oxford: Clarendon Press, 1902: 251.

是因为当对象与自我越相似①、越相邻②或在因果链上离得越近③时，同情就越容易发生；反之，则越不容易发生。一如离我们越远的事物会显得越小一样，离我们越远的对象越不容易激发我们的同情。前文的分析显示，虽然休谟的道德哲学详细叙述了情感之间相互沟通、传导与影响的同情法则，但同情在其道德哲学中并不占支配性地位，同情也不是支撑其道德哲学大厦的基石，与同情紧密相连的效用拥有远甚于同情的价值与地位，在其道德哲学中发挥着支配性、基础性作用。通过给多样性的日常情感指明一条成为道德情感的理论路径（即在某种普遍性的、共通性的原则的支配下，一切情感均可以平等地享有成为道德情感的机会与权利），休谟道德情感主义哲学给道德情感主义带来的理论贡献是不容置疑的。不过，休谟的朋友斯密并不认可休谟把效用和同情结合起来构建道德情感主义理论体系的做法。通过把效用与情感机制剥离开来，斯密沿着休谟的同情之路建立了一种新的道德情感主义哲学体系。很显然，由于消除了效用对情感机制的影响，较之休谟的道德情感主义哲学体系，由斯密所建立的体系更富情感色彩。

二、斯密的同情

斯密的道德情感主义哲学也以同情为关键词构建其全部理论体系。不过，斯密的同情与休谟的同情却有着本质的不同。斯密的同情与休谟的同情所涉及的那种情感之间的相互传导与感染毫无关联。在谈到斯密的同情和休谟的同情之间的区别时，伊利诺伊大学芝加哥分校的道德哲学和政治哲学教授萨缪尔·弗莱施哈克尔（Samuel Fleischacker, 1960—　）认为，斯密的同情是"投射性的"，而休谟的同情是"感染性的"或"接受性的"④。

斯密的同情得以产生的必要前提之一是当事人和旁观者都位于相同的道德语境之内，为了达到此目的，未能真正进入当事人之语境的旁观者需充分利用想象力，通过想象进入当事人的语境，这意味着，同情在产生过程中并不单单聚焦并依赖当事人的情感，同情的产生离不开对同一道德语境的想象。有些情感——如愤怒——虽然很强烈，也很容易引人注目，但按照斯密的观点，在真正了解这种情感得以产生的道德语境前，旁观者难以产生同情，不仅如此，即使对于十分明显的高兴或悲

---

① Hume D. *Enquiries Concerning the Human Understanding and Concerning the Principles of Morals.* Oxford: Clarendon Press, 1902: 54.

② Hume D. *Enquiries Concerning the Human Understanding and Concerning the Principles of Morals.* Oxford: Clarendon Press, 1902: 97.

③ Hume D. *Enquiries Concerning the Human Understanding and Concerning the Principles of Morals.* Oxford: Clarendon Press, 1902: 55.

④ Fleischacker S. Sympathy in Hume and Smith. In Fricke C, Fllesdal D (eds.). *Intersubjectivity and Objectivity in Adam Smith and Edmund Husserl.* Frankfurt: Ontos Verlag, 2012: 273–311.

伤之情，在知道其原因并真正进入这种情感得以产生的语境前，我们的同情也依然不够真切。在极端情况下，即使当事人未能在某种语境中产生某种情感，但明智的旁观者进入该语境后也能产生同情。例如，当母亲怀抱着患病的孩子时，孩子并无悲伤，但由于母亲可通过想象进入孩子的语境，当母亲因此产生悲伤和无助时，虽然母亲基于想象而产生的情感和孩子实际所表现出来的情感不一致，但斯密认为母亲还是产生了同情。

在产生同情的过程中，当事人和旁观者之所以高度依赖情感得以产生的语境，在于斯密试图为二者的情感找到一个稳定的、可被评判的参照点，即使得位于同一道德语境中的当事人和旁观者的情感同时受制于相同的情感机制。尽管二者的情感还会受到主观倾向、个人爱好乃至文化和宗教传统的影响，但由于二者的情感都受制于相同的情感机制，终归有了比较并据此寻求价值判断的基础。因此，把当事人和旁观者置于相同的自然语境中，发掘二者在相同的语境中、受相同情感机制的制约所产生的情感的异同，构成了斯密道德学说所讨论的合宜性的基础。合宜性的基础不是情感后果或效用，而是同情。同情是情感机制的现实表达，情感机制是同情和合宜性得以生成的深层原因。

就此而言，以语境依赖为前提，由于受相同的情感机制作用，斯密的同情学说虽然表现出了极强的主观性，但却没有因此而表现出任意性或相对性。一方面，每个人都可以用自己的感官感受判断他人的感官感受，即"一个人的各种官能是用来判断他人相同官能的尺度。我用我的视觉来判断你的视觉，我用我的听觉来判断你的听觉，我用我的理智来判断你的理智，我用我的愤恨来判断你的愤恨，我用我的爱来判断你的爱。我没有也不可能有任何其他方法来判断它们"①。另一方面，由于每个个体的感官感受都受到情感机制的制约，故这种感受并不会因为具有主观性就在本质上具有相对性。个体的情感之所以能用来评判他人的情感并排除主观性之嫌疑，从根本上说是因为这种情感受制于具有客观性的情感机制，就此而言，受同情与合宜性制约的无偏的旁观者的意见，表面看来具有主观性，但事实上并不真正代表主体自身的私人原则，因为它真正代表的是情感机制的"意见"。在这个意义上，斯密作品中的"人"都是自然在人间的代理人，用斯密的话说，"他（自然）按照自己的形象来造人，并指定他作为自己在人间的代理者，以监督其同胞的行为"②。

当斯密以同情为基础讨论合宜性时，他有意识地批判并避开了以情感或行为的结果或效用来讨论合宜性的做法。把合宜性建立于情感的后果或效用之上，通常会产生两种类型的学说。第一种类型的学说把自爱这种情感的目标视为合宜性的基

① Smith A. *The Theory of Moral Sentiments*. Indianapolis: Liberty Fund, 1984: 19.
② Smith A. *The Theory of Moral Sentiments*. Indianapolis: Liberty Fund, 1984: 128.

础，以伊壁鸠鲁（Epicurus，公元前 341—前 270）为代表。对此，斯密评价说，当伊壁鸠鲁根据美德或情感所产生的后果或效用来评价美德或情感的合宜性时，这表明伊壁鸠鲁只注意到了全部美德中的一种合宜性，即以自爱之情的结果或效用为基础的合宜性，与此同时，也表明伊壁鸠鲁忽视了美德自身的价值。美德不是用以实现某种目的的手段，美德自身就有价值。第二种类型的学说以哈奇森哲学为代表，它把仁爱视为合宜性的基础。该学说认为最合宜的行为就是最大限度的仁爱所产生的行为，仁爱的限度须通过仁爱的结果来进行衡量，各种结果的不同显示各种美德可根据仁爱的大小而发生变化。斯密指出，该学说有三个缺点：第一，该学说没有对谨慎、警惕、自我克制等美德受人赞同的原因进行解释；第二，该学说认为社会福利（社会整体善或公共利益）是美德之为美德的唯一动机，事实上，美德的动机除了社会福利外，还有很多其他动机，而其他动机应与这种动机形成一种平衡关系，但这一切在哈奇森道德情感主义哲学中均被忽略；第三，由于过分重视仁爱，哈奇森的道德情感主义哲学未能给自爱提供适当的论证，也未能赋予自爱以恰当的道德地位，斯密认为，自爱绝不是人性的弱点，也不是应该受到批判的缺陷，需要获得应有的哲学地位。在批判伊壁鸠鲁和哈奇森的道德情感主义哲学体系把合宜性建立在情感的后果或效用基础上时，斯密也批判了休谟的道德情感主义哲学过分重视效用的做法。《道德情操论》第四卷在讨论审美问题时批判了效用论，很显然，这里所指的支持效用论的伦理学家就是休谟。

　　就道德情感的生成之道而言，当斯密把以同情命名的情感机制视为合宜或赞同的基础时，这意味着他为一切情感找到了普遍性的、非理性的、非功利性的坚实地基。该地基不仅是推动一切情感得以产生的隐性法则，也是各种情感得以诞生的生成机制，而且还是衡量一切情感是否具有合宜性、是否能成为美德的标准。在此意义上，各种类型的情感便拥有了成为道德情感的均等机会。更确切地说，只要符合斯密所说的、以同情为表征的情感机制所衍生出来的合宜性原则，各种类型的情感均能从非道德或不道德的情感转变为受人赞同或享有道德价值的道德情感。

三、斯洛特的移情

　　斯洛特以移情为核心概念构建其道德情感主义哲学体系，与休谟和斯密的同情不同的是，斯洛特主张基于生于移情的承应（receptive or receptivity）与定向冲力（directed impulsion）来理解移情。虽然斯洛特的移情概念非常重视情感的承应性，但他并不排斥斯密意义上的情感投射，更不拒斥休谟意义上的情感与情感的传导，不过，在他看来，一切投射或传导性的情感均需以承应为基础或前提。为了进一步深入解释移情的内在原理，斯洛特给道德情感主义哲学体系引入了中国哲学中的阴阳概念①，他把承应称为阴，把定向冲力称为阳。阴阳之间是对立互补的关系。斯洛特还发现，阴阳之间具有天然的、紧密的、缺一不可的关系，这种关系正是对承应与定向冲力之关系的客观描述。通过深入阐释承应与定向冲力之间的阴阳关系，斯洛特试图在阴阳的帮助下用承应与定向冲力为美德奠基，这样，诸如仁爱（benevolence）、同情（compassion）②等美德的内在机理都可以用承应与定向冲力予以解释。以同情为例，当我们看到他人身处痛苦之中时，移情中的承应会使我们直接感受到此人所感受到的痛苦，并据此立即在阴阳机制（也即移情机制）的作用下产生缓解或消除此人痛苦的动机，如果我们基于此动机而行动，这就意味着我们产生了以某种目的为指向的行为或定向冲力，斯洛特把整个过程称为以阴阳为基础并受阴阳支配的过程，因此，同情这种美德对行为者的要求实际上可以完全理解为以阴阳为内在机理的移情对行为者的要求。不仅如此，斯洛特还认为，伦理美德之外的美德，如认识论美德和美学美德等，也可以用这种以阴阳为内核的移情机制予以解释。

　　一如休谟与斯密对同情机制的不同侧面进行过的阐述一样，斯洛特用阴阳概念解释了移情机制的内在工作原理。由于融入了阴阳的概念，斯洛特对移情机制的解释是成功的，在某种意义上，这种解释比休谟和斯密的解释更明晰、更易懂，也更直接地向世人揭示了情感机制的内在机理。但是，就情感机制本身的复杂性而言，与休谟和斯密的同情概念一样，斯洛特的移情概念也未能对该机制进行全面描述。事实上，从移情出发，固然能解释部分美德，但却无法解释所有的道德行为。即使对于同一个人的行为而言，移情也不能保证其行为可以保持一种一以贯之的美德，《道德情感主义》中的护士就是如此。体贴的护士在工作过程中遇到了不断向她提出各种要求的患者，由于该护士拥有极敏锐的移情心，在该机制的作用下，她尽职尽责地回应患者的各个诉求，反复多次后，她发现自己疲惫不堪，发现自己不仅无力再应答该患者的要求，而且对其他患者的要求也无力应答了③。《道德情感主义》认为该护士遭遇了移情疲劳。那么，如何防范并消除移情疲劳呢？《道德情感主义》认为，护士的行为如果属于初犯，那么完全可以得到原谅；如果护士从该行为吸取教训，改变自己的行为，从此不再过度移情，她的行为也完全可以得到原谅；然

---

① 关于对斯洛特道德哲学中的阴阳的解析与评价，请参考本书附录一。

② 作为美德的同情和作为情感机制的同情具有截然不同的内涵，作为美德的同情是 compassion，作为情感机制的同情是 sympathy。

③ 在由牛津大学出版社出版的《道德情感主义》（英文版）第 100 页，斯洛特曾讨论过一个类似的例子，不过，斯洛特的例子中的主角不是护士而是专业医疗人员："在短时间内（在医疗危机或急诊时）照料了很多病人之后，或者说，在对病人施以长期持续不断但在某种程度上却不怎么投入的照料之后，她发现自己无法对仍然需要她帮助的那些人产生什么感觉或兴趣。这个专业医疗人员对这些人所做的比她过去所做的少得多，也比人们通常期望她做的要少得多，这时候，自然会产生的问题是，疲劳或精疲力竭是否能为关心和帮助的减少进行辩护或提供借口。"

而，如果护士不从移情疲劳中吸取教训，那么，该护士的行为就会受到谴责。这个例子说明，推动护士改变过度移情的动机并不源于移情本身，而源于对过度移情所导致的某种不恰当的后果的关注。这表明，单单局限于移情，似乎并不能解释所有的道德现象。

不过，即使移情作为道德情感主义哲学的基础有一定的局限，但对于以移情机制为基础的道德情感主义理论体系来说，这种道德情感主义哲学也同休谟和斯密的道德情感主义哲学一样摒弃了那种把某种单一类型的情感视为道德情感的理论路径，赋予多样性的情感以平等的道德价值。在斯洛特的哲学体系中，这种解释美德的理论路径不仅只存在于伦理学领域，后来还被斯洛特从伦理学扩展至认识论和美学领域，他还对认识论美德和美学美德的生成机制做出了类似解释。

第三章　道德赞同的模式

道德情感主义哲学不以理性或既定道德判断原则为预设前提讨论道德赞同，而以这种道德赞同为基础讨论道德判断原则。自沙夫茨伯里以降，18世纪以来所有的西方道德情感主义者都对道德赞同表现出了强烈的理论兴趣。既然道德赞同不以理性或任何既定的道德判断原则为预设前提，那么，人们根据何种理由来表达赞同或不赞同？这是包括斯洛特在内的18世纪以降所有的西方道德情感主义者构建其道德情感主义理论时必须回答且都给予过回答的关键理论问题。

沙夫茨伯里和哈奇森都认为道德赞同出自"道德感官"，而对于"道德感官"给予道德赞同的原因，二者却给出了不同的答案。沙夫茨伯里的"道德感官"把理性原则确立为道德赞同的终极理由，而哈奇森的"道德感官"则以仁爱为基础，其"道德感官"给予道德赞同的终极理由是"最大多数人最大幸福"原则。关于"道德感官"给予道德赞同的原因或理由，尽管沙夫茨伯里和哈奇森的理解不一样，但二者在阐述各自的道德赞同理论时均提到过情感机制，不过，由于前者把理性看得重于情感机制而后者则认为蕴含在仁爱中的、与行为后果有关的原则重于情感机制，因此，虽然"道德感官"在各自的道德哲学中都曾以情感机制的名义发挥过一定作用，但终究未能像斯密和休谟道德哲学中的同情那样发挥重要或关键作用。不过，作为道德情感主义者，二者始终在"道德感官"的名义下构建道德赞同理论，当"道德感官"作为情感机制在这两种道德情感主义哲学中发挥作用时，其作用方式与斯密和休谟道德哲学中的情感机制的作用方式大不相同，前者以一阶方式发挥作用，可被称为一阶情感机制，而后者则以二阶方式发挥作用，可被称为二阶情感机制。更确切地说，沙夫茨伯里和哈奇森的"道德感官"基于一阶情感机制来阐述道德赞同，而休谟和斯密的同情概念则基于二阶情感机制来阐述道德赞同。研究显示，以一阶情感机制为基础阐述道德赞同时，无须旁观者参与，而以二阶情感机制为基础阐述道德赞同时，则不仅需旁观者参与，而且旁观者的意见直接构成了道德赞同的基础。

18世纪以降的道德情感主义思想史的发展历程表明，只有当道德情感主义哲学以二阶情感机制为基础阐述道德赞同时，情感机制才能真正充当道德赞同的基础并为道德情感主义理论体系奠基。当情感机制借助当事人和旁观者的情感的一致性表达道德赞同时，意味着它在道德赞同的问题上找到了道德自律之道，18世纪的斯密和今天的斯洛特构建起来的道德情感主义分别通过同情和移情向我们生动地展示了以道德自律为表现形式的情感机制何以充当道德赞同的客观基础。在此意义上，18世纪道德情感主义的发展历程也表明，以一阶情感机制为基础阐述道德赞同时，由于情感机制无法自主充当道德赞同的基础，故它必须基于异于情感机制的某种元素才能对道德赞同做出可靠的解释，哈奇森的道德情感主义向我们表明，基于仁爱而产生的后果或效用被视为异于情感机制的元素而被用来为道德赞同理论奠基。时至今日，西方道德情感主义思想史的发展历程已向我们证明，当道德情感主义以情感机制为基础理解道德赞同时，尽管存在着以一阶情感机制和二阶情感机制为代表的两种不同模式，但唯有以二阶情感机制为基础理解道德赞同，道德情感主义才有可能建立具有客观性和规范性的道德赞同理论。不过，当道德情感主义者基于情感机制阐述道德赞同时，无论是基于一阶情感机制还是二阶情感机制来理解道德赞同都非易事，当哈奇森基于以"道德感官"为代表的一阶情感机制来阐述道德赞同时，他提出了著名的道德代数法，从而陷入了偏离道德情感主义理论立场的困境，而当斯密基于二阶情感机制阐述道德赞同时，他的合宜性理论陷入了以"游叙弗伦困境"为表现形式的无规范的困境。

第一节　一阶情感机制与哈奇森道德哲学中的"道德代数法"

哈奇森试图基于"道德感官"以一阶情感机制为基础来解释道德赞同，然而，由于一阶情感机制并不能独立地充当道德赞同的基础，因此，基于一阶情感机制而阐述的道德赞同理论最终不得不以异于情感机制的元素——如由仁爱之情产生的后果或效用——为基础构建该理论。哈奇森认为仁爱引起的后果或效用具有可计算性，他据此发展出了著名的道德代数法并认为能为最大多数人带来最大幸福的行为是最好的行为。不管是道德代数法还是"最大多数人最大幸福"原则，它们都从不同侧面表明了一阶情感机制不能为规范道德情感主义赞同理论有效奠基。

自从边沁明确提出把"最大多数人的最大幸福"视为一切社会道德的标准[①]后，"最大多数人最大幸福"作为功利主义的旗帜开始广为流传。对边沁的研究显示，两位对边沁产生过重要影响的思想家约瑟夫·普里斯特列（Joseph Priestley, 1733—1804）和切萨雷·贝卡里亚（Cesare Bonesana Beccaria, 1738—1794）都曾读过哈奇森的作品并公开表示深受其影响，哈奇森传记作家斯科特（William Robert Scott）博士于1900年出版的《弗朗西斯·哈奇森：生平、教学及其在哲学史上的地位》（*Francis Hutcheson: His Life, Teaching and Position in the History of Philosophy*）指出，在边沁的道德哲学中，"通过普里斯特列和贝卡里亚，最大多数人最大幸福的公式可以追溯到哈奇森"[②]。该书还指出，通过借鉴马可·奥勒留（Marcus Aurelius

---

[①]　周辅成：《西方伦理学名著选辑》（下卷），北京：商务印书馆，1987年，第210页。

[②]　Scott W R. *Francis Hutcheson: His Life, Teaching and Position in the History of Philosophy*. Cambridge: Cambridge University Press, 1900: 273.

Carus，121—180）的思想①，哈奇森第一次把"最大多数人最大幸福"这一功利主义标志性口号引入了英语世界。不过，哈奇森提出"最大多数人最大幸福"这一口号的研究方法却不是推理而是计算。于哈奇森道德情感主义哲学而言，道德代数法是基础性研究方法，不过，很显然，当哈奇森用这种研究方法阐述道德赞同时，本意绝不是为了论证功利主义原则。然而，长久以来，学界关注的焦点往往集中于由它所产生的后续影响，不怎么在意它在哈奇森道德情感主义哲学中得以被提出的背景、原因和本意。事实上，对于道德情感主义理论的建构来说，这是十分重要的理论问题，值得深入研究。因此，我们在这里试图分析这种道德代数法在哈奇森道德情感主义哲学中得以被提出的背景，阐述其内容并评价其价值。

一、道德代数法得以产生的思想背景②

哈奇森之所以能独创出道德代数法，不仅与其个人天赋有关，更与他所处的时代背景密不可分。哈奇森所处的时代，是一个"现代"与"古典"交织在一起的时代，在社会领域内充满变革，在思想领域内各种新旧思想彼此激荡。这个时代之所以属于"现代"，是因为这是洛克创立的经验主义在哲学领域中占支配地位的时代，也是现代自然科学方兴未艾的时代，更是启蒙的时代，由启蒙确立的现代性甚至为我们今天的社会奠定了诸多基本规则与秩序。这个时代之所以属于"古典"，是因为古典主义在这个时代得到了复兴，为了和古希腊时代的古典主义相区分，这种在新时代被复兴的古典主义又被称为"新古典主义"。道德代数法是新古典主义与现代精神高度融合的产物，这个融合着"古典"与"现代"的时代是哈奇森的道德代数法得以诞生的精神背景。哈奇森的全部道德哲学非常忠实地反映了他所生活的那个时代的精神面貌，时代造就了哈奇森，使之成为苏格兰启蒙运动的第一位伟大哲学家以及苏格兰启蒙学派的重要奠基者。

随着 1688 年"光荣革命"的临到，英国启蒙运动自此启幕，新古典主义在这个舞台上留下了浓墨重彩的美丽画卷。新古典主义始于 1660 年的斯图亚特王朝复辟，终于 1798 年华兹华斯（William Wordsworth，1770—1850）和柯尔律治（Samuel Taylor Coleridge，1772—1834）合作出版的《抒情歌谣集》（*Lyrical Ballads*），哈奇森生活的时代是典型的新古典主义时代。这时的人们普遍对古代著作抱有极大兴趣，古代斯多亚学派思想在 18 世纪的英国广泛流行，塞涅卡（Lucius Annaeus Seneca，约公元前 4—65）、爱比克泰德（Epictetus，约 55—约 135）、马

---

① Scott W R. *Francis Hutcheson: His Life, Teaching and Position in the History of Philosophy.* Bristol: Thoemmes Press, 1992: 275.

② 本节中的少部分内容曾以《论弗兰西斯·哈奇森的道德代数法》载于《南华大学学报（社会科学版）》2015 年第 1 期，经修订后收录进本书。

可·奥勒留的著作在整个 18 世纪一版再版[①]。沙夫茨伯里钟爱古典作品，但我们似乎难以确定最为他所钟爱的作家或流派，与沙夫茨伯里不同的是，哈奇森对古代著作的兴趣主要集中于复兴斯多亚学派的诸多思想观点，哈奇森本人也翻译过奥勒留的著作，这是他一生中唯一的译作。

不管是对沙夫茨伯里还是对哈奇森而言，复兴古代的目的都不是为了钻入历史的故纸堆，而是要把历史变成当代史，为自己的时代所面临的伦理困境或道德难题找到解决之道。以霍布斯、洛克和曼德维尔等为代表的道德哲学家认为，自爱被视为唯一伦理原则，而单纯地基于自爱却无法产生道德，因此，当且仅当道德被视为实现善的手段时，自爱才有道德价值。洛克据此指出，道德需以奖惩法则为基础，曼德维尔在《蜜蜂的寓言》中提出了"私恶即公利"这一观点。为了反驳霍布斯与洛克的观点，沙夫茨伯里的《论特征》意欲从情感出发论证道德于人而言乃自然天成之物。《论特征》出版后，18 世纪思想家曼德维尔对它进行了批判，而哈奇森试图用《论美与德性观念的根源》和《论激情和感情的本性与表现，以及对道德感官的阐明》为沙夫茨伯里辩护。为了有效反驳原子论式自爱说，沙夫茨伯里和哈奇森都主张解决该难题的最好办法是"回到过去"[②]，即回到古希腊。

在新古典主义流行的时代，对哈奇森来说，回到过去更多地意味着回到斯多亚学派，通过研读古希腊斯多亚学派思想家们［如西塞罗（Marcus Tullius Cicero，公元前 106—前 43）、塞涅卡、爱比克泰德、奥勒留］的思想，哈奇森最终建立了自己的宇宙观。斯多亚哲学认为：组成整体的每个部分都在适当的位置上各司其职，以一种有机且自然的方式服务于整体善，若单独看每个部分的所作所为，它所体现的就是整体和部分的完美统一，在任何既定的宇宙结构中，这种完美分工所展现的是由平衡、秩序与和谐而生的宁静与富足。不仅如此，对斯多亚哲学的深入研究还使得哈奇森从中"复制"[③]出"最大多数人最大幸福"。"最大多数人最大幸福"最早可上溯到斯多亚学派的"世界公民"一说，通过对西塞罗、塞涅卡、爱比克泰德和奥勒留等人的思想进行综合发展，哈奇森第一次把它引入了英语世界。在创作《论美与德性观念的根源》等代表作时，哈奇森频繁引用并一再赞美《论义务》（De Officiis），实际上，对《论义务》的研究显示，该书在许多地方已经暗含了"最大多数人最大幸福"这种说法。哈奇森之所以创立道德代数法，与斯多亚学派的启发不无关系。那么通过复制晚期斯多亚哲学的思想，哈奇森的道德情感主义为什么会

---

① ［英］斯图亚特·布朗：《英国哲学和启蒙时代》，高新民、曾晓平、殷筱等译，北京：中国人民大学出版社，2009 年，第 317 页。

② Scott W R. *Francis Hutcheson: His Life, Teaching and Position in the History of Philosophy*. Bristol: Thoemmes Press, 1900: 155.

③ Scott W R. *Francis Hutcheson: His Life, Teaching and Position in the History of Philosophy*. Bristol: Thoemmes Press, 1900: 275.

表现出功利主义色彩? 要回答该问题，就不得不考虑哈奇森所处时代的另一面，即17—18 世纪英国的"现代"特征。

哈奇森生活的时代，其现代精神首先体现为经验主义哲学的盛行。经验主义对哈奇森的意义在于：作为世界观，它为哈奇森道德哲学设定了经验领域；作为哲学理论，它直接给哈奇森提供了由洛克所开创的以"感官"为基础讨论道德赞同或道德判断的方法论。基于对洛克哲学的继承和改造，哈奇森把洛克对感官的理解从五种外感官扩展至多种内感官，并创造出荣誉感官、美的感官、公共感官等词汇。但受经验主义的限制，哈奇森总是小心翼翼地避免从直觉出发使用诸内感官术语，因此，有评论家指出，哈奇森道德哲学中的内感官具有"直觉主义的名称以及非直觉主义的运用"[①] 这一特点。

此外，现代精神还体现为自然科学的发展。自 17 世纪 50 年代开始，牛津就成为科学中心，英国哲学家洛克曾在牛津大学求学并担任过教务长，后来还担任过居住在牛津的著名科学家波义耳的助手，自然科学的伟大成就不仅改变了人们看待世界的方式，而且为人文科学提供了方法论。"从尼古拉·哥白尼（1473—1543）到艾萨克·牛顿逝世（1643—1727）的这一时期，自然科学中的成就极大地改变了我们对宇宙本质的解释和我们获得关于它的知识的方式。这些变革对于哲学具有空前的意义。"[②] 牛顿在《自然哲学的数学原理》（*Philosophiae Naturalis Principia Mathematica*）中提出了万有引力定律，用几条原理和公式就把各种物理现象统一起来，并计算出任意物体的运动状态。这种研究范式极大地吸引着哲学家，不管是哈奇森还是休谟以及其他 18 世纪的英国哲学家，他们都渴望成为哲学领域内的牛顿。牛顿的伟大成就离不开数学，人文社会学家们看到了数学在自然科学中所起的重要作用，因此，部分人文社会学家也极度崇尚数学，洛克、笛卡儿（René Descartes, 1596—1650）、霍布斯、莱布尼茨（Gottfried Wilhelm Leibniz, 1646—1716）、斯宾诺莎（Baruch de Spinoza, 1632—1677）乃至早年的康德等在哲学研究中都非常重视数学，而莱布尼茨等哲学家甚至本身就是数学家，且在数学领域内做出过杰出贡献。胡塞尔（Edmund Husserl, 1859—1938）认为 17 世纪的西方哲学，"对哲学的所有拯救都依赖于这一点，即：哲学把精密科学作为方法楷模、首先把数学和数学的自然科学作为方法的楷模"[③]。洛克曾断言，伦理学完全可以像数学那样推理演绎。沙夫茨伯里也相信，如同自然科学可以进行定量研究一样，道德也是可以计算的。在这个崇拜科学和数学的时代，哈奇森的哲学思考也浸润了自然科学

① Scott W R. *Francis Hutcheson: His Life, Teaching and Position in the History of Philosophy*. Bristol: Thoemmes Press, 1900: 271.

② ［英］斯图亚特·布朗：《英国哲学和启蒙时代》，高新民、曾晓平、殷筱等译，北京：中国人民大学出版社，2009 年，第 50 页。

③ ［德］胡塞尔：《现象学的观念》，倪梁康译，上海：上海译文出版社，1986 年，第 25 页。

的色彩，他的哲学著作打上了浓厚的数学烙印，他尝试用数学分析和公式运算的方法来研究哲学问题。在《论美、秩序等》（*An Inquiry Concerning Beauty & C.*）中，哈奇森"用数学分析"[①]表达了自己用观察和归纳的方法所发现的美的根源。在《论美与德性观念的根源》中，他更是清清楚楚地引入了数学计算法，通过一系列公式对我们的道德程度进行精细的计算，并由此得出了有关道德程度之计算的一系列"公理"[②]，从而在历史上第一次创造出道德代数法。

二、道德代数法得以进入哈奇森道德情感主义哲学的理论契机

以"最大多数人最大幸福"原则为表现形式的道德代数法之所以能进入哈奇森道德情感主义哲学体系，并在该体系所提出的以"道德感官"为表现形式的道德判断原则中占重要地位，归根到底还是与哈奇森道德情感主义思想的内在特质有关。那么作为道德判断标准，哈奇森道德情感主义哲学何以会或能背离情感立场而容纳具有强烈功利主义色彩的"最大多数人最大幸福"原则？

要回答这个问题，须从"道德情感的构成"以及"道德判断标准"这两个道德情感主义的基本理论问题入手来阐述哈奇森道德情感主义哲学的内在特质。就"道德情感的构成"来说，哈奇森道德情感主义哲学把单一类型的自然情感——普遍、平静且无利害的仁爱（universal calm disinterested benevolence）——视为唯一的道德情感。其他一切自然情感若要获取道德地位或道德身份，须使自身展现或显现出仁爱的品质或特点，否则均不可能成为道德情感。换句话说，除非使自身仁爱化，否则一切自然情感均会丧失成为道德情感的机会。就"道德判断标准"来说，哈奇森把以仁爱为基础的"道德感官"视为道德判断原则。于18世纪道德情感主义伦理思想史而言，"道德感官"概念可谓昙花一现，仅存在于沙夫茨伯里和哈奇森的道德哲学中，经休谟的《人性论》对该概念批判后，它便永久退出了道德哲学舞台。虽然沙夫茨伯里和哈奇森均把"道德感官"视为道德判断标准，然而"道德感官"在二者的思想体系中却拥有截然不同的理论秉性。于沙夫茨伯里而言，"道德感官"的本质是理性。沙夫茨伯里认为观念有两个来源，即源于感官的观念以及源于知识和理性——如时尚、法律、风俗和宗教等——的观念。沙夫茨伯里认为后者对情感的影响大于前者。沙夫茨伯里总是严格地基于理性讨论"道德感官"，与哈奇森的"道德感官"概念不同的是，沙夫茨伯里的"道德感官"概念与身体、直觉、灵魂等没有丝毫关联，用他的话说，"灵魂没有感官，对其所知的事物也没有

[①]　Hutcheson F. *An Inquiry into the Original of Beauty and Virtue: in Two Treatises.* Indianapolis: Liberty Fund, 2004: xi.

[②]　Hutcheson F. *An Inquiry into the Original of Beauty and Virtue: in Two Treatises.* Indianapolis: Liberty Fund, 2004: 128.

崇敬"①。不过，哈奇森的"道德感官"的本质却不是理性，而是源于身体或灵魂的情感，更确切地说，是仁爱。显而易见，相对于沙夫茨伯里把理性视为"道德感官"的本质，哈奇森的"道德感官"无疑更具情感性。二者对"道德感官"的不同理解表明，哈奇森把沙夫茨伯里开创的道德情感主义向着情感的方向往前推进了一步。

然而，通过对上述两个问题的分析，我们发现，哈奇森道德情感主义哲学中存在着较大的理论困境。当哈奇森把仁爱同时视为道德情感和"道德感官"（道德判断标准）的基础时，意味着道德情感和道德判断标准的理论基础具有同一性。在这种道德情感主义哲学看来，以仁爱为基础的道德情感之所以具有道德性，是因为"道德感官"会基于仁爱而把这种情感判断为"道德的"情感。在此意义上，哈奇森的道德情感主义哲学不得不面对循环论证的理论难题。当《论美与德性观念的根源》出版后，同时代的思想家很快就捕捉到了这个问题，并以此为基础对哈奇森提出了批评。为了对批评做出回应，哈奇森不得不以仁爱为基础进一步阐述"道德感官"中的道德判断原则。哈奇森指出，当"道德感官"以仁爱为基础进行道德判断时，必然会遵循有别于仁爱的判断原则，也就是说，它会根据仁爱所产生的后果来进行道德判断，更确切地说，"道德感官"会根据情感或行为给主体或他人带来的道德善的量的大小进行道德判断。不仅如此，哈奇森进一步宣称，由仁爱所产生的道德善的量可以用道德代数法予以计算。在此意义上，能为最大多数人带来最大幸福的行为或情感就被哈奇森道德情感主义哲学视为最好的行为或情感。由是观之，基于哈奇森道德情感主义哲学自身所面临的以循环论证为表现形式的内在理论困境，"最大多数最大幸福"原则得以进入该哲学体系并在其中占据了一席之地。

三、道德代数法的内涵

什么样的行为是道德的行为？或者说，一个行为之所以被赞同并被认定为道德的行为，其原因是什么？简言之，道德赞同的理由是什么？哈奇森道德哲学认为，受"道德感官"认可的行为就是道德的行为。"道德感官"概念由沙夫茨伯里第一次在《论特征》中提出，不过他并没有对这个概念进行深入论证。通过继承与批判洛克的经验主义认识论思想，哈奇森对该概念进行了系统论证，并据此而衍生出了很多具有相同工作机理的其他各种感官概念，如公共感官、荣誉感官、美的感官等。所有不同名称的感官概念都遵从相同的工作机理并在不同领域内具有相似功能。例如，味觉感官能区分甜和苦，而内感官的工作机理与外感官类似，"美的感

---

① Shaftesbury A A C. *Characteristicks of Men, Manners, Opinions, Times*. Vol. 2. Indianapolis: Liberty Fund, 2001: 25.

官"能区分美与丑，"道德感官"能区分善和恶并进行道德判断。哈奇森的哲学致力于研究美和道德的根源。美的事物和道德的事物都能使我们从中体会到快乐的感觉，更确切地说，审美苦乐感源于"美的感官"，而道德苦乐感则源于"道德感官"，那么若要研究美和道德的根源，就要探明"美的感官"和"道德感官"分别产生苦乐感的根源，更确切地说，要研究"美的感官"区分美丑的根据或基础以及"道德感官"区分善恶的根据或基础。哈奇森在《论美与德性观念的根源》中不仅找到了美之为美的根源和基础，也找到了道德之为道德的根源和基础。"寓多样于一致"被视为美的根源和基础，而仁爱则被视为道德的根源和基础，不仅如此，仁爱还被视为"道德感官"表达道德赞同并进行道德判断的基础，用哈奇森的话说，"爱的一般原则是一切显而易见的美德的基础"①。

就此而言，衡量行为之道德程度的高低，事实上就是衡量隐藏在行为中的仁爱的量的大小。简言之，行为中的仁爱的量越大，其道德程度就越高。那么如何衡量仁爱的量的大小呢？哈奇森提供的方案是根据仁爱所产生的道德善的大小来衡量仁爱的量的大小，并据此认为我们可借助数学公理"找到一条普遍准则来计算我们自己或他人所做的全部行为的道德程度及其全部因素"②。在对仁爱的量进行计算时，需考虑五种因素，即公共善的量（M，moment of good）、私人善的量或利益（I，interest）、仁爱（B，benevolence）、自爱（S，self-love）以及道德主体的能力（A，ability）。道德主体的能力（A）既可以产生仁爱以及以之为基础的公共善，也可以产生自爱以及以之为基础的私人善，此外，它既可以引起道德善，也可以导致道德恶，因此，在涉及道德善与道德恶的全部计算公式中，道德主体的能力都是不容忽视的重要因素。仁爱（B）所指向的目标是他人或由众多他人组成的公共善，因此，公共善的量可以视为和有待衡量的行为的道德总量是一回事。公共善的量（M）是哈奇森的道德代数法予以讨论的主要道德目标，当哈奇森讨论由行为或情感引起的公共善的量时，总是基于经验主义哲学视角展开全部讨论，经验世界始终是哈奇森讨论公共善的量（M）的基本边界。在判断情感或行为的道德程度时，哈奇森虽然较为关注公共善的量（M），但他从未单纯地根据这个量来评判行为的道德程度，相反，他强调道德动机才是道德与否的标准。不过，需注意的是，哈奇森虽然重视从动机出发研究道德判断，但受经验主义理论边界的制约，他从来不是绝对意义上的动机论者，他所谈论的动机始终是受公共善的量（M）或私人善的量或利益（I）制约的那种动机。例如，哈奇森认为，如果道德主体给他人带来的恶大于善，那么不管该道德主体如何证明自己拥有仁爱或高尚行为意向，由这种仁爱产生的道德后

① Hutcheson F. *An Inquiry into the Original of Beauty and Virtue in Two Treatises*. Leidhold W(ed.). Indianapolis: Liberty Fund, 2004: 118.

② Hutcheson F. *An Inquiry into the Original of Beauty and Virtue in Two Treatises*. Leidhold W(ed.). Indianapolis: Liberty Fund, 2004: 128.

果实际上都会大打折扣甚或归于零，因为这表明它建立在对公共善的错判之上。哈奇森据此指出，对情感或行为产生的后果进行正确判断，是道德主体的能力（A）的重要组成部分。错误的判断会使我们看见仁爱的意图或动机被恶意地运用而不加以阻止，这不仅是我们的道德能力有缺陷的反映，而且会直接把善的行为变为恶的行为。哈奇森非常有信心地说，一个在公正意义上考虑整体的人，即使仁爱很强烈，也不会陷入这样的行为，更不会对他人推荐这种行为。同样，倘若道德主体基于公共善而放弃了私人善，甚至使自己遭受了私人恶，从而失去了推进公共善的能力，这种行为尽管出自高尚的行为意向和行为动机，但依然"可以真正为恶"①。在这些思想的指导下，哈奇森在道德哲学中列出了用以进行道德计算的 6 个公理，通过对这些公理进行数学推演，最终总结出了可用于计算行为之道德程度的两个公式。

第一个公式是 $B=\dfrac{M}{A}$。由于公共善的量处于仁爱或能力的复合比率（$M=B\times A$）中，因此测量行为的道德程度之高低即测量仁爱（B）的大小，在此过程中，需考虑的因素主要是公共善的量（M）以及道德主体的能力（A），可以用 $B=\dfrac{M}{A}$ 来计算行为的道德程度。如果把该公式量化，这意味着行为的道德程度和公共善的量（M）成正比，和道德主体的能力（A）成反比。道德主体的能力越强，就越能轻易完成道德行为。同理，如果道德主体的能力很弱，这意味着该主体需费很大的力气才能完成相同的道德行为，那么主体在完成该行为过程中所具有的克服困难、忍耐、毅力等品格就可被视为高尚品格的集中体现。由于仁爱（B）同公共善的量（M）成正比，那么当道德主体的能力（A）相等时，公共善的量（M）越大，行为中的仁爱（B）就越大。对于由相同能力引起的同一行为而言，享受善的总量的人数越多，公共善的量（M）就越多，因此，该行为体现的道德程度即仁爱（B）就越高，而仁爱（B）越高，就说明该行为越好。据此，哈奇森得出结论："为最大多数人获得最大幸福的那种行为是最好的行为。"②

在列出了第一个道德计算公式后，哈奇森还考虑了另外一个非常重要的因素，即自爱（S）以及由自爱所导致的私人善的量或利益（I）对行为之道德程度的影响，并由此而创造了道德代数法中的第二个公式，即 $B=\dfrac{M\pm I}{A}$。对于自爱所引起的私人善的量或利益，如同公共善的量处于仁爱和道德主体的能力的复合比率中，它也处于自爱和道德主体的能力的复合比率中，因此，$I=S\times A$。在道德领域内如何处理公共善的量（M）和私人善的量或利益（I）之间的关系，既是哈奇森同时代的人所面临的时代课题，也是哈奇森个人的学术思考中不得不处理的理论难题，甚

---

① Hutcheson F. *An Inquiry into the Original of Beauty and Virtue in Two Treatises*. Indianapolis: Liberty Fund, 2004: 124.

② Hutcheson F. *An Inquiry into the Original of Beauty and Virtue: in Two Treatises*. Indianapolis: Liberty Fund, 2004: 125.

至可以说，对这个问题的解决构成了哈奇森学术研究的重要动力之一。和哈奇森同时代的曼德维尔曾在《蜜蜂的寓言》中宣称，支配人类一切行为的情感动机单单只有自爱，自爱不会产生道德，社会上存在的种种道德只不过是政治家利用自爱来愚弄大众的巧计罢了。哈奇森创作道德哲学的目的之一就是要反驳曼德维尔的这种观点。需要注意的是，在反驳曼德维尔的过程中，哈奇森并未笼统地反对一切形式的自爱，他所要反对的是曼德维尔基于自爱而论证的那种不自然的道德观，换句话说，他要为道德找到一种并不绝对排斥自爱的情感基础。更确切地说，哈奇森道德哲学的目标在于证明：道德真实地存在于人类生活中，道德的基础是仁爱而非以自爱为基础的欺骗。要成为道德的人，在情感上就要成为仁爱之人，但这并不意味着该人需彻底放弃自爱。不过，虽然哈奇森道德哲学不排斥自爱，但自爱并不被视为道德的基础，真正能成为道德之基础的情感是仁爱，为了使自爱拥有道德价值，自爱需接受仁爱的道德规定，就此而言，作为道德情感的自爱需接受仁爱为自己设定的道德边界——公共善。在公共善的边界内，若自爱能与之保持一致，虽然其情感或行为的目标直接指向私人善，但由于这种私人善被限定于公共善的边界之内，或者说，由于这种私人善有益于公共善，因此，该情感和行为也可被视为尊荣和高尚的行为。在这种情况下，倘若缺乏这种自爱之情，不仅谈不上道德，反而是一种恶。对于处于公共善的边界之内的自爱或受其推动的行为，若要计算其道德程度，需考虑两种情况。首先需考虑道德主体追求的公共善有利于实现或增加私人善或利益的情况，在这种语境中考察道德善的总量时，必须加上自爱的因素，即 M=（B+S）×A。该公式可推理如下：

$$M=（B+S）×A \rightarrow M=BA+SA \rightarrow BA=M-SA \rightarrow BA=M-I \rightarrow B=\frac{M-I}{A}。$$

当公共善不利于或有损于私人善时，为了计算道德善的总量，则须减去仁爱中的自爱，即 M=（B-S）×A，也即：

$$M=（B-S）×A \rightarrow M=BA-SA \rightarrow M=BA-I \rightarrow B=\frac{M+I}{A}。$$

上述两种情形中的道德代数法可以合并成一个公式，即 $B=\frac{M \pm I}{A}$。关于自爱与道德的关系，该公式清晰地表达了两层含义：其一，在衡量行为的道德程度时，自爱虽不是道德的基础，但受自爱推动的行为绝非不道德的行为；其二，要成为道德高尚之人，其途径不是完全消除自爱，而是要使自爱拥有仁爱具有的那种道德属性并接受公共善作为其边界。简言之，要处理好自爱（私人善）与仁爱（公共善）的关系才能成为道德高尚之人，在此过程中，道德主体既可以为了公共善而放弃私人善，也可以不这样做。$B=\frac{M+I}{A}$ 与 $B=\frac{M-I}{A}$ 这两个公式的对比显示，虽然在同等能力条件下放弃私人善的行为所包含的美德要多于后者，且因此比后者更高尚，但这只是量的区分，不是质的差异。

哈奇森用 $B=\dfrac{M}{A}$ 以及 $B=\dfrac{M\pm I}{A}$ 这两个公式阐明了计算行为之道德程度的数学方法。通过对这两个公式进行分析，哈奇森注意到，道德主体的能力是有限的，这种有限性表现在 M 永远不会等同于 A。由于道德主体的能力是有限的，即使尽了最大努力，该道德主体也永远不可能使所有人享有其道德能力所带来的道德善，也就是说，B 永远小于 1。只有神才能做到 M=A，对人而言，M=A 或 B=1 永远只是一个理想，哈奇森借用斯多亚学派的观点说，"被假定为无罪的存在物，通过尽其最大能力追求美德，可以在美德上与诸神等同"①。就此而言，作为有限存在物，我们唯一能做的就是尽最大努力追求最大多数人的最大幸福，因为"我们的'道德感官'将最圆满的高尚行为推荐给我们，这种行为显现为对我们的影响所能企及的所有理性主体之最大以及最广泛的幸福可以产生最普遍而无限制的趋向"②。

四、道德代数法对道德情感之无利害感的背离

不可否认，哈奇森的道德代数法包含着丰富的功利主义元素，但哈奇森绝不能据此被视为功利主义者。毋宁说，作为道德情感主义者，哈奇森是反对功利主义的，他说过，"道德的观念不会出自利益"③，"我们对道德行为的知觉必定不同于对利益的那些知觉"④。美德的真正根源在于人性中的某种规定，这种规定可以"先于源于利益的全部理性"⑤。不仅如此，哈奇森还认为，当我们基于道德对他人产生喜爱之情时，这种喜爱之情有时甚至会超越利益。举个例子，假如邻国深受暴君压迫，该国领袖带领国民反抗暴君，最终建立了共和国，使该国在财富上甚至超过了我们自己的国家。尽管邻国的财富超过了我们自己的国家，但我们仍然会带着极大的敬佩之心对邻国报以浓厚的好感，就这种好感的性质来说，它是对利益的超越。究其原因，哈奇森解释为，道德赞同或道德判断的标准不是外在功利的，而是内在于人自身的情感。当"道德感官"在表达道德赞同并进行道德判断时，它具有和任何其他感官一样的特性——直接令人感到快乐或痛苦，即无须了解这种快乐或痛苦得以发生的原因，感官知觉就会直接令人感到快乐或痛苦，用哈奇森的话说，"我

---

① Hutcheson F. *An Inquiry into the Original of Beauty and Virtue in Two Treatises*. Indianapolis: Liberty Fund, 2004: 130.

② Hutcheson F. *An Inquiry into the Original of Beauty and Virtue in Two Treatises*. Indianapolis: Liberty Fund, 2004: 126.

③ Hutcheson F. *An Inquiry into the Original of Beauty and Virtue in Two Treatises*. Indianapolis: Liberty Fund, 2004: 92.

④ Hutcheson F. *An Inquiry into the Original of Beauty and Virtue in Two Treatises*. Indianapolis: Liberty Fund, 2004: 90.

⑤ Hutcheson F. *An Inquiry into the Original of Beauty and Virtue in Two Treatises*. Indianapolis: Liberty Fund, 2004: 112.

们很多敏锐的知觉都直接地令人愉悦，也有很多直接地令人痛苦，而不需要对这种快乐或痛苦产生的原因有任何了解，也不需要了解对象是如何引起苦乐的，或者说了解与它有关的诱因，也不需要明白这些对象的使用可能导致什么样的进一步的利益或危害"[1]。简言之，由"道德感官"而来的感官判断所具有的即时性和直接性使人在未能了解道德行为的利益得失的情况下就可以立即产生道德快乐或痛苦，并根据这种苦乐感来表达道德赞同或不赞同并进行道德判断，哈奇森据此反复强调，道德与利益没有关联。

虽然哈奇森的道德哲学立场充分地显示了他不是功利主义者，但在伦理思想史上他却往往被同功利主义联系起来，其原因不仅在于以边沁为代表的功利主义思想家从哈奇森道德哲学中汲取了大量养分，而且更在于哈奇森构建的道德哲学内部含有巨大的理论张力。这种张力可以描述为道德代数法的功利气质与哈奇森道德哲学的非功利出发点之间的不一致，即道德代数法中的功利计算和道德情感的无利害特征或无利害感之间的不一致。

哈奇森对道德的研究与其美学研究紧密相连，他追随沙夫茨伯里，用审美情感类比道德情感来反驳以霍布斯等为代表的原子论式自爱说以及与之紧密相关的社会政治学说。他的美学研究以研究美的根源为己任。美感生于"美的感官"，人们在审美过程中可凭"美的感官"知觉到超越一切功利后果和利益纠葛的苦乐感。与沙夫茨伯里一样，哈奇森把道德行为视为所有美的事物中最美的，生于道德情感或行为的美是美中之最。《论美与德性观念的根源》认为，最动人的美和道德有关，比自然美更能打动我们。"我们在前文讨论过数字、比例、隐喻和明喻使人产生快乐的基础。不过，对道德对象的沉思，不管恶行还是美德，都能更强烈地打动我们，以一种与自然美或（我们通常所说的）丑截然不同的方式更有力地激发我们的激情，因此，最动人的美和我们的道德感有关，且能比最生动的笔调再现出来的自然对象更强烈地影响我们。"[2]换句话说，与道德情感相连的美感能比自然事物引起的美感更强烈地打动我们。这种打动我们的东西就是蕴含在道德情感和道德行为中的美感，更确切地说，是以无利害性为特征的美感。故道德情感也具有一切美的事物共同具有的美学特征，即令人产生以无利害感为主要特征的审美感受。就道德情感自身来说，所谓无利害，即以无利害的态度对待他人，换句话说，不从自己的功利或自我利益出发去关注他人。《论美与德性观念的根源》认为感官知觉可以引起以无利害感为主要特征的赞同。例如，当人们见到道德行为时，往往第一眼就会觉得它很可爱，即使人们没有明确意识到该行为将产生何种后果或影响，也会觉得它可

---

① Hutcheson F. *An Inquiry into the Original of Beauty and Virtue in Two Treatises*. Indianapolis: Liberty Fund, 2004: 21.

② Hutcheson F. *An Inquiry into the Original of Beauty and Virtue in Two Treatises*. Indianapolis: Liberty Fund, 2004: 174.

爱，哈奇森据此得出结论，人们不会出于对自我利益的考量而表达道德赞同，而是根据与道德行为紧密相连的美感——无利害感——表达道德赞同，而人们之所以如此，是因为这是"道德感官"的规定，"是的，受我们赞同的行为会对人类有用，但却不会总是对赞同者有用。它或许会对整体有用，只要所有人都同意做出这种行为，那么每个人就会分有其益处。不过，这仅仅只表明理性和平静的反思会基于自我利益把我们的'道德感官'在毫不考虑这种利益时所崇敬的那些行为推荐给我们。毋宁说，当这种益处尚未对我们显现时，我们的感官就开始工作了。我们会违背自我利益而赞同审判的公义，当万众谴责的叛国者觉察到阴谋时，或许会赞同西塞罗的小心谨慎，从叛国者的利益出发，尽管世界上或许根本就没有如此睿智的人"①。道德行为首先表现出无利害性并据此被人喜爱②，同理，对于被视为道德之基础的仁爱来说，必定也表现出无利害性③，且因此被人赞同并喜爱。

然而，当哈奇森聚焦于仁爱来研究道德赞同的根源时，他似乎忘记了道德情感的审美属性，前文的分析显示，哈奇森认为，"道德感官"认为最好的、举荐给我们的行为是那种可以给最大多数人带来最大幸福的行为。不过，很显然，道德代数法中涉及的多种计算因素均有浓厚的功利色彩，随着哈奇森对道德代数法论证得越来越深入，道德情感中的美学属性似乎也越来越淡化，不仅如此，甚至可以说作为道德赞同之基础的道德代数法严重背离了道德情感的无利害的美学特征。晚年的哈奇森似乎意识到了这个问题，第三版的《论激情和感情的本性与表现，以及对道德感官的阐明》以及稍后再版的《论美与德性观念的根源》删除了前两个版本中的数学语言。被哈奇森删除的内容不仅包括正文中的数学符号，而且包括道德代数法中的六个"公理"，哈奇森删除它们后用"箴言"替代了"公理"一词，不过，页边标题并未删除"公理"一词④。我们认为，这是一个重大变化，这似乎至少表明，随着对道德情感问题研究的深入，晚年的哈奇森注意到了道德情感的不可计算性，似乎想重新以道德情感的无利害性或无利害感来阐述道德赞同原则。不过，尽管哈奇森有过这些努力，但相对于哈奇森构建的全部道德情感主义理论体系来说，这种修订只是相当微弱的修订，且很快淹没于时代的大潮中，未能引起评论家们的足够重视。尽管如此，这也并不能说明这种修订不重要甚或可被忽视。如果我们确信道德起源于人类最古老的遗产——直觉，那么，就会进一步发现，哈奇森

---

① Hutcheson F. *An Inquiry into the Original of Beauty and Virtue in Two Treatises*. Indianapolis: Liberty Fund, 2004: 99.

② Hutcheson F. *An Inquiry into the Original of Beauty and Virtue in Two Treatises*. Indianapolis: Liberty Fund, 2004: 102.

③ Hutcheson F. *An Inquiry into the Original of Beauty and Virtue in Two Treatises*. Indianapolis: Liberty Fund, 2004: 103.

④ Hutcheson F. *An Essay on the Nature and Conduct of the Passions and Affections, with Illustrations on the Moral Sense*. Indianapolis: Liberty Fund, 2002: 189.

的这种修订相当重要，我们甚至可以根据这种修订来推测，晚年的哈奇森或许已明晰地认识到，道德赞同、道德情感与无利害感之间或多或少有着不可被否定的理论关联性。

如果我们假设哈奇森晚年的确会基于无利害感构建全部道德赞同理论，那么，他的道德情感主义理论体系会发生什么变化呢？冒昧推测，他也不会基于以无利害感为主要特征的情感机制来解释道德赞同原则。理由有二。其一，哈奇森认为情感中的无利害性特征所指向的目的是他人善，"只要有仁爱，它就会被认为具有无利害性，且服务于他人善"[①]。在哈奇森所属的时代，仁爱之情中的无利害性特征不可能取代他人善或公共利益为道德赞同奠基。其二，哈奇森道德情感主义哲学中的道德赞同建立在以仁爱为基础的一阶情感机制之上，而这种一阶情感机制本身并非其道德哲学中的显学，它深藏在"道德感官"内部但却未被哈奇森视为"道德感官"的基础，因此，该情感机制不可能被哈奇森视为道德赞同的基础。这充分说明，基于一阶情感机制讨论道德赞同的这种做法，对于道德情感主义理论构建来说，前途暗淡，难以行通。

五、道德代数法或一阶情感机制之于情感主义道德赞同原则的无效性

上文显示，哈奇森道德情感主义哲学体系中的"最大多数人最大幸福"原则虽被后人发展为功利主义原则，然而，就其在该哲学体系中的本真意蕴而言，当它进入哈奇森道德情感主义哲学体系时，并非为了对功利主义进行论证，毋宁说，它是以"道德感官"为载体的由哈奇森式情感主义道德赞同理论和道德判断原则所推荐给世人的最佳行为原则，其理论基础是仁爱，其理论目标是提升并改进他人善与社会公共善。那么，为什么哈奇森的道德情感主义哲学体系能容纳后人所说的功利主义原则？上文显示，"最大多数人最大幸福"原则因哈奇森道德情感主义哲学所面临的内在理论困境而进入其哲学体系，其初始动机是为了解决以仁爱为基础的"道德感官"在表达道德赞同并进行道德判断时所遭遇的理论困境。更确切地说，就"最大多数人最大幸福"原则进入该哲学体系的契机及该哲学体系对它的证明来说，该原则在该哲学体系中承担的使命不是为了对功利主义进行论证，而是为了对哈奇森道德情感主义哲学体系进行论证，更确切地说，是为了对哈奇森道德情感主义哲学所提出的道德赞同理论和道德判断原则的内在基础进行论证。然而，不可否认的是，当哈奇森把"最大多数人最大幸福"原则融入基于"道德感官"的赞同原则和道德判断原则时，这的确表明哈奇森在赞同原则和道德判断原则问题上已偏离或背

---

① Hutcheson F. *An Inquiry into the Original of Beauty and Virtue in Two Treatises.* Indianapolis: Liberty Fund, 2004: 103.

弃了他始终致力于论证并捍卫的道德情感主义理论立场，并在一定意义上使其理论染上了功利主义色彩。前文的分析显示，就哈奇森道德情感主义哲学体系来说，这种做法使其理论表现出了强烈的不一致。在此意义上，哈奇森道德情感主义哲学就展现出了道德情感的无利害性特征与功利主义评价原则之间的不一致，更确切地说，仁爱之情作为道德情感所展现出的无利害性与情感的功利计算法在理论上呈现了不可调和的矛盾与冲突。

前文的分析显示，容纳了"最大多数人最大幸福"原则的哈奇森道德情感主义哲学给道德情感主义理论构建提供了一个极具典型性的失败范例。因此，就道德情感主义自身的理论构建来说，出现在哈奇森道德情感主义哲学中的这种理论不一致表明哈奇森道德情感主义哲学在构建其理论体系的过程中遭遇了巨大的理论困境，即像哈奇森那样把仁爱这种情感同时作为道德的基础和以"道德感官"为载体的赞同原则和道德判断原则的基础，这种做法肯定难以行得通。更确切地说，以单一自然情感——如仁爱——为基础构建道德情感主义理论，只能把道德情感主义理论推向理论构建的死胡同。在此意义上，由于自身在构建道德情感主义理论的过程中陷入了以循环论证为表现形式的理论困境，因此，在不触及该困境之本质的前提下借用"最大多数人最大幸福"原则来解决该问题，无异于缘木求鱼。事实上，就道德赞同和道德判断原则来说，严格说来，作为道德情感主义之基本理论立场与行为动机的情感本身和它引起的结果或效用——"最大多数人最大幸福"原则——之间似乎没有必然关联。因此，就道德情感主义自身的理论构建而言，当哈奇森试图用"道德代数法"解决其道德情感主义哲学中的理论困境时，最终不仅使他未能解决该问题，而且直接使他背离了道德情感主义的情感立场。事实上，哈奇森身后的 18 世纪英国道德情感主义思想史显示，以休谟和斯密为代表的道德情感主义者在构建其道德情感主义理论的过程中，试图克服哈奇森道德情感主义哲学所呈现的这种理论缺陷，从道德情感的构成和道德判断原则入手，沿着情感的路径把道德情感主义理论构建推向了新的高度。无疑，休谟和斯密的理论进路从伦理思想史的角度也向我们再次证明，哈奇森的道德情感主义哲学虽然给后人提供了极佳的理论平台，但自身却有待进一步修正和改进。

如前文所述，就道德情感的构成来说，哈奇森身后的道德情感主义者——休谟和斯密——都放弃了哈奇森式的把某种单一类型的自然情感视为道德情感的做法。由他们所构建的道德情感主义理论认为，对于人性中的各种自然情感来说，没有哪一种单一类型的自然情感享有高于其他一切自然情感的道德优先权或道德优越性，各种自然情感在道德的王国中可拥有成为或上升为道德情感的均等机会。以斯密《道德情操论》为例，其在第七卷立足于合宜性视角旗帜鲜明地批评了其老师哈奇森把单一自然情感视为道德情感的做法，认为"美德并不存在于任何一种感情之中，而是存在于所有感情的合宜程度之中"①。

既然一切自然情感都可享有成为道德情感的均等机会，那么使自然情感成为道德情感的道德基础是什么？道德情感的道德有效性从何而来？道德赞同或道德判断的标准是什么？对道德情感主义者来说，这是除"道德情感何以构成"外的另一重要理论问题。哈奇森的道德情感主义理论试图诉诸以仁爱为基础的"道德感官"来为道德赞同和道德判断提供基础性的理论原则。不过，前文的叙述表明，当仁爱同时被视为道德和以"道德感官"为表现形式的道德赞同与道德判断原则的基础时，哈奇森的道德情感主义哲学便表现出了严重的理论困境，而哈奇森为该困境提供的解决方案不仅未能解决问题，反而使其哲学体系陷入了更深的困境，即道德情感的无利害性特征与包含功利主义原则的道德代数法之间的不一致，随着这种不一致逐步深化，哈奇森最终背离了道德情感主义理论立场，逐步偏向了他无心培植的功利主义伦理思想。

或许是为了从道德情感主义内部解决这种理论不一致问题，休谟和斯密抛弃了哈奇森的"道德感官"概念，用"同情"对蕴含在"道德感官"中的情感机制命名，并基于同情来阐述道德赞同和道德判断原则。不过，休谟道德哲学中的"同情"与斯密道德哲学中的"同情"具有截然不同的内在运行原理。休谟道德哲学中的"同情"用以描述人与人之间的情感传染或感染，而斯密道德哲学中的"同情"则用以描述位于同一道德语境中的当事人与旁观者的情感与情感之间是否具有一致性或合宜性，"同情"是合宜性得以产生的基础与前提。斯密的"同情"以情感的投射为基础，与休谟的"同情"有本质差异。如前文所述，弗莱施哈克尔认为休谟的"同情"以情感感染为内核，而斯密的"同情"则以情感投射为要旨。尽管休谟和斯密的"同情"具有不同的运行机理，但这两种"同情"的本质却大同小异，因为二者共同隶属于支配人类情感得以发生并运行的情感机制。无论是人与人之间的情感传染或感染，还是位于同一道德语境中的当事人与旁观者的情感和情感之间经比较而产生的合宜性，这两种类型的"同情"所描述的都是同一对象，即自然情感的自然发生机制。在此意义上，可以认为，休谟的"同情"和斯密的"同情"均以自然情感的自然发生机制作为描述对象，二者分别立足于不同的视角以"同情"为名对该机制进行了描述，并把自己的描述视为衡量自然情感之道德性的道德判断标准。就此而言，以休谟和斯密道德哲学中的"同情"为基础的道德判断原则，本质上是以自然情感的自然发生机制为基础的道德判断原则。在此意义上，它与哈奇森的"道德感官"形成了鲜明对比。较之哈奇森的"道德感官"，以"同情"为基础的道德判断原则不仅具有经验基础，而且更重要的是，由它所确立的道德判断原则的理论基础与道德情感之道德性的理论基础划清了界限。较之哈奇森道德哲学，这种

---

① Smith A. *The Theory of Moral Sentiments*. Indianapolis: Liberty Fund, 1984: 306.

做法展现了两个积极的理论后果：第一，它从根本上消除了哈奇森道德哲学所具有的内在理论不一致问题，即道德情感的无利害性特征与功利主义道德判断原则之间的冲突，使"最大多数人最大幸福"原则失去了进入道德情感主义哲学的理论契机；第二，就道德情感主义理论构建来说，无论是在"道德情感何以构成"的问题上，还是在"何谓情感主义道德赞同原则和道德判断标准"的问题上，位于哈奇森身后的休谟道德哲学和斯密道德哲学在"情感性"上均远甚于哈奇森道德哲学。无疑，这是 18 世纪苏格兰启蒙学派的道德情感主义者以前赴后继的方式不断推进道德情感主义理论构建的直接后果，更是 18 世纪道德情感主义理论不断走向成熟的理论表征。

第二节　二阶情感机制与斯密道德情感主义哲学中的"游叙弗伦困境"①

　　道德情感主义道德赞同不以理性或任何既定道德判断原则为基础，上文显示，某种单一情感或一阶情感机制不能充当情感主义道德赞同的基础。18 世纪以降的道德情感主义伦理思想史表明，以斯密和斯洛特为代表的道德情感主义赞同理论建基于二阶情感机制之上。事实证明，二阶情感机制是情感主义道德赞同的恰当基础。不过，由于这两种道德情感主义哲学均未基于与情感机制紧密相连的无利害感来阐述道德赞同，它们虽然为道德赞同理论找到了恰当的基础，但各自却面临着难以解决的理论难题。对斯密的道德情感主义哲学而言，难以解决的理论难题是"游叙弗伦困境"；而对于斯洛特的道德情感主义哲学而言，难以解决的理论难题是道德赞同理论中的双重原则难题，也就是说，如果说道德赞同需建立在某种单一原则之上，那么以阴阳为基础的移情原则和以温暖感或寒心感的情感原则孰轻孰重呢？本节将重点分析斯密道德情感主义哲学中的"游叙弗伦困境"，以期借此凸显与情感机制紧密相连的无利害感在道德赞同中的重要地位。斯密的《道德情操论》明确地以二阶情感机制或同情的合宜性为基础构建了情感主义道德赞同理论，但由于这种道德赞同理论建立在二阶情感机制或同情的合宜性表现出的情感对称原则的基础上，因此，面临着以无规范为本质特征的"游叙弗伦困境"。

　　《道德情操论》自出版以来就享有着高度美誉，康德早年也是一位情感主义者，曾把斯密的《道德情操论》视为苏格兰道德情感理论著作中最为他所喜爱的著作。尽管如此，自该书问世以来，还是不断有思想家从不同角度对它展开批评。通过比

---

　　①　本节中的部分内容载于《论亚当·斯密道德哲学中的"游叙弗伦困境"》，《道德与文明》，2018 年第 4 期，收录进本节时有修订。

较休谟与斯密的论证方式，有人认为该著作缺乏休谟道德哲学所具有的那种系统性和推理性。休谟和斯密的朋友吉尔伯特·埃利奥特（Gilbert Elliot，1722—1777）在 1759 年 10 月 10 日写信给斯密，明确反对斯密基于同情和合宜性来阐述道德赞同的做法，更确切地说，他认为当事人和旁观者无权对具有合宜性的情感或行为表达道德赞同，道德赞同须建立在第三者的眼光和立场之上，"人性中的私人激情和原始激情也是如此，我们自身微小利益的得与失，和与我们没有特殊关系的另一恶人的利益相比，都显得极其重要，且会产生极其狂野的喜悦或悲伤以及更强烈的欲望或憎恶。故他人的利益永远无法和我们自己的利益相提并论，也永远不会阻止我们尽一切可能增进我们自己的利益，不管这种做法会给他人带来多大损害。在我们能对相对对立的利益做出公允的比较前，我们必须改变我们的立场。我们必须既不从我们自己的立场出发也不从他人的立场出发，而是从第三者的立场和视角来看待它们，这个第三者与我们二者均无特殊关系，能在二者之间做出不偏不倚的判断"①。托马斯·里德（Thomas Reid, 1710—1796）也曾批判过斯密，指责他的道德哲学难以避开道德赞同和道德判断原则中的相对性问题②。《道德情操论》通过举例的方式对道德情感的运行机制进行了详细论证，这些论证很细致、很典雅，非常明晰地向我们展示了人类对死亡的惧怕、他人风流韵事的有趣之处以及我们对此表现出的麻木或反感、道德运气何以进入我们对各种行为的道德评价之中、为什么我们要自欺等。对于这种论证方式，有人评价甚高，而另外却有人认为斯密不务正业，其所做的工作不属于哲学家，而属于小说家或经验心理学家的工作。事实上，斯密的论证方式无可指摘，虽然斯密采用了以实例而非逻辑推理的方式来进行论述，然而，斯密对这些实例的描述绝非经验心理学家式的描述，他紧紧围绕他所发现的人类道德情感的"原理"（"theory" of moral sentiments）展开论证，选取大量例证对其在现实生活中的运行过程予以生动描述。我们认为，斯密所解释的道德赞同和道德判断原则的问题不是上述问题，而是"游叙弗伦困境"。有鉴于斯密的道德哲学是 18 世纪英国道德情感主义的典型代表，因此，由它展现的问题，不仅属于斯密的体系的问题，而且属于 18 世纪英国道德情感主义伦理流派的问题。就此而言，斯密道德哲学所展现的问题是个"大问题"，不仅事关 18 世纪英国道德情感主义的历史命运，而且事关道德情感主义理论的构建。让我们通过分析"游叙弗伦困境"的表现形式、内在根源和理论后果来对斯密道德哲学中的问题一探究竟，以在构建道德情感主义理论时从中吸取教训。

① Smith A. *The Correspondence of Adam Smith*. Indianapolis: Liberty Fund,1987: 56.

② Stewart-Robertson J C, Norton D F. Thomas Reid on Adam Smith's theory of morals. *Journal of the History of Ideas*, 1984, 45(2): 309-321.

一、"游叙弗伦困境"的表现形式

"游叙弗伦困境"来自柏拉图《游叙弗伦篇》（*Euthyphro*）中的游叙弗伦。由于"厌恶诸神的故事"并尽力使理性成为一切事物的根据，苏格拉底当年被认为不敬神，被控为"腐蚀青年"。和游叙弗伦相遇时，苏格拉底正陷入这桩官司中，前者则正准备起诉自己的父亲犯了杀人罪。如此对待自己的父亲，游叙弗伦会不会成为被苏格拉底腐蚀之后的青年的榜样呢？于是，二人围绕虔敬的本质展开了对话，苏格拉底给游叙弗伦提了一个问题：虔敬之所以受神喜爱，是因为虔敬本身还是因为它为神所喜爱？苏格拉底认为虔敬受神喜爱的原因是虔敬本身，而游叙弗伦认为是它受众神一致喜爱。这番对话使苏格拉底发现游叙弗伦和控告自己的那些人一模一样，他们都一致认为虔敬的本质是为神所喜爱或遵从神的意愿而非蕴含于虔敬之内的理性。《游叙弗伦篇》记载的故事在西方后来被演变为"游叙弗伦困境"并在哲学中发生了变形，演变为"由神所发出的命令，在道德上为善的原因是该命令本身是善的，还是它是由神所发出的命令"这个命题。

"游叙弗伦困境"可以恰到好处地描述斯密道德哲学的内在理论问题。以合宜性为基础建立的道德赞同和道德判断原则离不开"无偏的旁观者"（impartial spectator）的意见，如同"游叙弗伦困境"一样，斯密道德哲学面临相同的困境：赞同的根据是因为赞同本身还是因为旁观者的意见？换句话说，一种情感或行为之所以受到赞同，是因为它自身值得被赞同还是因为旁观者的意见？斯密道德哲学的答案是后者，以此为基础构建的道德赞同和道德判断原则十分重视他人或旁观者的意见，由此导致的后果是，无法为道德赞同和道德判断原则确立内在规定性。"游叙弗伦困境"在斯密体系中根植于道德，展现于社会，因此，让我们以"道德"和"社会"为考察对象探析"游叙弗伦困境"的表现。

在道德层面，"游叙弗伦困境"表现为合宜性的本质面临"无本质"困境。合宜性概念是斯密道德哲学的核心概念之一，如前文所述，合宜性得以产生的基础是同情，其必要条件是无偏的旁观者与当事人共同进入同一道德语境并对二者的情感进行比较，合宜性的本质是二者表现出某种一致性或相似性，而由非同情背后的某种普遍本质（如神或理性）发出的"命令"。在回答何谓虔敬的本质时，游叙弗伦认为虔敬的本质是因为众神的一致喜爱，这种观点受到了苏格拉底的质疑，同理，斯密道德哲学中的合宜性也面临着类似问题。为了消除苏格拉底式的质疑，斯密或许可以这样解释：合宜性之所以合宜，不是因为位于同一道德语境中的当事人和旁观者的情感或行为表现出了某种相似性，而是因为合宜性本身就是合宜的。然而，事实上，斯密的全部道德哲学无意于偏离具体道德语境或位于该语境中的旁观者或当事人的情感态度来描述合宜性的本质，因此，这种道德哲学从根本上无力使自身摆脱"游叙弗伦困境"。推动这种道德哲学产生"游叙弗伦困境"的原因，除了我们刚刚讨论过的外，还在于这种道德哲学对于蕴含在同情背后的本质持有不可知论的态度。《道德情操论》的哲学背景是以哈奇森、休谟等为代表的18世纪的英国经验主义哲学，从哈奇森开始直到休谟的18世纪英国经验主义哲学均对现象背后的实体持有不可知论的态度。哈奇森和休谟均认为，我们只能通过感官所呈现的简单观念或简单观念的复合来认知实体，离开了感官观念，实体本身是无法被认知的，换句话说，我们只能通过感官之门来认知实体。当这种实体观被延伸至道德领域时，哈奇森和休谟均认为，道德的本质与理性的先天规定无关，我们只能通过研究情感——愉快或不愉快的感官知觉——来探讨道德的本质。斯密继承了哈奇森和休谟的理论路线，在这种哲学背景下讨论道德赞同的本质时，通过聚焦于研究赞同的本质来研究道德的本质，那么赞同的本质是什么呢？斯密认为是位于同一道德语境中的无偏的旁观者与当事人所表现出的情感一致性或相似性，一致性或相似性越高，合宜性越高，反之亦然。因此，赞同的本质只能通过位于经验世界中的无偏的旁观者和当事人的感官知觉或情感体验予以呈现，与先天理性命令没有任何关联。在此意义上，可以认为，蕴含在道德层面上的"游叙弗伦困境"背后的深层困境不在斯密本身，而在经验主义哲学充分发展后所呈现出的不可知论倾向。出于温暖感或寒心感帮助他人，不会被视为真正出于同情而为，一如斯洛特所言，纯粹出于义务感帮助他人，不会被称为同情，而只会被称为责任感。

对于以同情为基础构建的社会来说，"游叙弗伦困境"表现为社会的自然基础与道德价值之间的冲突。斯密致力于以同情为基础构建社会，认为同情可以为社会奠定秩序基础。如前文所述，由于仅仅只是在经验层面讨论同情的本质，因此认为社会赖以建立的基础是同情，不仅如此，同情还能促进人们建立有利于增进公共福利的社会制度，在此意义上，斯密所说的同情展现了两种相互冲突的特征。一方面，同情是一种以自然对象——财富、地位、身份等——为对象的自然情感自然生成机制，这种机制得以运行的内在原理与特征之一是趋乐避苦，即容易同情快乐而不怎么容易同情悲伤。当同情和财富结合起来后，斯密发现，人类追求财富并避免贫困的原因是为了确信他们自己会因此而成为受人关注和赞同的对象或引起世人的注意，每当达到目的时，他们内心仿佛就会充满骄傲和自满。因地位、身份而带来的瞩目或羡慕可以给人带来情感满足，这种满足在某种程度上可以补偿因追求这种地位而必定要经历的种种辛苦、焦虑和耻辱，而旁观者对于那些处于这种状态的人的意得志满总是会抱有一种特殊的同情。相反，贫穷会使人得不到荣誉和赞同，也得不到别人的注意，贫穷会使当事人受到轻蔑。这样，具有趋乐避苦特征的自然情感自然生成机制所导致的嫌贫爱富的同情心就构成了社会的情感基础，"正是人们这种同情有钱有势的人的感情的倾向，构成了等级差别和社会秩序的基础"①。另一方面，斯密却认为，基于同情所建立的社会秩序却面临着道德难题。观察显示，同情本身蕴含着败坏了的道德情感，也就是说，以同情为基础构建的社会秩序自身包含着不道德的因素。斯密指出，观察显示，在社会上已经获得了地位和权势的大人物往往可以毫不费力地博取公众的敬佩，然而为了得到类似的敬佩，地位低下的人则需培育包括吃苦耐劳、坚忍不拔在内的各种美德，以期凭此得到出人头地的机会并为自身赢得他人的赞许，从而获得有权有势的大人物所享有的那种敬佩和崇拜。由于那些有地位、有身份的人不用通过这种途径就可以轻易获得公众的敬佩，因此，斯密发现，"在所有出身高贵的人身上几乎都看不见这些美德"②。《道德情操论》中有很多类似分析，很显然，以合宜性为基础而形成的社会秩序，表现出了自然基础和道德价值之间的严重冲突，遑论内在道德规范。

二、"游叙弗伦困境"的理论根源

斯密的道德哲学之所以产生"游叙弗伦困境"，从理论上说根源在于这种道德哲学缺乏内在的道德规范。斯密的道德哲学以道德情感为考察对象，致力于发现人类道德情感的内在"原理"，然而，前文的分析显示，为斯密所发现的这种道德情感"原理"，其理论基础无关"原理"本身之内在道德规定，仅关乎位于同一道德语境中的以无偏的旁观者为代表的当事人、他人或神的意见或者情感之间的相似性或一致性，也即合宜性。斯密所发现的道德情感"原理"会展现出以缺乏内在道德规范为表现形式的"游叙弗伦困境"，其深层原因可从两个方面即斯密道德哲学的研究方法与内在基础进行分析。

就道德哲学的研究方法而言，斯密反对以简化论的方法研究道德。他不认为道德可以简化为一些自然或神圣法则，因此，他既不赞同哈奇森基于仁爱为道德确立的以"最大多数人最大幸福"原则为内核的赞同理论和道德判断原则，也不赞同休谟基于效用而推出的具有功利主义倾向的赞同理论和道德判断原则。斯密道德哲学的核心或重中之重是合宜性问题，由于合宜性以位于同一道德语境中的当事人和旁观者的情感展现出的对称性美学效果为同情，故就合宜性的基础来说，其本性是美学而非道德。就此而言，斯密的合宜性概念排除了包括道德价值在内的一切价值规定，通过使之建立在位于同一道德语境中、受同一情感机制制约的当事人和旁观者的情感对称性或相似性之上，合宜性为内在于自身的情感机制找到了剥离了一切人为价值规定的自我表达。那么当情感机制被视为自然法则在情感领域内的自我表达

---

①　Smith A. *The Theory of Moral Sentiments*. Indianapolis: Liberty Fund, 1984: 52.
②　Smith A. *The Theory of Moral Sentiments*. Indianapolis: Liberty Fund, 1984: 56.

时，这种合宜性概念就可被还原为或等同为这种自然法则。同情的内在动力或情感机制不具有人类道德，而是看不见的自然之手。当斯密在同情和合宜性概念中讨论该情感机制时，他始终对它的动态性或复杂性保持高度尊重，拒绝用某种单一道德原则对它进行限定或规定。以这种研究方法为基础，他批判由萨缪尔·克拉克、威廉·沃拉斯顿（William Wollaston, 1659—1724）和沙夫茨伯里倡导的道德体系过多地强调了合宜性，他宣称自己要对美德的各种组成成分进行综合考察并在该过程中避免把这些成分简化为单一原则。确切地说，斯密所反对的单一原则指的是作为情感机制之内核的自然之手所产生的单一道德特征，不管这种特征是功利特征还是沙夫茨伯里等阐述的合宜性特征，只要具有单一性，就会受到斯密道德哲学的反对。在反对用单一原则描述或简化情感机制的同时，斯密始终致力于立足于这些单一原则赖以诞生的情感机制本身描述道德现象。这种做法固然给斯密道德哲学带来了收益，推动斯密把沙夫茨伯里开创的道德情感主义哲学推向了一个新的发展高度，完成了情感的自然化进程。然而，道德永远只是属人的学问，单纯源于情感机制的道德何以能为人提供道德规范呢？这样看来，由于未能对人的道德情感之道德性的情感特征进行描述或规范，以情感机制为主角的斯密道德哲学必然呈现"无规范性"的特征。

斯密道德哲学之所以出现财富与美德相悖的理论难题，很大程度上与合宜性概念的无规范性有关，更与斯密采取的研究方法有关。更确切地说，就斯密道德哲学的内在基础——同情——而言，无论是同情的发生机制、表现形式还是内在本质，均展现了内在规范性的缺乏。

第一，同情的发生机制缺乏内在道德规范。同情的发生机制即情感的投射。如前文所述，弗莱施哈克尔把斯密的同情理解为情感投射，毫无疑问，这种理解是准确的，斯密所说的"美德"是在情感不断投射的过程中所形成的美德。作为旁观者，使自己投射出去的情感尽可能与当事人保持一致，在斯密看来，由于缺乏当事人的情感的强度，因此是有难度的，但这恰好构成了我们生活中的主要道德动力。作为旁观者，我们会不断对我们主要关心的那些人分享我们的情感并调整它们，使之与当事人保持一致，而当事人也会不断对自己的情感做出改变，使之与旁观者保持一致。当事人和旁观者双方共同的改变导致了美德的诞生：克制的美德来自把我们作为当事人的情感保持在旁观者所能接受的范围内；而可亲的美德来自把我们作为旁观者的情感变得逐步鲜活，使之能与当事人的情感不相上下并能充分参与到他人的喜怒哀乐之中。为了能尽可能使旁观者的情感与当事人的情感保持一致，我们需不断把我们自己的情感投射出去，并在这个过程中不断修订，而这个不断修订的过程，也逐渐实现了我们人性的完满。"人性的完满在于多感受他人而少感受自己，在于克制我们的自私并释放自己的仁爱意向，唯有这样，才能在人与人之间产生各种情感和激情的和谐，其全部高雅和合宜尽在该和谐之内"①。然而，在讨论"投射"的过程中，斯密注重的是"投射"的发生，而忽视了对"投射"的性质进行描述或规定，确切地说，在把"投射"视为一种自然行为的同时，这种道德哲学理所当然地视之为善。因此，只要旁观者和当事人之间发生了具有一致性或相似性特征的情感相互投射，就意味着双方都拥有了具有合宜性特征的情感，也意味着道德将据此诞生，这直接导致了自然逻辑或自然情感自然生成机制与道德被等同起来。投射本身无关道德与不道德，因此，对投射本身的道德性缺乏限定便直接导致了斯密的伦理学缺乏规范性。我们认为，道德情感理论必须对同情式投射的道德性质进行规定或描述，才能确保基于同情而产生的情感或行为具有道德性的特征。确切地说，对投射本身进行道德规范，从投射的主体（旁观者或当事人）的情感而言，意味着必须对主体自身的道德情感进行道德规范。然而，这恰恰是斯密道德哲学所拒绝的。以经验主义哲学为背景的18世纪道德情感主义拒绝用理性对道德情感的本质进行规范，然而，道德的本质除了不能用理性进行规范之外，难道也不能用情感进行规范吗？很显然，自沙夫茨伯里、哈奇森、休谟和斯密以来的道德情感主义哲学在放弃对道德本质进行理性规范的同时也放弃了情感规范，因此，以斯密为代表的18世纪英国情感主义伦理学归根到底是一种描述性的而非规范性的伦理学。斯密伦理学中的道德主体是一个没有受到任何道德规范的主体，如果说主体受到了什么"规范"，那么这种"规范"也仅仅是受自然法则所制约的自然规范，而非受某种以理性或情感为表现形式的道德价值所制约的道德规范。

第二，同情的表现形式缺乏内在道德规范。同情的表现形式即合宜性。人类的一切行为归根到底都受情感的推动而产生，要使情感成为合宜的情感，首先必须为情感寻找合宜点。假如旁观者与当事人这两个主体都在同一道德语境中对同一对象产生了相同的情感，在斯密的同情说看来，这两种情感无疑是具有合宜点的情感，或者说，这两种情感都是具有"合宜性"的情感。然而，合宜性并不能等同于道德性或道德规范，因为道德性或道德规范源于情感或行为的内部世界，而非外部合宜点。为斯密所讨论的合宜性之所以呈现出这种无规范性的缺陷，根源在于斯密对自然状态、自然情感持有一种彻底自由的态度。斯密以自由的立场对待自然情感，在他的道德哲学中，一切自然情感均平等地具有道德地位，共同受自然法则本身的约束，无须受自然之外的任何其他原则的约束，在此意义上，自然法则自身逐渐演变成为一种道德标准。斯密的道德世界是一个排除了一切非自然因素干扰的纯粹自然的世界，这既是一个纯粹自然的世界，也是一个绝对自由的世界。然而，斯密伦理学的问题或责难也来自于此：绝对自由的自然世界何以能为道德提供规范的源泉？事实上，长久以来，斯密的伦理学也因此而受到批评。虽然我们能以自

---

① Smith A. *The Theory of Moral Sentiments*. Indianapolis: Liberty Fund, 1984: 62.

由的方式认知美德，但是，该美德绝无能力为人提供规范性的道德动机，就此而言，斯密给我们提供的情感主义道德哲学是一种情感主义美德认知论，而非情感主义美德规范论。以绝对自由为表征的同情原则能使我们辨识或认知美德，但不能为我们提供美德规范。具体到斯密的道德哲学，以美德认知为特性的同情不能为我们提供内在于同情自身的美德动机。的确，由于注意到他人基于同情原则对我们产生了不赞同，我们会收敛或改变我们的行为并使之成为具有合宜性特征的美德，但这种美德的根源或动机仅仅只关乎同情的表现形式即合宜性，而与同情本身的内在规范无关。简言之，作为同情的表现形式，合宜性在斯密伦理学中只能使人认知美德，而不能使人接受来自美德的规范。当情感主义道德理论沿着斯密的路径发展时，就必然会把情感的道德动机等同于对情感之自然特性的认知，而这恰好成了当代西方学者批判道德情感主义的靶子。例如，纽约大学哲学系的沙伦·斯特里特（Sharon Street）在批判情感主义时就指出，对自然特性的认知不能为我们提供道德动机。

第三，同情的内在本质缺乏内在道德规范。如前文所述，同情的内在本质即位于同一道德语境中的旁观者和当事人在同一情感机制的作用下表现出的情感与情感的对称与平衡之美。情感机制是推动同一道德语境中的当事人和旁观者产生具有对称性或相似性特征的情感的终极动力，它是位于自然领域内的、推动并产生一切情感并使之顺利运行的普遍法则，为斯密所重视的是情感机制本身而非其单一表现形式，如功利或效用等。道德判断（赞同或谴责）的基础是以合宜性为表现形式的同情。位于同一道德语境中的旁观者和当事人表现出的情感相似性或对称性特征构成了赞同或谴责的真正基础，也即合宜性的真正基础。更确切地说，这是情感机制作用于道德主体之后产生的自然后果。该自然后果的本质是要对位于同一道德语境中的旁观者和当事人所产生的自然情感进行一致性对比，对于旁观者和当事人而言，这两种自然情感之所以能进行一致性对比，其深层根源不仅在于这两种自然情感均源于相同的道德语境，而且在于这两种自然情感均受相同的普遍法则即同一情感机制的支配。就此而言，合宜性的内在本质就是以自然法则为本性的同情机制在人类情感中的自然表现，它既是一种情感（因为同情一词含"情"）又不是一种情感（因为它本质上是以自然法则为内核的情感机制，换句话说，是自然法则设定在人类情感领域内的共同机制或代理人）。就其与人类情感的关系来说，其既可被称为情感化的自然法则，也可被称为自然化的情感法则。情感化的自然法则或自然法则的情感化在斯密道德哲学中直接促使位于同一道德语境中的旁观者和当事人的情感向着以平衡性、对称性或一致性特征为目标的合宜性状态演进，当二者同时具有合宜性时，二者就同时获得了被赞同或谴责的相同基础。至此，可以认为，斯密的道德哲学严格遵循同情机制并在它的指引下为人类各种自然情感找到了平衡之道，并在这个意义上实现了近代英国道德情感主义的创始人——沙夫茨伯里——孜孜以求的平衡理想。直到今天，对于斯密依据自然之道为道德情感找到的合宜性之路与平衡之道，历史依然给予了很高的评价，拉斐尔（D. D. Raphael，1916—2015）和麦格菲（A. L. Macfie）在为《道德情操论》写的序言指出，这种理论"最适于解释人类心灵的自然行为，而每一门与人类本性相关的科学都应以此为出发点……过去已经有很多关于我们的道德义务和道德惩戒的书。人们还以为这方面的问题应该被彻底谈清楚了。但是这位作者却为我们对这方面问题的思考另辟蹊径并且还是一条非常自然之路"[①]。不过，在对其进行高度赞同的同时，我们应该看到，无论自然之手能凭借自身力量给人类的情感带来多少平衡与对称之美，无论它能在人类情感生活中引起多少赞同或谴责，由于未能有效区分"赞同"和"值得赞同"，更确切地说，由于缺乏内在规范性，对于道德情感主义理论构建来说，斯密道德哲学引起的问题都拥有致命性的杀伤力。无偏的旁观者与当事人之间形成的情感与情感的对称平衡状态——以合宜性为表现形式的同情——并不能为道德善提供内在规范，换句话说，符合合宜性标准的情感并非全部都是善的情感。在此意义上，当斯密注意到财富与美德之间的冲突并试图在第六版《道德情操论》中解决该问题时，由于未从《道德情操论》的理论根基和构架内部为之寻求解决之道，故第六版的修订并不能从根本上解决该问题，其深层原因在于，对于位于同一道德语境中的旁观者与当事人的自然情感而言，合宜性所描述的是二者所展现出的、具有对称性和平衡性特征的美学效果，而非内在于二者自身的某种道德规范。换句话说，除非对位于同一道德语境中的旁观者与当事人的情感给予某种规范，否则，该问题将无法从根本上得到解决。然而，对于高度重视自由的斯密道德哲学来说，要为情感设定类似于此的道德规范，从根本上说乃不可能之事。

三、"游叙弗伦困境"的理论后果

对斯密的道德哲学和包括《国富论》在内的全部学说体系而言，"游叙弗伦困境"所产生的理论后果并非全部都是消极的，相反，它曾给斯密以及斯密所处的时代带来了非常积极的理论后果——思想启蒙。固然，以自由为旗号的自然法则盛行之时，也是道德的规范价值没落之时。然而，这何尝不是苏格兰启蒙运动的启蒙精神留给后人的难题之所在？也何尝不是启蒙精神始终被后人反复讨论的吸引力之所在？从沙夫茨伯里开始，苏格兰启蒙运动的思想家们都主张以自然情感的名义来衡量旧时代的一切旧价值，更确切地说，他们用自由运行的自然法则来衡量旧时代的一切价值观念——道德、宗教、法律乃至修辞等，并试图用自然法则来为其重新奠

---

① Smith A. *The Theory of Moral Sentiments*. Indianapolis: Liberty Fund, 1984: 25.

基。斯密在《道德情操论》中试图以道德的名义让自由运行的自然法则以情感机制之名成为一切自然情感的奠基性原则，而在《国富论》中，他则试图以财富的名义让自由运行的自然法则成为他心目中的理想社会的支配性原则。在自然和自由之间，苏格兰启蒙运动的思想家们高度重视前者，他们使用"自由"一词的目的是维护自然所代表的价值，为了使自然的东西能够真正自然起来，必须使自然按照自身法则自由运行，在此意义上，自由是自然的保障。自由的自然体系在《国富论》中的胜利，归根到底既代表着自然主义的胜利，也代表着西方近代自由主义的胜利，因此，随着《国富论》于 1776 年的出版，苏格兰启蒙运动也画上了句号。

不过，尽管如此，我们还是非常严肃地注意到，"游叙弗伦困境"也给斯密的道德学说以及斯密所代表的近代英国道德情感主义理论乃至整个英国社会带来了非常严重的消极后果。这种消极后果可以从道德哲学与经济学两个维度来进行描述。当我们今天重新面对苏格兰启蒙运动时期的各种思想史时，这些消极后果尤其应该引起我们的重视。

就道德哲学而言，"游叙弗伦困境"为斯密自身的道德哲学以及为 18 世纪道德情感主义理论招来了致命的批判。如《道德情操论》的书名所示，斯密的全部道德哲学研究专注于探明各种道德情感（moral sentiments）内部的原理或理论（theory）。在斯密这里，道德情感如同任何一种自然情感一样，都是既成事实，他探究的是这些既成事实背后的原理或理论，即自然情感自然生成机制，也即情感机制或自然法则，斯密所发现的同情原理，本质上只是蕴藏在道德情感和其他一切自然情感背后的自然法则罢了。然而，为斯密所发现的、位于道德情感背后的自然法则无力对道德情感本身进行道德规范，这为斯密的学说乃至为斯密所代表的 18 世纪英国情感主义伦理学带来了不少的批评。坎贝尔（Tom Campbell，1899—1977）[1]和拉斐尔[2]认为，《道德情操论》是一部心理学或社会学的著作，而非规范道德理论的著作。《亚当·斯密与美德的特征》（Adam Smith and the Character of Virtue）[3]以及《斯密的生活市场》（Adam Smith's Marketplace of Life）[4]两本著作都认为，《道德情操论》难以为道德提供规范判断，斯密说做出规范判断的办法是从无偏的旁观者视角思考道德，但事实并非如此。对他而言，道德现象就是规范道德理论，除此之外，规范道德理论没有更为基础的理论做基础。波士顿大学的阿伦·加勒特（Aaron Garrett，1964—　　）认为，"如同巴特勒和休谟一样，斯密并无心倡导一种特定的规范理论"[5]。不过，在《道德情操论》第六版的修订中，我们似乎可以看见，

---

① Campbell T D. *Adam Smith's Science of Morals*. Totowa, NJ: Rowman & Littlefield, 1971.

② Raphael D D. *The Impartial Spectator*. Oxford: Clarendon Press, 2007.

③ Hanley R. *Adam Smith and the Character of Virtue*. Cambridge: Cambridge University Press, 2009.

④ Otteson J. *Adam Smith's Marketplace of Life*. Cambridge: Cambridge University Press, 2002.

⑤ http://www.artoftheory.com/smith-as-virtue-ethicist-aaron-garrett/

斯密意识到了自己的道德学说缺乏规范性这个事实，因此，斯密在《国富论》中希望通过经验研究重新强调美德的重要性，并致力于在心理学和社会学研究的基础上重新找回美德，然而，即使如此，由于未从根本上解决问题，他所找到的这种美德，对于一个美德伦理学家而言，也已经远远偏离了亚里士多德意义上的美德。

第四章　道德赞同的"语言"

对 18 世纪道德情感主义之内在逻辑演进进程的研究显示，唯有以情感机制为基础，才能对道德赞同做出合理的解释。不过，令人头疼的是，自 18 世纪以来，被视为道德赞同之基础的情感机制一直未能被给予稳定的命名，无论是沙夫茨伯里和哈奇森的"道德感官"，还是休谟和斯密的"同情"，甚或斯洛特的"移情"，实际上都指向了情感机制的某个方面，不过，对于该机制本身，不管是英语还是汉语，目前均未能给予它稳定而受所有人认可的名称。这在一定程度上也给道德情感主义理论构建增加了难度。不仅如此，当情感机制被视为道德赞同的基础时，需要回答的另一个重要问题是，以情感机制为基础的道德赞同依靠何种情感或道德"语言"对行为或情感表达赞同或不赞同？对于情感主义道德赞同的"语言"来说，一方面，它需要具有情感性，另一方面，为了使道德情感具有客观性，它需要具有剥离道德主体的主观性。那么这种客观性从何而来呢？研究显示，道德赞同的"语言"的客观性并不来自道德主体，而是来自情感机制，就此而言，道德赞同的"语言"是情感机制借我们的情感感受在我们身上寻求并完成自我表达。作为受自然法则支配的情感机制，当它借助我们的情感寻求并完成自我表达时，在我们身上产生的最常见、最直白的"语言"是苦乐感。因此，把苦乐感视为伴随着道德赞同或不赞同的情感感受，曾是 18 世纪道德情感主义者们共同认可的研究。不过，随着道德情感主义理论的不断发展，以斯洛特为代表的当代西方道德情感主义不再把苦乐感视为道德赞同或不赞同的"语言"，温暖感或冷漠感取而代之并成为道德赞同或不赞同的新"语言"。

第一节　苦　乐　感

近代英国经验主义哲学家们在讨论美学问题时，大多倾向于把善与美结合起来进行讨论，用苦乐感描述审美感受和道德感受，或者说，把苦乐感视为审美判断和道德判断的情感"语言"。在霍布斯的哲学体系中，"善可以分为三种：一是外表显现出来的善，即是美；二是效果显示出来的善，即是令人高兴的善；三是方式上的善，即有效的、有利的善。那么同样也有三种恶：一是外表显示出来的恶，即是丑；二是效果显示出来的恶，即是令人不快的事物；三是方式上的恶，即是无效的、不利的、伤害性的事物。"[①]这至少说明，自 17 世纪以来，英国思想家就有把美

---

① ［英］霍布斯：《利维坦》，刘胜军、胡婷婷译，北京：中国社会科学出版社，2007 年，第 77 页。

视为道德善的外在表现的思想传统，到了 18 世纪，沙夫茨伯里和哈奇森进一步发展了该观点，他们的哲学都没有明确地区分善与美的基础。不仅如此，近代英国经验主义哲学家们还倾向于在美感与道德感之间进行类比，用审美所产生的苦乐感或审美判断来描述善或恶给道德主体带来的情感感受。例如，霍布斯曾说，"愉快（或高兴）是善的表象或感觉，而不高兴或者烦恼则是恶的表象或感觉。相应地，所有欲望、想望和热爱的事物便或多或少与高兴相关，而厌恶和反感的事物则或多或少与不高兴和烦恼有关"①。当这种思想发展到 18 世纪后，通过把审美情感与道德情感进行类比来阐述道德判断原则的思想传统便展现了愈演愈烈的趋势。18 世纪的启蒙思想家，尤其是道德情感主义者沙夫茨伯里、哈奇森、休谟和斯密等都拥有理论共性，都在令人愉悦或不愉悦的美感体验中讨论道德赞同问题和情感主义道德判断原则，在此意义上，他们的道德学说都视善为美。哈奇森的道德哲学认为，道德之美为最美。斯密的道德哲学甚至认为，道德情感须建立在情感之美的基础上，离开了审美情感或美感，以合宜性为内核的道德情感的道德有效性会受到严重挑战。在这种学术进路的影响下，18 世纪的英国道德情感主义思想家们在以情感为基础讨论道德赞同和道德判断时，几乎全都以苦乐感为基础展开论证。不过，前文的分析显示，为 18 世纪道德情感主义者们所重视的苦乐感却有两种性质，即美学性质和功利性质。

一、心灵的秩序：美善结合的基础

18 世纪英国道德情感主义起源于对洛克的道德哲学的批判。洛克把善视为引起（或增加）快乐或减少痛苦的东西，把恶视为能产生（或增加）痛苦或减少快乐的东西，反过来，增加快乐就意味着善，而增加痛苦就意味着恶。"因此，我们通过心灵中发现的痛苦与快乐的简单观念意识到，当它们被扩大时，我们便获得了幸福与不幸的观念，因为无论造成怎样的幸福与不幸，以及在我们的内心引起了何种程度的痛苦与快乐，迄今恰好符合其自身自然的善，不管怎么说，使我们获得并产生快乐的任何事物都是善的，尽管首先必须弄明白何谓善的、愉快的，并且不应当仅仅将之理解为身体的愉快，而首先应当是心灵的愉快"②，"最大的幸福亦在于享有那些能产生最大快乐的事物，而避免那些能产生纷扰和痛苦的事物"③，因此，"极度的幸福就是我们所能享受的最大的快乐；极度的苦难就是我们所能遭受的最大的痛苦"④。当洛克讨论善恶和苦乐感的关系时，他极少像 18 世纪道德情感主义者们那样

---

① ［英］霍布斯：《利维坦》，刘胜军、胡婷婷译，北京：中国社会科学出版社，2007 年，第 77 页。

② Lock J. *Essays on the Law of Nature*. Oxford: Oxford University Press, 2002: 128-129.

③ Lock J. *Essays on the Law of Nature*. Oxford: Oxford University Press, 2002: 24.

④ ［英］洛克：《人类理解论》，关文运译，北京：商务印书馆，1983 年，第 228 页。

赋予道德善以美学价值，后者在审美苦乐感的视域下讨论道德赞同和道德判断，认为道德苦乐感与审美苦乐感具有类似本质。换句话说，审美感受能否介入道德赞同或道德判断之中，是 17 世纪英国道德哲学和 18 世纪英国道德哲学尤其是情感主义道德哲学的差异之一。18 世纪英国道德情感主义总是基于心灵的情感秩序讨论美感与道德感，认为善的情感必定会具有美的形式，沙夫茨伯里、哈奇森、休谟和斯密都选择把审美活动中的苦乐感确立为道德判断的情感表现形式。就此而言，当 18 世纪的英国道德情感主义者们把苦乐感的本质定位为审美体验时，这意味着他们已为洛克道德哲学中所说的苦乐感找到了一种全新的本性。

沙夫茨伯里认为，道德赞同或道德判断的本质与审美判断无异，理由在于，审美判断主要是对呈现于眼前的感官对象的外形、颜色、比例等的美丑进行判断，而道德判断则是对呈现于眼前的人类情感或行为所展现的规则性或不规则性特征进行判断，其本质与审美判断无二，"呈现于眼前的感官对象的外形、运动、颜色和比例，必然会根据其各个不同组成部分的不同尺度、排列和比例而产生美或丑。行为和行动也是如此，一旦它们呈现在我们的知性（understanding）之中，我们就必然会根据其规则性或不规则性而发现其明显的差异"①。每个人的心灵都是他人心灵的旁观者或听众，因此，心灵必然拥有自己的眼睛和耳朵，其目的是区分不同比例，辨别不同声音，同时审视呈现给自身的每一种情感或思想②。当心灵进行道德判断时，其本质属于审美判断，就此而言，如果说审美判断是心灵天然具有的一种与"看"有关的能力，那么道德判断则是心灵内部天然具备的"一种关于看和崇拜的新能力"③。对行为进行道德判断，本质上是对行为所呈现出来的美丑进行判断，而对美丑进行判断，就是对事物的线条、结构等不同排列秩序所展现的美丑进行衡量与判断。就此而言，当心灵使用"道德感官"对各种富含情感的人类行为进行道德判断时，实际上就是对道德行为所呈现的潜在秩序或规则进行审美判断，或者说，是对受情感推动的道德行为的秩序或规则进行审美判断，其"名"虽属于道德，但其"质"却属于审美，其工作机制与"美的感官"的工作机制无二。道德判断归根到底只是审美判断的一个分支罢了，道德赞同或谴责也建基于这种审美判断上，用沙夫茨伯里的话说，"它会像面对乐符或感性事物的外在形式或表现那样，真真切切、实实在在地感知到情感中的柔和与坚硬、宜人与不适，发现其美丑、和谐与不

---

① Shaftesbury A A C. *Characteristicks of Men, Manners, Opinions, Times*. Vol. 2. Indianapolis: Liberty Fund, 2001: 16-17.

② Shaftesbury A A C. *Characteristicks of Men, Manners, Opinions, Times*. Vol. 2. Indianapolis: Liberty Fund, 2001: 17.

③ Shaftesbury A A C. *Characteristicks of Men, Manners, Opinions, Times*. Vol. 2. Indianapolis: Liberty Fund, 2001: 25.

和谐"①。他认为善的情感必然在心灵中表现出美的形式，这使得18世纪道德情感主义者们终究把审美赞同或不赞同（或谴责）等同于情感主义道德判断。在沙夫茨伯里看来，道德情感主义者们在道德判断过程中表达出的赞同或不赞同（或谴责）仅仅只是一种在事物中普遍存在的、自然而然的、与崇高和美有关的感觉罢了。不仅如此，当心灵对受情感推动的行为进行道德判断时，其过程完全是自然而然的，而在所有恰当地思考此事的人看来，任何不这样做的人，无疑完全是虚伪的。因此，如同审美判断一样，道德判断也是一种自然而然的行为，简言之，用以进行审美判断的"美的感官"和用以进行道德判断的"道德感官"都具有天然性或自然性的本性，因此，当心灵内部出现了某种错误而走向堕落或受到扭曲时，"美的感官"和"道德感官"不仅依然可以发现心灵的美丑以及行为中的细微情感变化，而且还可以在所有无关利害的情景中赞成自然与真诚，谴责做作和不真诚。因此，用于进行道德判断的"道德感官"可被视为用于判断行为之美丑的审美感官，归根到底隶属于"美的感官"，被"道德感官"所认可的美也能像被"美的感官"所认可的事物那样深深地打动我们的内心，在某种程度上，或许比单纯的自然事物之美更能打动我们的内心，"最动人的美都关乎'道德感官'，且能比最生动的手法刻画的自然对象更强烈地打动我们"②。

如果说沙夫茨伯里和哈奇森的道德情感主义哲学把美德视为美的一种特殊类型且把道德判断等同于审美判断，那么斯密的《道德情操论》则以一种更生动、更彻底的方式继承了这种理论传统。以道德判断和审美判断的关系为例，当位于同一道德语境中的旁观者和当事人的情感表现了对称平衡的美学特质时，旁观者的同情和当事人的原始情感就找到了合宜点，与此同时，也找到了美德赖以生成的初始原点。这既表明合宜性的本质是审美判断，也表明合宜性的本质与旁观者和当事人的情感的性质无关，仅与二者的情感所展现出的以对称平衡为表征的美学特征有关，更确切地说，斯密道德情感主义哲学中的关键概念（即合宜性）本质上具有浓厚的美学气质。如果把斯密对道德判断问题的讨论与沙夫茨伯里和哈奇森对该问题的讨论进行对比，我们发现，当沙夫茨伯里把道德判断视为审美判断的分支时，这意味着道德判断并未完全丧失其独有的"道德"领地；然而，当斯密把道德判断全然置于审美判断之上时，这意味着他已全然放弃了对寻找道德判断独特价值的理论的冲动，也意味着他试图用审美判断取代道德判断而使道德判断实现以审美为表现形式的理论转变。

①　Shaftesbury A A C. *Characteristicks of Men, Manners, Opinions, Times*. Vol. 2. Indianapolis: Liberty Fund, 2001: 17.

②　Hutcheson F. *An Inquiry into the Original of Beauty and Virtue in Two Treatises*. Indianapolis: Liberty Fund, 2004: 174.

二、美感得以产生的根源

18世纪道德情感主义者们都具有美学气质，其学说中的道德赞同和道德判断都赋有美学秉性，即以苦乐感为表现形式的审美快乐。不过，由于这种美学性质掺和着功利性质，因此，美学性质并未被视为苦乐感的唯一性质，换句话说，被18世纪道德情感主义者们高度重视的苦乐感，除了具有以功利性为导向的道德性质外，还具有美学性质。尽管如此，18世纪道德情感主义者们对于引起审美苦乐感的原因的探究却各不一样。沙夫茨伯里从真理出发探寻审美快乐的根源，哈奇森则认为"寓多样于一致"才是审美快乐得以产生的根源。休谟认为，美之为美的根源不可知。斯密的《道德情操论》完全基于位于同一道德语境中的旁观者和当事人的情感所表现出的对称性或平衡性的美学特征来论证道德赞同的"语言"，不过，斯密道德情感主义哲学中的美学性质完全源于情感对称或平衡的形式美，与此同时，这种道德情感主义哲学忽视了沙夫茨伯里和哈奇森道德情感主义哲学所看重的那种具有无利害性特征的美学性质，也就是说，它没有对道德情感之美学特质给予道德规定。

（一）沙夫茨伯里：真理

杰罗米·斯多尼茨（Jerome Stolnitz）认为，"第一次使人注意到无利害现象并予以分析的思想家是沙夫茨伯里"[1]。沙夫茨伯里在讨论道德主体或道德判断的特点时谈起了无利害性，这个概念最初起源于沙夫茨伯里的伦理学。在美学思想史上，只有当无利害概念在发展过程中偏离了伦理学后，该概念才发展为一个典型的美学概念。美学思想史显示，自从康德用无利害描述审美知觉后，该概念才在美学中流行起来。当沙夫茨伯里讨论数学和音乐的美时，他谈到过审美无利害。他说"崇敬、喜悦或爱完全建立在外在于我们且令我们感到陌生的对象上"[2]，知觉"与任何私人利益毫无关联，其对象也不包含任何私人体系中的自我善或益处"[3]；在谈到音乐之美时，他说"难道你不会因你将体会到的愉悦而聆听音乐吗？……一旦被人知觉并注意到，尽管也会产生有些人说的那种出自自我激情或利益的反省之乐，但最初的满足仅仅是热爱真理、比例、秩序和对称的结果"[4]，这表明沙夫茨伯里认为审美感受并没有建立在关注自我的基础上，审美情感并不服务于以自爱为基础的私人善。有趣的是，虽然他解释了审美活动中的无利害性，但这种美学并未把无利害

---

① Stolnitz J. On the significance of Lord Shaftesbury in modern aesthetic theory. *The Philosophical Quarterly*, 1961: 97-113.

② Shaftesbury A. *Characteristics*. Vol. 1. London: Grant Richards, 1900: 296.

③ Shaftesbury A. *Characteristics*. Vol. 1. London: Grant Richards, 1900: 296.

④ Shaftesbury A. *Characteristics*. Vol. 1. London: Grant Richards, 1900: 296.

视为美之为美的根源，也没有基于内蕴于"美的感官"的情感机制阐释审美判断标准。他把真理视为审美判断的终极根源，"真理是世界上最强大的力量，虚构本身必须受真理支配，只有与真理相似，它才能给人带来愉悦"①。艺术需与真理相符或相似，才能使人产生审美快乐。需从真理入手，方能找到美之为美的根源。不过，虽然沙夫茨伯里认为"这个世界上最自然的美是诚实和道德真理，因为所有的美都是真"②，但由他的美学所阐释的审美快乐却同时包含着由自然事物引起的快乐和由真理或理性引起的快乐。沙夫茨伯里认为自然事物是美的，因此，艺术需模仿自然，写作、绘画等要符合自然真实的比例和尺度。此外，沙夫茨伯里认为，由真理引起的美是更高程度的美，正如我国美学家朱光潜先生所述，在沙夫茨伯里的哲学中，"内在感官是与理性紧密结合的"③。在此意义上，虽然沙夫茨伯里在基于"美的感官"阐述审美苦乐感时，提到了蕴含于其中的情感机制，但真正为审美苦乐感奠基的终究还是真理和理性。如果深究其原因，这与沙夫茨伯里作为美学史上的转折性人物不无关系，正如美国罗格斯大学（Rutgers University）美学家彼得·基维（Peter Kivy，1934—2017）所述，"沙夫茨伯里是美学史上的转折性人物，尽管他通常被视为新传统的开创者，但他却把一只脚坚定地安放在过去——不仅是由意大利文艺复兴所代表的那个过去，而且是传统的古代所代表的那个过去。因此，我们看见他在处理趣味问题的时候，一方面，有启蒙的特征——对主观判断标准的寻求；另一方面，在很大程度上，却又有着文艺复兴传统中的客观精神和理性精神。唯有考虑到沙夫茨伯里的这种分裂性，我们才能从启蒙的视角深刻理解他最终采纳的那种有节制的、犹豫不决的立场"④。

（二）哈奇森：寓多样于一致

与沙夫茨伯里不同的是，哈奇森不再基于理性或真理探究美之为美的根源，他试图基于"美的感官"探寻美之为美的根源。如他所述，研究美的根源，就是要研究令"美的感官"产生审美快乐的根源。之所以基于"美的感官"来探究美的根源，是因为在哈奇森看来，审美感受生于"美的感官"，故此，要研究美之为美的根源，就要研究令"美的感官"产生审美快乐的根源。哈奇森美学把所有自然事物的美分为两类，换句话说，令"美的感官"产生审美快乐的事物有两类，即本原美

① Shaftesbury A A C. *Characteristicks of Men, Manners, Opinions, Times*. Vol. 1. Indianapolis: Liberty Fund, 2001: 4.

② Shaftesbury A A C. *Characteristicks of Men, Manners, Opinions, Times*. Vol. 1. Indianapolis: Liberty Fund, 2001:89.

③ 朱光潜：《西方美学史》，北京：人民文学出版社，2002年，第207页。

④ Kivy P. *The Seventh Sense: Francis Hutcheson and Eighteenth-Century British Aesthetics*. Oxford: Clarendon Press, 2003: 20.

和相对美^①。本原美又被称为绝对美（absolute beauty），指的"仅仅只是那种美，即我们在不把它与被视为其摹本的任何外物进行比较的情况下从对象身上知觉到的那种美"^②。所谓相对美，指的是作品符合作者或设计者所假定的某种创作意图或普遍规则时产生的那种美。一旦"美的感官"见到这两类美的事物，就会自然而然地使人产生令人愉快的审美感受。

那么这些美的事物为什么能令"美的感官"产生审美快乐呢？用哈奇森的话说，"美的感官"在进行审美判断的过程中之所以能使人产生快乐或不快的审美感受，根本原因在于它遵循了蕴含在感官内部的某种法则。不过，虽然哈奇森认为蕴含在感官内部的某种法则是导致人们产生审美快乐的根源，但这种美学并未直接以它为基础阐述美之为美的根源或审美判断原则。这种美学主张中，由于是美的对象使"美的感官"产生了审美快乐，因此，要研究这种感受得以产生的根源，就要在审美对象身上找原因，分析审美对象令"美的感官"产生审美感受的根源。以观察法和归纳法为指导，通过对自然事物进行广泛观察，哈奇森美学对作为自然事物的审美对象背后的某种法则进行观察或归纳，最后得出结论，即令"美的感官"产生审美快乐的原因在于美的对象中包含着"寓多样于一致"这一被视为美的根源的总原则。哈奇森美学还认为，不仅自然事物包含"寓多样于一致"，而且公理之美也能精确地反映"寓多样于一致"原则，且"值得予以特别关注"^③。公理之美包括数学公理之美、牛顿的万有引力定律之美、自然科学知识之美、艺术品的部分与整体之间的和谐等，这种类型的美的最大特征是，它精确地体现了"寓多样于一致"。凡不能精确地同时体现"多样""一致""寓多样于一致"这三个特征的美的对象，则可被视为不具备公理之美。例如，因"多样性"过于丰富从而只能模糊地体现出"一致性"的对象不具备公理之美，而"每个整体都会大于其部分"这类形而上学的自明之理也不具备公理之美。再如，"等边三角形三角相等"这类过于简单或毫无多样性的命题也不具备公理之美。公理之美以直接的形象生动地展示了"寓多样于一致"并赋予它以浓厚的理性特质。上述分析显示，虽然哈奇森和沙夫茨伯里一样都认为道德行为中的无利害性是连接美和道德的基点，但二者都没有把无利害感视为审美判断的基础。

（三）休谟：美的根源不可知，审美趣味与心灵的结构有关

当休谟分析伴随着审美苦乐感得以产生的根源时，他并不认可哈奇森从审美对

---

① Hutcheson F. *An Inquiry into the Original of Our Ideas of Beauty and Virtue: in Two Treaties.* Indianapolis: Liberty Fund, 2004: 26.

② Hutcheson F. *An Inquiry into the Original of Our Ideas of Beauty and Virtue: in Two Treaties.* Indianapolis: Liberty Fund, 2004: 27.

③ Hutcheson F. *An Inquiry into the Original of Our Ideas of Beauty and Virtue: in Two Treaties.* Indianapolis: Liberty Fund, 2004: 36.

象入手来探求这种苦乐感得以产生的根源的做法。以圆的美为例，休谟指出，欧几里得（Euclid，约公元前330—前275）曾经详细地解释过圆的各种性质，但却没有在任何一个关于圆的性质的命题中讨论过圆的美，其原因一目了然，因为圆的性质或属性不能等同于圆的美，通过数学推理的方式到圆的内部去寻找美的这种做法注定是徒劳之举。美并不存在于与圆心距离相等的圆形线条之上，而只存在于该线条作用于人的心灵时产生的效果中，"美仅仅只是该图形在心灵中产生的效果，而该心灵特有的结构组织使之容易感受到此类情感"①。简言之，美的效果不来自圆本身，而来自圆作为一个图形呈现给心灵时所产生的特定效果，故美的效果只存在于观察者的情感中，离开了这些情感，美将不再为美，而仅仅只是一些具有圆的特征的图形罢了。因此，如果抛弃情感而在圆中寻找美，仅在数学推理的指导下在圆的各种属性中寻找美，那么该做法无异于南辕北辙，注定将一无所获。

休谟主张从主体的心理角度讨论美学问题，审美问题被理解为情感领域内的趣味问题，美仅仅被视为主体的主观心灵效果。在休谟看来，美不能被定义，它不是实在之物，只是使灵魂产生苦乐感的能力，"美与诙谐一样不能被定义，只能凭趣味或感觉被辨识，我们断言，美仅仅只是产生快乐的形相罢了，一如丑是传来痛苦的诸部分的结构，产生痛苦和快乐的能力在这种方式下成为美和丑的本质"②。苦乐感源于与美有关的秩序与结构，"我们本性的原始构造、习惯或爱好使我们认为，美是由美的对象的组成部分组成的、适于使灵魂产生快乐和满意的一种秩序和结构。这就是美的典型特征，也构成了美与丑——丑的自然倾向乃是产生不快——的全部差异。因此，快乐与痛苦不仅仅是美丑的必然伴随物，而且构成了美丑的本质"③。那么，使我们的心灵产生苦乐感的原因是什么？一方面，它与人心的特殊结构和构造有关。"在美丑之类的情景中，人心并不满足于巡视它的对象，按照它们本来的样子去认识它们，作为巡视的后果，人心还会感受到一种与喜悦或不快、赞同或谴责有关的情感，而这种情感决定人心会给对象贴上'美'或'丑'、'可喜'或'可厌'的标签。很显然，这种情感必须依存于人心的特殊结构和构造，只有这种人心的特殊结构和构造才能使这些特殊形式以这种方式发挥作用，在人心与它的对象之间产生同情或协调。一旦人心或内在器官的结构被改变，尽管形式依然不变，但这种情感将不复存在。"④另一方面，它与审美对象有关。对审美主体和审美对象进行比较，休谟认为，前者比后者重要。以圆的美为例，《道德原则研究》（*An Enquiry Concerning the Principles of Morals*）指出，圆的美不来自圆本身的线条的任

① Hume D. *Enquiries Concerning the Human Understanding and Concerning the Principles of Morals*. Oxford: Clarendon Press, 1902: 291-292.

② Hume D. *A Treatise of Human Nature*. Oxford: Clarendon Press, 1896: 299.

③ Hume D. *A Treatise of Human Nature*. Oxford: Clarendon Press, 1896: 299.

④ Hume D. *Essays: Moral, Political, and Literary*. Indianapolis: Liberty Fund, 1985,1987: 164-165.

何一个组成部分，而来自圆的线条对因具有特殊结构而容易感受到审美情感的心灵所产生的审美效果，因此要寻求圆的审美根源，不能到对象中寻找，只能到主体的心灵中寻找。同理，圆柱的美也是如此，《怀疑论者》（The Sceptic）进一步阐述了该观点，其认为即使对象中的某些性质并不真正存在于对象中，人的心灵也可以从该对象中感知美丑。这一切都说明，审美主体在审美活动中重于审美对象或客体。即使如此，这并不表明休谟不重视审美对象，相反，他很重视审美对象所具有的美的属性，他在《论趣味的标准》中告诉我们，"较之甜和苦，虽然美和丑可以更加肯定地说不是事物本身的性质，而是完全属于内在或外在情感，不过还是必须承认，对象本身含有某种性质，而按其本性该性质适于在我们的感官中引起那些特殊的感受"①。不过，即使审美对象很重要，也不意味着我们可单纯地依靠审美对象去寻找美的根源，我们只能从主体出发去探寻美的根源。

那么，我们能够立足情感本身找到美的根源吗？情感中哪一种能力可以使我们产生审美快乐？休谟给出的答案令人沮丧，因为休谟认为美的根源"不能被定义"②，或者说，美的根源不可知。为什么？在一定程度上，这是因为休谟认为心灵的原始本质不可知。那么，在这种情况下，我们将如何研究心灵？休谟主张借助实验观察来认识心灵，不过，即使如此，休谟也警告说，这种方法并不能使我们认识人性的终极原始性质。那么，对心灵进行实验观察所产生的特殊结果是什么？休谟认为，"自然本性在心灵的情感方面比在身体的大多数感觉方面更趋一致，使人与人在内部比在外部更趋类似"③。因此，尽管美不能被定义，但由于人的心灵具有大同小异的构造，所以能为多样性的趣味提供普遍性的赞同或谴责原则。"尽管趣味仿佛变化多端且难以捉摸，终归还是有着一些普遍性的赞同或谴责原则，仔细观察就可发现这些原则在人心的一切活动中所起的作用。某些特有的形式或品质，基于内在构造的原始结构，适于产生令人愉悦的感受，而其他则会引起令人不快的感受，倘若它们未能在具体的真实语境中产生其效果，那是因为器官中存有某种显而易见的缺陷或缺点。"④在此意义上，由于"每个生物都有健全和失调两种状态，只有前一种状态才能给我们提供趣味和感受的真实标准"⑤，因此，如果心灵的构造发生了病变或发育不完全，那么将会直接损害主体的审美趣味。

（四）斯密：情感的对称性

斯密的美学以同情为基础，其美学中讨论的美具有情感化和形式化两种特征。

---

① Hume D. *Essays: Moral, Political, and Literary*. Indianapolis: Liberty Fund, 1985, 1987: 235.

② Hume D. *A Treatise of Human Nature*. Oxford: Clarendon Press, 1896: 299.

③ Hume D. *Essays: Moral, Political, and Literary*. Indianapolis: Liberty Fund, 1985, 1987: 163.

④ Hume D. *Essays: Moral, Political, and Literary*. Indianapolis: Liberty Fund, 1985, 1987: 233.

⑤ Hume D. *Essays: Moral, Political, and Literary*. Indianapolis: Indianapolis: Liberty Fund, 1985, 1987: 233-234.

所谓情感化，指的是斯密的美学始终聚焦于情感，从情感出发讨论美之为美的根源，是斯密美学的典型特点；所谓形式化，指的是当斯密的美学聚焦于情感讨论美之为美的根源时，对美的形式给予了更多偏爱，而不怎么重视美之为美的内容，属于以情感为内容的形式主义美学。就此而言，斯密的美学中的情感美表现出了合宜性特征的情感，即情感机制在同一道德语境中借当事人与旁观者的情感表现出的对称平衡状态，该对称平衡状态之所以显得美，根源在于它具有合宜性。

为了使情感具有合宜性，须达到合宜点，而为了达到合宜点，有的情感须做出调节，而有的情感则无须如此，前者可被称为原生态情感，而后者则可被称为非原生态情感。当原生态情感具有合宜性时，这种合宜性也被称为原生态的合宜性，即天然形成的合宜性，或者说，在旁观者和当事人的情感都未经改变的情况下产生的合宜性。非原生态情感的合宜性，则指当事人和旁观者的情感均需以对方为参照点并据此作出改变才能拥有的合宜性。在形成非原生态的对称与平衡的过程中，当事人和旁观者均需对自己的情感做出改变，改变的过程也即寻求适中（mediocrity）的过程，用斯密的话说，"很显然，关于跟我们有特殊关系的对象所激发的每一种激情，它的合宜性，即旁观者能够赞同的程度，必定存在于某种适中的范围之内"[①]。不过，需要注意的是，斯密所说的"适中"，是旁观者和当事人彼此参考各自的情感并据此相互调适的结果，在此意义上，与斯密同时代的思想家曾指出，斯密的合宜性概念具有相对性。那么，是这样吗？事实上，斯密的合宜性概念极具经验性但并不具有相对性，因为为斯密所重视的合宜性源于情感机制，是情感机制借同一道德语境中的旁观者和当事人实现自我表达的独特方式。

正是由于持有形式主义美学观，因此，斯密认为美之为美的根源就在于事物的形式或设计。审美使我们发现，获取便利或愉悦的设计或过程比这种便利或愉悦本身更有价值，"任何技艺产品的这种合宜性，这种巧妙的设计，往往比人们对它预期的目的本身更加受到重视；而且，运用严格的调节手段以获得哪怕丝毫的便利或愉悦，也经常比便利或愉悦本身更加受到重视，似乎便利和愉悦的全部价值在于其获得的过程"[②]。

三、美感的功利品性

前文的分析显示，以沙夫茨伯里为首的 18 世纪英国道德情感主义者们把苦乐感视为审美判断和道德判断的情感"语言"。由于与道德情感有关的苦乐感始终具

---

① Smith A. *The Theory of Moral Sentiments*. Indianapolis: Liberty Fund, 1984: 27.

② Smith A. *The Theory of Moral Sentiments*. Indianapolis: Liberty Fund, 1984: 179-180.

有实现社会公共善或公共利益的倾向，因此，以苦乐感为情感"语言"的美感或审美情感也因此具有了功利性。

前文对哈奇森的道德代数法以及"最大多数人最大幸福"原则的分析显示，其道德哲学所看重的苦乐感与以社会公共利益为代表的效用或利益紧密相连，而休谟的道德哲学也向我们明确地表明了社会公共效用如何影响并支配苦乐感。接下来我们将聚焦于国内学界关注较少的沙夫茨伯里和斯密的道德哲学，阐述二者所理解的道德和审美意义上的苦乐感中所蕴含的功利性。

（一）沙夫茨伯里

沙夫茨伯里认为道德情感具有无利害性，并因该观点被后人铭记。沙夫茨伯里认为，为了"种族和社区的善和利益"[1]而做出的行为就是无利害的行为，也就是说，无利害性的概念在沙夫茨伯里的伦理学中直接服务于社会公共利益。沙夫茨伯里希望用这个概念表明，做出无私的行为是自然而然之事[2]，在此意义上，他反对基于利益尤其是自我利益而构建起来的那种道德哲学[3]。很多颇具英雄气质的美德不被神圣的宗教重视，根本原因是它们不具有无利害性，"我时常不禁会想，为什么某些最具英雄气质的美德不怎么被我们的神圣的宗教关注，真实的原因在于，如果它们有资格分有天意通过启示分派给其他义务的无限奖赏，那么，它们就没什么无利害性"[4]。沙夫茨伯里谈到无利害性时，时常把它与"不偏不倚"（impartial）、"免除种种偏倚的激情"（free of every biassing passion）[5]和"无偏见"（unbiassed）[6]或"超越偏见"（over-biassing）[7]联系在一起。当沙夫茨伯里讨论"对上帝的无利害的爱"[8]时，由于他明确反对"单纯出于利益……爱上帝"[9]，故无利害性概念的内涵显得更加清晰。他从来没有说过要出于对公共善的追求而爱上帝，他想说的是，当主体单纯因"对象的卓越"[10]自身[11]而爱对象时，这种爱才能被称为无利害的爱。在此意

① Shaftesbury A. *Characteristics*. Vol. 1. London: Grant Richards, 1900: 315.

② Shaftesbury A. *Characteristics*. Vol. 1. London: Grant Richards, 1900: 280.

③ Shaftesbury A. *Characteristics*. Vol. 1. London: Grant Richards, 1900: 281.

④ Shaftesbury A. *Characteristicks of Men, Manners, Opinions, Times*. Vol. 1. Indianapolis: Liberty Fund, 2001: 63.

⑤ Shaftesbury A. *Characteristicks of Men, Manners, Opinions, Times*. Vol. 1. Indianapolis: Liberty Fund, 2001: 35.

⑥ Shaftesbury A A C. *Characteristicks of Men, Manners, Opinions, Times*. Vol. 1. Indianapolis: Liberty Fund, 2001: 130.

⑦ Shaftesbury A A C. *Characteristicks of Men, Manners, Opinions, Times*. Vol. 1. Indianapolis: Liberty Fund, 2001: 92.

⑧ Shaftesbury A. *Characteristics*. Vol. 2. London: Grant Richards, 1900: 55.

⑨ Shaftesbury A. *Characteristics*. Vol. 2. London: Grant Richards, 1900: 55.

⑩ Shaftesbury A. *Characteristics*. Vol. 2. London: Grant Richards, 1900: 56.

⑪ Shaftesbury A. *Characteristics*. Vol. 2. London: Grant Richards, 1900: 55.

义上，如果说无利害的爱能增进社会公共利益，那么，这也不是它的初衷。就此而言，以社会公共利益为代表的效用或利益也不是无利害的道德情感致力于追求并予以实现的情感目标。不过，即使如此，为沙夫茨伯里道德哲学所看重的无利害感还是有两个功利目标，即批判原子论式自爱说以及基于无利害的情感秩序实现社会公共善。

沙夫茨伯里之所以关注并讨论道德情感的无利害性，其首要功利目的是要借助审美无利害这种情感品性批驳霍布斯、洛克等 17 世纪思想家笃信的原子论式自爱说，进而为道德寻求新的人性基础并为社会公共善寻求新的情感基础。在此意义上，沙夫茨伯里所讨论的无利害性虽然并不以个人功利为目标，但却以社会公共善为指向。更确切地说，18 世纪英国道德情感主义学派学说讨论道德情感的无利害性，终究是想借此论证道德情感的秩序之美并利用爱美（或爱秩序）之心为社会公共利益（或公共善）的实现找到一条不同于霍布斯和洛克道德哲学的新道路。霍布斯认为，自爱是人性中唯一处于支配地位的情感，其目标只指向私人利益或自我利益，因此，基于自爱讨论以公共利益为指归的道德情感，意味着这种道德将无法在人性中找到天然基础。在这种情况下，道德被视为只是出于便利而创造出的主观发明。当这种发明尚未出现时，人人都只受自爱支配，只关心自己的私人善，公共善之所以受到关注，仅仅因为它有利于私人善。自爱在所有激情中占主导地位，其他欲望都由自爱派生且隶属于自爱。生活就是一场战斗，战士们为之奋斗，其目标不是达到任何精神目的或实现任何道德理想，而是要不择手段地获取私人利益或私人善，获得战斗的胜利，为此每个人须完全放大自爱，并把怜悯以及由此而生的道德准则置于次要地位，遵守道德准则只不过是为了更有效地满足私人利益或私人善罢了。当这种自爱的伦理学大行其道时，用以连接人与人之间关系的天然纽带必然会被割裂。生活于现实社会中的每个人都是孤独的原子，仅仅只关心私人利益或私人善，即使偶尔关注他人，其动机也不是人性自身的需要或他人善而是基于对实现私人利益或私人善的算计。因此，每个原子将因追求自己的快乐而必然与他人分离，社会正义、社会生活的形成只是人类理性的发明罢了，它们存在的原因不是人性，也不是情感，而是私人利益。沙夫茨伯里对这种道德哲学非常反感。他认为家庭生活和社会生活中广泛存在的怜悯之情是上帝赐予人类的财富，可以使人放弃自己的私人利益或私人善，以无利害的态度追求社会公共利益或公共善。就此而言，人类天然有爱他人的倾向，道德于人来说是自然而然之物。他认为霍布斯所代表的那种伦理学是一种只适合奴隶而不适合自由人的伦理学，这种伦理学是"对上帝、世界以及人类的亵渎"[①]，它之所以亵渎了上帝，是因为它"把上帝描绘为对他的被造物心怀敌意，因为他因罪人的过错而惩罚无辜者，并因使德行高尚之人遭受痛苦而感

---

① Article on Shaftesbury's *Characteristics*, in *Fraser's Magazine*, January, 1875, vol. Ⅶ, new series, 88.

到安慰"①；它之所以亵渎了世界，是因为它"用最阴暗的笔调来描述世界"②；"最重要的是，它亵渎了人类"，"当它竭尽全力维护上帝的权威时，它已经宣告，从根本上而言，我们所有的品质都是邪恶的，它把我们所有的德行都交给了上帝，我们唯一所能做的就是不断拒绝我们的私利和欲望"③。因此，沙夫茨伯里着眼于道德情感的无利害性，试图构建一种天然具有道德价值的情感主义伦理学。

沙夫茨伯里在道德哲学中讨论审美苦乐感的另一个目的就是要基于美的情感秩序实现以社会公共利益或公共善为代表的道德目的。沙夫茨伯里所欣赏的美，不是那种流于表面的面容之美或身体比例之美，而是生命自身的美，是心灵美④。讨论审美苦乐感的目的是要构建美的社会，"这个雄心勃勃的心灵并不会满足于享受这种单一的美，而是会努力容纳更多的美，并把它们融合起来，从而组成一个美的社会"⑤。一旦美的社会建立起来，那么，公共福利也就会随之而建立起来，"它（美的社会）关注社区、友谊、关系、责任，认为个别心灵的和谐可产生普遍和谐和公共福利"⑥。在美的引导下，我们可以形成一种高贵的秩序，不仅能给社区带来公共善，而且会在一种被扩展了的情感的指引下实现人类整体善。简言之，人类借助审美快乐可以实现相互交流并增进公共利益。进一步说，求美的过程伴随着对美的秩序的追求，这不仅可以自然而然地产生公共善，而且可以自然而然地产生正义而明智的治理之道。"对美的强烈追求（即对秩序和完美的热爱）不会停留在这里，也不会满足于欣赏部分之美，而是会进一步扩展其传播的边界，追求整体善，并影响整体的利益和前程。对它的原生世界和更好的国家来说，它在这里寻求秩序和完美，憧憬最好的事物，希望发现一种正义和明智的治理之道（administration）。"⑦反之，如果不能在美的秩序下管理社会，世间就会产生很多丑与恶，因此，"政府也会饱受责难"⑧。简言之，沙夫茨伯里讨论审美苦乐感，其目的不完全在于阐释美之为美的根源，而是指向道德哲学、伦理学和政治哲学，因为他的美学要为道德哲学、伦理学和政治哲学提供美的秩序，使之依从这种秩序而非霍布斯式的自爱观来实现社会

---

① Article on Shaftesbury's *Characteristics*, in *Fraser's Magazine*, January, 1875,vol, Ⅷ, new series, 88.

② Article on Shaftesbury's *Characteristics*, in *Fraser's Magazine*, January, 1875,vol, Ⅷ, new series, 88.

③ Article on Shaftesbury's *Characteristics*, in *Fraser's Magazine*, January, 1875,vol, Ⅷ, new series, 88.

④ Shaftesbury A A C. *Characteristicks of Men, Manners, Opinions, Times*. Vol. 2. Indianapolis: Liberty Fund, 2001: 120.

⑤ Shaftesbury A A C. *Characteristicks of Men, Manners, Opinions, Times*. Vol. 2. Indianapolis: Liberty Fund, 2001: 120.

⑥ Shaftesbury A A C. *Characteristicks of Men, Manners, Opinions, Times*. Vol. 2. Indianapolis: Liberty Fund, 2001: 120.

⑦ Shaftesbury A A C. *Characteristicks of Men, Manners, Opinions, Times*. Vol. 2. Indianapolis: Liberty Fund, 2001: 120-121.

⑧ Shaftesbury A A C. *Characteristicks of Men, Manners, Opinions, Times*. Vol. 2. Indianapolis: Liberty Fund, 2001: 121.

公共善和道德理想。

（二）斯密

如前文所述，斯密认为效用是美的主要来源，也就是说，效用可以产生美，但他认为美的根源不是效用。任何可以产生预期效果的优良系统和装置，其整体都具有合宜性（fitness），合宜性以实用和便利为目的。不过，较之这种合宜性以及与之相关的目的，巧妙的设计更受重视，这样看来，获取便利和愉悦的设计或过程，比这种便利或愉悦本身更有价值，"任何技艺产品的这种合宜性，这种巧妙的设计，往往比人们对它的预期的目的本身更加受到重视；而且，运用严格的调节手段以获得哪怕丝毫的便利或愉悦，也经常比便利或愉悦本身更加受到重视，似乎便利和愉悦的全部价值在于其获得的过程"①。

美的这种原则会对个人行为产生影响。例如，一个人看见凌乱的房间就会不辞辛劳地去整理，斯密认为该人的目的不是为了获取整洁的房间带来的便利，而是为了追求整体上的合适性或整体美，"他想要的与其说是这种便利，不如说是带来这种便利的对家具的布置。"②再如，《道德情操论》第四卷描述过一个异常在乎钟表的准确性的人，该人之所以如此在意此事，并不是因为真正需要精确地知晓时间，而仅仅是因为热爱那种能产生精准时间的精美设计。再如，有些有钱人会花很多钱买一些无甚用处的小玩意儿并随身携带，这些人之所以这样做，不是为了追求这些小玩意儿的有用性，而是因为这些东西有一种整体美。

此外，斯密认为该原则还会对公共生活产生影响，因为隐藏在每个人心中的求美的动机可以推动人类劳作。在身体健康、情绪良好时，我们的想象力会从自己的身体扩展到自身周围的一切事物，当我们看见富人美丽的宫殿时，它们便深深地吸引了我们，斯密认为真正吸引我们的不是便利，而是这种带来便利的整体设计或美，因为"如果我们就所有这些东西所能提供的实际满足本身且抛开适于用来增进这种满足的那些安排所具有的美来考量这种满足，它就总会显得极其可鄙且无关紧要"③。这是为什么呢？因为实际上人们在现实生活中很少去做这种抽象的哲学分析，人们总会自然而然地把便利带来的满足和产生它的系统、机构或组织的规则有序的协调运动混合起来。也就是说，整体美的愉悦和现实中的便利总会自然而然地联合起来对人类行为产生影响。财富和权力正是基于同样的原理给我们带来快乐。斯密认为财富和权力本身并不能给我们带来多少幸福，"它们是为了产生肉体上微不足道的便利而设计出来的、由极为精细和灵敏的发条组成的庞大而又费力的机械，必须极其小心翼翼地照料才能保持它们的正常运转，而且不管我们如何小心，它们随

---

① Smith A. *The Theory of Moral Sentiments.* Indianapolis: Liberty Fund, 1984: 179-180.
② Smith A. *The Theory of Moral Sentiments.* Indianapolis: Liberty Fund, 1984: 180.
③ Smith A. *The Theory of Moral Sentiments.* Indianapolis: Liberty Fund, 1984: 183.

时都会突然爆成碎片，并且使不幸的占有者遭致损毁"①。如此令人感觉不便的财富和权力为何使我们对其孜孜以求呢？斯密认为，原因在于大自然巧妙的设计会使财富和权力产生的微不足道的便利之乐与其整体美联合起来以对我们产生作用，"如果我们用这种复杂的观点考量它们，它们就会同某种恢宏的、美丽的和高贵的东西一样给我们留下深刻印象，使我们认为我们值得为之倾注一切艰辛和忧虑"②。说到底，是财富和权力这个庞大的机器产生的整体美介入了便利之中并推动了人类的行为。那么，这种美值得人们这样付出辛劳吗？斯密认为财富和权力并不是人追求幸福所真正需要的东西，也不会给人带来真正的满足，不过，财富和权力却能以美的形式吸引人们对它们孜孜以求。这种整体美之所以会达到这种效果，原因在于它在整体上具有合宜性，而这种合宜性会激发我们的爱美之心。当我们考虑财富和权力产生的快乐时，如果不考虑隐藏在它们背后"适于增进这种满足的那种安排的美妙"③，那么，由财富和权力所产生的审美快乐就会显得微不足道和不足挂怀。当这种美被我们知觉之后，旁观者会经由同情认同这种美。由于人们在社会生活中会关注旁观者的情感，因此，人们就会在求美之心的欺骗下以非本意的方式增进社会公共善。在斯密看来，这种欺骗是一件好事，"正是这种欺骗唤起了人类的勤劳，并使之在连续不断的行为中保持下来"④。由于人类的辛勤劳作，土地已被迫成倍地增加了自然产出，可以供养越来越多的居住者，即使骄傲而冷酷的地主也不得不对剩下的东西进行分配，使得为他服务的所有人都可以从他的奢侈和任性中得到一份生活必需品。斯密反复强调，那些人之所以可以得到生活必需品，不是因为这个骄傲而冷酷的地主怀有仁慈和公正之心，而是因为人类的辛勤劳作产生了大量剩余产品。此外，还有由"看不见的手"产生的影响，"他们被一只'看不见的手'引导，去对生活必需品做出与在全部土地被平均分配给全体居民的情况下同样的分配，从而在不知不觉中增进了社会公共利益，并为种族的繁衍提供了条件。当天意把土地分给少数地主的时候，其既没有忘记也没有抛弃那些在这种分配中似乎被置之度外的人。这后一部分人也享用着全部土地产品中属于他们的那一份"⑤。

求美的隐秘动机还会推动人类建立有助于增进社会公共福利的社会制度。美本身并不直接为效用服务，它诱惑人们在求美的过程中以一种非本意的方式为公共利益或公共善效力。"同一原理，对体系相同的爱，对秩序、技艺和创造之美的关注，时常会把那些有助于增进公共福利的体制举荐给人们。当爱国者为改良任何一部分公共政策鞠躬尽瘁时，其行动并不总是出于对可以从中得到好处的那些人的幸

① Smith A. *The Theory of Moral Sentiments*. Indianapolis: Liberty Fund, 1984: 182-183.
② Smith A. *The Theory of Moral Sentiments*. Indianapolis: Liberty Fund, 1984: 183.
③ Smith A. *The Theory of Moral Sentiments*. Indianapolis: Liberty Fund, 1984: 183.
④ Smith A. *The Theory of Moral Sentiments*. Indianapolis: Liberty Fund, 1984: 183.
⑤ Smith A. *The Theory of Moral Sentiments*. Indianapolis: Liberty Fund, 1984: 184-185.

福所怀有的单纯的同情。一个富有公共精神的人推动公路的修缮工作，通常也不是出于对运货商和车夫的同情。当立法机关设立奖金和其他奖励去促进亚麻或毛呢的生产时，其行为很少出自对便宜或优质织物穿着者的单纯的同情，更少出自对制造商和零售商的单纯的同情。公共政策的完善、贸易和制造业的扩展，都是高尚和宏大的目标。默想它们会使我们感到高兴，那么有助于改进它们的任何事都会引起我们的兴趣。它们是宏大统治体系的重要部分，经由它们政治机器的轮子似乎会运转得更加协调和轻快。我们以看到这个如此美丽和宏大的体系的完美为乐，而在清除任何可以给它的规律运转带来丝毫干扰和妨碍的障碍之前，我们会一直忧虑不安。然而，所有统治性的组织架构的价值大小，完全与它们在多大程度上有助于增进它们所统治的那些人民的福祉成正比例。这就是它们的唯一用途和目的。然而，出于某种体系精神，出于对某种技艺和发明的喜好，我们时常会重视手段甚于目的，当我们想要增进我们同胞的幸福时，与其说是因为直接感知到了同胞的痛苦或欢乐而产生该动机，不如说是出于完善和改进某种美丽的、秩序井然的体系的想法而产生该动机。有些具有极强公共精神的人，在其他一些方面却显得对仁慈的情感毫不敏感。相反，有些极仁爱的人，似乎完全缺乏公共精神。"[1]这些话向我们表明，以公共利益或公共善为指向的制度能以美的形式唤醒人类的求美之心并使之自然而然地增进社会公共利益或公共善。换句话说，斯密并不认为以他人善或公共善为目标的仁爱能增进社会公共利益或公共善，与其诉诸仁爱，不如诉诸求美之心。一旦人们怀着对社会公共制度之美的热爱而追求这种美，即使心中毫无仁爱，也能实现仁爱想要达到的目标。

四、小结：审美判断与道德赞同或道德判断的"语言"

18 世纪道德情感主义者们之所以把审美情感感受和道德情感感受联系在一起进行讨论，与 17 世纪英国道德哲学有关。以洛克和霍布斯为代表的 17 世纪英国道德哲学中的原子论式自爱说令 18 世纪道德情感主义者们最不满的是它割裂了道德与情感之间的天然联系。沙夫茨伯里、哈奇森等之所以基于情感构建道德哲学体系，从根本上说是要对 17 世纪英国道德哲学中的缺点进行补救。以哈奇森为例，当他翻译奥勒留的著作时，他曾做过这样的注释，"源于自然良好构造的一切也具有某种优雅与诱人之处。这样，精心烘焙的面包的某些部位会裂开，这并非烘焙师的设计，但却看相优美，并诱人胃口。当无花果熟透时，它们就开始炸裂。充分成熟的橄榄也是这样，破裂给予了果实真正的美。挂满果实的低头稻穗、狮子的威严表情、野猪嘴角流出的水沫，以及许多其他事物，单独来看，毫无美感，但由于与

---

① Smith A. *The Theory of Moral Sentiments*. Indianapolis: Liberty Fund, 1984: 185-186.

天然之物的联系，它们给旁观者带来了愉悦。这样，对于具有深刻的与灵魂有关的感情并深入到了整体之构造的人来说，与自然几乎没有关联的任何事物都不会在他面前呈现自己的悦人之处。这样，野兽真实的巨大脚爪会给他带来不亚于画家或雕塑家对它们的模仿所带来的愉悦。纯洁的眼睛会带着类似的愉悦欣赏老年男性或女性的成熟与优雅，以及年轻人的诱人魅力。他会体验许多这样的事物，这对所有人来说是不可思议的，而仅对那些对自然及其作品拥有真实的与灵魂有关的感情的人来说是可信的"①。哈奇森认为，不仅美是自然之手的作品，美德也是自然之手的作品。美德始终与情感相连，因此，美德借助情感在心灵中完成自我表达。

据此言之，以沙夫茨伯里为首的18世纪道德情感主义者们认为，既然道德情感有美的外形，那么，爱美则有利于求善，有利于使人爱美德，因为美和道德都和秩序有关。沙夫茨伯里认为，爱美德就是爱秩序，爱美德就是对社会秩序之美的热爱，或者说，是对美的秩序的热爱②。爱美有利于形成美德，改善性情，促进人形成合群的情感。如果世界的秩序自身就是公正的和美德，那么，人们对秩序的崇敬就会更高，而有利于美德的那种爱美之情也就会在爱美的过程中越发受到强化，因为这种神圣的美的秩序一定会引起快感。如果这种神圣的激情的基础并非真正公正或充分，那么，这种激情自身也是自然的和善的，因为它依然有利于美德和善；而如果这种激情的基础真正充分且公正，那么，这种激情也是公正的，且绝对会在每个理性之人身上成为必要的要求。以爱美引领爱美德并实现美德的意图——公共善，这种思想在斯密的《道德情操论》第四卷中得到了明确表达。我们之所以热衷于改良社会制度并追求社会公共善，表面看来是为了改善国民的福利并提升国民的幸福，事实却并非如此，隐秘的、对制度与秩序之美的追求才是推动我们改良社会制度的真正动机与目的。更确切地说，对秩序之美的爱可以推动人们以一种非本意的方式实现社会公共善。斯密认为这是自然为了实现自身的目的而设定的骗局，换句话说，大自然使人拥有爱美之心并以欺骗的方式实现自身目的。以对财富和权力的追求为例，《道德情操论》第四卷认为，财富和权力是十分精密的仪器，需要全身心投入方能有所得，但是，它们并不为人们的幸福所必需，也不能给人带来真正的满足，因此，这意味着我们追求财富和权力不是为了财富和权力本身，一定有某种其他目的推动我们去追求财富和权力。那么，它是什么呢？斯密认为，这是大自然的设计或安排。通过使我们追求美，大自然使自己的目的于不知不觉中得到了实现。《法理学讲义》（*Lectures on Jurisprudence*）中的"行政篇"认为，当我们在财富和权力展现的整体美的吸引下对其孜孜以求时，我们落入了大自然设下的圈套

---

① Hutcheson F. *An Essay on the Nature and Conduct of the Passions and Affections, with Illustrations on the Moral Sense*. Indianapolis: Liberty Fund, 2002: 93.

② Shaftesbury A A C. *Characteristicks of Men, Manners, Opinions, Times*. Vol. 2. Indianapolis: Liberty Fund, 2001: 43.

中，接受了大自然强加给我们的欺骗。当然，《道德情操论》也讨论过大自然的这种欺骗。总之，自然赋予人以爱美之心，利用人的爱美之心引导人以一种非本意的方式实现自己的目的。财富和权力可以给人带来便利和效用，但我们不会出于追求这种效用的目的而追求财富和权力，在同情与合宜性的作用下，我们会以求美的名义追求财富和权力。这样，便利加上某种表现为美的高贵的东西便激发了人的劳动。

前文的分析显示，18 世纪英国道德情感主义者们把苦乐感视为情感主义道德赞同和道德判断的"语言"。不过，即使审美判断和道德判断都共同具有以苦乐感为表现形式的"语言"，也不等于道德赞同的"语言"可以直接等同于审美判断中的苦乐感。具有美的外形的善或心灵秩序固然能使人产生审美快乐并证明善对人来说乃自然天成之物，但这并不等于道德情感主义可以直接把审美判断中的情感感受用作道德赞同和道德判断的"语言"。更确切地说，道德赞同和道德判断必定拥有属于自己的独特"语言"。如果说这种"语言"碰巧和审美判断中的"语言"具有一致性，那么，也不意味着二者是一回事。当道德情感具有美的情感秩序时，它已经在自身的道德规定中具有了道德品性。那么，当我们讨论这种品性时，我们不能根据其美的后果以及由此产生的审美感受来讨论它，而是要根据它自己固有的"语言"来讨论。不过，令人感到遗憾的是，18 世纪道德情感主义者们由于没有厘清美善之间的关系，尤其没有厘清审美判断和道德判断的"语言"之间的关系，因此，均没有对道德赞同的独特"语言"做过专题研究。不过，这在当代西方道德情感主义中发生了根本性改变。

第二节　温暖感或冷漠感

18 世纪道德情感主义者们倾向于把具有审美秉性的苦乐感视为道德赞同理论的"语言"。与沙夫茨伯里和哈奇森一样，休谟也曾试图这么做，但休谟似乎未能在自己的全部学说中保持完整的理论一致性。他在《人性论》第三卷中说过，一想到慈爱之情，我们就会"热泪盈眶"[①]，很显然，当我们热泪盈眶时，我们不会感到快乐；相反，我们或许会感到不快，但这并不意味着我们不赞同令我们热泪盈眶的那种行为。例如，长大后，当我们被父母或祖父母给予我们的那种充满慈爱的情感或行为深深感动时，我们就会热泪盈眶，很显然，此时的我们并不总会感到快乐，相反，我们或许会感到痛苦，不过，即使如此，我们依然会赞同并喜爱这种慈爱之情。《人性论》中表现出的这种不一致似乎表明，具有审美品性的苦乐感似乎并不

---

①　Hume D. *A Treatise of Human Nature*. Oxford: The Clarendon Press, 1896: 604.

能被视为道德赞同的情感"语言"。

斯密的《道德情感主义》以同情为基础讨论合宜性，以当事人和旁观者的情感所展现出的美学对称原则为基础来讨论道德赞同，合宜性的道德效力源于位于同一道德语境中的旁观者和当事人的情感所展现出的对称或平衡之美。更确切地说，合宜性的基础是位于同一道德语境或情景中的当事人和旁观者的情感展现出的对称或平衡之美。就此而言，斯密的道德情感主义建基于以情感为内核、形式化的美学对称或平衡的原则之上，更确切地说，缺乏内在道德规范的美学对称或平衡原则构成了这种道德情感主义所讨论的道德赞同或道德判断的真正基础。那么，这种苦乐感的本质是什么呢？《道德情操论》的第一卷第一篇第二章对"相互同情的愉快"展开过讨论，斯密把苦乐感视为由相互同情引起的情感感受，"无论同情的原因是什么，无论它是如何被激起的，再也没有什么比看到他人与我们心中的所有情感而有所同感更令我们高兴的了，也没有什么比看到对方缺乏这种同感而更令我们惊诧的了"①。斯密基于二阶情感机制（或基于以位于同一道德语境中的当事人和旁观者的情感的对称之美为基础的合宜性）讨论过道德赞同和道德判断，认为伴随着道德赞同和道德判断的情感感受是苦乐感。对休谟的效用说的批判表明斯密不会基于效用讨论同情，更确切地说，不会基于伴随效用而来的苦乐感理解道德赞同的"语言"，同时，这也意味着斯密会单纯地把伴随着同情而生的、具有审美秉性的苦乐感视为道德赞同的"语言"。如前文所述，这种理论路径使斯密的道德情感主义哲学存在着挥之不去的"游叙弗伦困境"，该困境的存在进一步表明，道德赞同或道德判断不能仅只建立在形式化的美学原则之上，进一步说，把伴随着审美情感的苦乐感视为道德赞同或不赞同的"语言"并以此来阐释情感主义道德判断原则的做法值得商榷。

然而，事实上，正如休谟所言，道德赞同的"语言"并非完全是苦乐感。例如，据新华社 2012 年 2 月 4 日报道，17 年前山东临沂小伙子张洪涛还是高三学生，成绩优异，因担心家庭困难交不起上大学的学费，就瞒着家里来到杭州，准备边打工边备战高考。可是，刚来到杭州火车站，他仅有的八九十元钱就被抢走了，只剩下皱巴巴的一块钱。他不畏艰难，怀揣着一块钱开始找工作，但因没证件、没技术，两天下来接二连三遭受拒绝，而且仅有的一元钱也花光了。饥肠辘辘的张洪涛不得不回到火车站候车室，饥饿难耐时就从垃圾桶里捡东西充饥，濒临绝望。第三天晚上，在杭州火车站开小卖铺的周力荣注意到了张洪涛，一番询问过后，他给张洪涛送了一碗方便面，还帮他买了一张回家的火车票。对于周力荣的帮助，张洪涛这样说："这碗方便面不仅填饱了我饥饿的肚子，更重要的是在失去信心的时候感受到了温暖。"很显然，这种温暖感是一种赞同感，它源于对周力荣的行为的理解、

---

① Smith A, *The Theory of Moral Sentiments*. Indianapolis: Liberty Fund, 1984: 13.

感动和感恩，本质上与伴随着审美判断的苦乐感没有关联。张洪涛把这种温暖感或赞同感铭记于心，心怀感恩，17年后，已为人师的他几经周折找到了失去音讯多年的恩人，带着妻儿不远千里来到西子湖畔深情道谢。休谟在《人性论》中说过，当一个人深深地被爱感动时，眼中会充满泪水，这种感觉甚至根本不能被称为一种令人快乐的情感，更确切地说，它甚至会令人不快，但即使如此，人们却依然喜欢这种情感并对它表达赞同。类似的故事在我们的生活中还有很多。这些故事一再向我们表明，《道德情操论》第一卷第一篇第二章仅仅只选择用基于审美情感而来的苦乐感或赞同"语言"来描述同情之乐或合宜性的理论进路值得深入反思。

由沙夫茨伯里、哈奇森和斯密等开创并建立的道德情感主义，其哲学基础是经验主义，这种道德情感主义哲学致力于为审美和道德找到天然的情感基础。在讨论道德情感问题时，这些道德情感主义者们普遍倾向于在审美视域内基于苦乐感讨论道德赞同的"语言"，然而，这种做法从根本上说难以行得通，其"行不通"不仅体现为哈奇森的道德情感主义哲学存在较严重的理论不一致①，而且还体现在斯密的道德哲学中挥之不去的"游叙弗伦困境"。由于前文已讨论过哈奇森的道德情感主义哲学中理论的不一致，为简洁故，我们在此再讨论一下"游叙弗伦困境"。"游叙弗伦困境"向我们表明，道德情感主义不能以审美判断中的苦乐感为道德赞同的"语言"。《道德情操论》第一卷第二章指明，相互同情之所以令人感到愉快，不是因为相互同情的行为或情感中蕴含着某种道德本性，而是因为相互同情的行为或情感内部蕴含着以情感对称与平衡为表现形式的审美原则。当位于同一道德语境中的当事人和旁观者相互同情并从中获取愉悦感时，他们其实并不关心同情得以产生的原因，他们关心的只是同情是否发生这一事实。由于我们在产生或享受同情之乐的过程中并不关心该同情得以产生的原因，而仅仅只"根据别人的感情同我们自己的感情是否一致来判断其合宜性或重要性"②，这意味着，当我们确定行为是否合宜时，我们同样也不会关心其原因。合宜性被确立的过程，就是位于同一道德语境中的当事人和旁观者不断调整自己的情感从而实现一致性的过程，故这种一致性不仅构成了合宜性的内在判断标准，而且直接决定了这种判断标准是否具有道德意义③。合宜性建基于同情之上，而同情之乐却与当事人的情感得以产生的原因尤其是道德原因无关，这意味着位于同一道德语境中的当事人和旁观者在确立合宜点的过程中并不会关注行为者的情感动机，更不会对该动机进行道德评价。更确切地说，在确

---

① 哈奇森道德情感主义哲学视仁爱为其理论基础，当同时充当审美判断和道德判断的"道德感官"(moral sense)对仁爱进行道德判断时，仁爱就展现了审美视域中的无利害性与道德代数法视域中的功利性之间的矛盾与冲突。

② Smith A. *The Theory of Moral Sentiments*. Indianapolis: Liberty Fund, 1984: 16.

③ 吴红列：《作为自然法理学的古典政治经济学：从哈奇逊、休谟到亚当·斯密》，北京：中国社会科学出版社，2017年，第68页。

立合宜点的过程中，位于同一道德语境中的当事人和旁观者关注的焦点是彼此情感的性质和强度与其原因是否相符而非推断情感得以产生的行为动机。在当事人和旁观者的相互同情中基于情感的对称原则而建立起来的合宜性之乐，其本性并非道德之乐，而是审美之乐。也就是说，斯密的道德哲学中基于同情之乐而建立起来的合宜性，从根本上说并不考量行为的情感动机，而仅仅考量情感的强度以及与其原因的符合度等。那么，这种类型的审美之乐能否充当道德赞同的"语言"？斯密的道德情感主义哲学给我们的答案是肯定的，以审美之乐为基础的合宜性不仅被视为道德赞同的"语言"，而且还被视为道德判断的基础与准绳。这意味着情感或行为被赞同的原因是它具有合宜性特征，而非它本身值得被赞同，这种赞同所评判的是当事人和旁观者的情感产生的美学效果，它并不关心当事人或旁观者的情感动机。于是，"游叙弗伦困境"诞生。在此意义上，为了从根本上为"游叙弗伦困境"找到解困之道，我们需要为道德赞同确立新的、有别于审美判断的道德"语言"。

美国当代道德情感主义者、美德伦理学家斯洛特基于指称固定理论为我们提供了一种新的、有别于 18 世纪道德情感主义的理论尝试。指称固定理论最早由逻辑学家克里普克在《命名与必然性》（*Naming and Necessity*）中提出，该理论认为，我们并不能对所有词汇进行分析定义。例如，"单身汉"可以用"没有结婚的人"来进行分析定义，而"水"却不能进行分析定义，"透明的、流动性的液体"不可被用来定义"水"，"无色无味的液体"也不可被用来定义"水"，理由在于，很多液体具有透明、流动性、无色、无味等特征但却不是水，其化学成分也不是 H_2O。同理，"红"也是如此。当克里普克发现这个问题时，他试图用指称固定理论来解决该问题。斯洛特高度认可克里普克的指称固定理论，他试图用该理论固定道德善的指称。不过，斯洛特并不赞同直接借用克里普克用以固定"水"与"红"等自然类词项的做法对道德善的指称进行固定，因为克里普克用以固定"水"与"红"等自然类词项的做法无法对道德善进行指称固定，理由在于，如果直接挪用克里普克的指称固定理论来固定对道德善的指称，那么，结果会使"'仁爱在道德上为善'以及'残忍在道德上为错'这样的道德判断被视为纯粹经验性的后天产物"[1]，斯洛特表示无法接受这样的观点，因此，《道德情感主义》指出，"在《命名与必然性》中，克里普克从未像他用指称固定解释自然类词项那样对道德术语给予指称固定解释，他不这样做无疑是明智的"[2]。因此，斯洛特认为，若对克里普克的指称固定理论进行改造，那么，道德善也可以用这种方式进行指称固定，但当我们用这种被改造过的指称固定理论固定道德善的指称时，我们同时也拥有了一种与克里普克的指称固定理论截然不同的理论意图，我们的目的不是为了证明道德善的纯经验性或后

---

[1] Slote M. *Moral Sentimentalism*. New York: Oxford Unviersity Press, 2010: 57.

[2] Slote M. *Moral Sentimentalism*. New York: Oxford Unviersity Press, 2010: 57.

验性，而是为了证明道德善的先天性或先验性。

　　被克里普克固定了指称的自然类词项不包含任何先天成分，即使包含先天性，也具有偶然性。例如，对"1英尺等于12英寸"而言，当我们相信现实的"1英尺等于12英寸"对应着类似的形而上学的世界时，这意味着"1英尺等于12英寸"包含着先天性，不过，克里普克指明，这种先天性不具有必然性，只具有偶然性。斯洛特发现无法用原汁原味的克里普克指称固定理论来固定道德善的指称，从而使用以固定道德善之指称的东西消除其后天性、后验性或偶然性，必然包含先天性。

　　作为道德情感主义者，在固定对道德善之指称时，斯洛特主张把道德"善"理解为令人产生温暖感的情感，道德赞同则被理解为基于移情而产生的温暖感。在此意义上，赞同就是道德主体具有的、能使旁观者通过移情而感到温暖的那种情感。例如，如果旁观者在移情的作用下感受到了温暖，其原因一定是主体身上有令旁观者感到温暖的情感，也就是说，旁观者感受到的、经由移情而来的温暖感仅来自道德主体产生的令人感到温暖的情感。道德善就是在移情的作用下使人产生温暖感的情感或行为，斯洛特认为，只有一种温暖的情感或行为能使人产生道德意义上的温暖感，因此，赞同意味着在移情的作用下知觉到这种温暖并表达赞许。这样，对道德善的指称就用移情作用下的温暖感得到了固定。与克里普克的指称固定理论不同的是，用以固定道德善之指称的移情具有先天性。更确切地说，我们之所以能用温暖感固定道德善的指称，是因为我们在逻辑上在这种温暖感产生之前就具有产生温暖感的能力，这种能力就是移情。因此，用移情解释的道德赞同和道德判断也就随之具有了客观性和先天约束力。据此言之，相对于苏格兰启蒙时代的道德情感主义者们纯粹基于经验主义哲学讨论的道德善，斯洛特所说的道德"善"具有了先天内容。由斯洛特讨论的这种道德善虽具有"令人温暖"的情感"语言"，但被评价的情感本身却不完全是经验性的，因为它包含先天成分且只有在受到具有先天性的情感机制即移情的作用时，道德善才具有先天性。同理，对于使人在道德上产生不赞同或否定性判断的冷漠感来说，也是如此。

　　那么，斯洛特的温暖感和冷漠感可被视为道德赞同的有效"语言"吗？答案是否定的。温暖感和冷漠感是深受情感或行为后果制约的情感感受，《道德情感主义》中列举过的遭遇同情疲劳的护士的例子以及强迫儿子戴头盔的母亲的例子[1]都表明，赞同原则深受情感或行为后果的影响。《道德情感主义》描述过的母亲强迫骑摩托车不戴头盔的儿子戴上头盔的例证中包含双重赞同原则。与此同时，《道德情感主义》在谈到被困于井下的矿工时，却向我们表明，赞同会深受以地理位置的远近为重要参考元素的时空原则的影响。我们固然可以说，温暖感或冷漠感仅仅被用来固

---

　　[1]　母亲比儿子更有远见，她预见到了不戴头盔或许会产生的严重后果，基于对后果的考量而强迫儿子戴上头盔，在斯洛特看来，母亲强迫儿子戴头盔的行为完全可以得到认可，或者说，母亲的行为会在道德上受到赞同。

定道德善的指称，我们不会以之为基础讨论道德客观性。如果我们完全接受这种观点，那么，这意味着《道德情感主义》讨论的道德赞同或道德判断原则将没有属于自己的独特"语言"，即使有，该"语言"在《道德情感主义》中也只充当用以固定道德善的指称的工具。进一步说，这种"语言"在《道德情感主义》中将不具备道德规范价值，也不会以客观的形式对道德善产生约束力。《道德情感主义》除了用令人温暖或寒心的情感"语言"固定对道德善的指称外，还需要依靠移情机制，换句话说，只有移情机制和令人温暖或寒心的情感"语言"在《道德情感主义》中联合起来发挥作用才能固定对道德善的指称。由于道德善的先天性以及由此而来的道德客观性均来自这两种元素，那么，当令人温暖或寒心的情感"语言"不被认为与道德客观性有关时，这意味着只有移情或移情机制才能与道德客观性关联起来。既然如此，我们能否找到一种新的、不会产生双重原则的道德判断"语言"，更确切地说，被恢复了先天性且被用来固定对道德善的指称的情感机制——如沙夫茨伯里和哈奇森的"道德感官"、休谟和斯密的同情以及斯洛特的移情——自身是否能产生既具有先天性同时又能为我们所感知的情感感受或道德"语言"？答案是肯定的。这种情感感受就是既源于情感机制同时又与道德主体有紧密关联的无利害感。这也是 18 世纪道德情感主义者们展开其理论构建时的原点与"初心"。

当我们重拾 18 世纪道德情感主义的"初心"并准备在当代哲学语境中重新出发时，我们需要解释为何这种"初心"在固定对道德善之指称时优于温暖感或冷漠感的道德"语言"。首先，如前文所述，这是 18 世纪道德情感主义创立之初的理论原点，尽管只取得了部分成功，但却暗示着光明和希望。18 世纪道德情感主义者沙夫茨伯里和哈奇森均提及过伴随着审美和道德的无利害感，他们都认为人性中并非全部情感都指向自我利益和私人善，并据此反驳 17 世纪英国道德哲学中的原子论自爱说。不过，令人遗憾的是，以沙夫茨伯里、哈奇森等为代表的 18 世纪道德情感主义者们并未据此进一步深入论证无利害感之于道德情感主义理论建构的意义与价值。因此，自 18 世纪以来，没有任何一位道德情感主义者明确把无利害感与道德赞同或道德判断的先天性与客观性关联起来。因此，当以情感机制为基础的合宜性在斯密的《道德情操论》中被确立为道德赞同和道德判断原则的基础后，当受情感机制支配的道德主体以自由的方式追求个体利益并以一种非本意的方式提升社会公共利益时，斯密的全部道德体系便面临着"游叙弗伦困境"这一棘手的难题。

其次，18 世纪以降的道德情感主义明确主张，对道德的赞同和对自然事物的赞同具有截然不同的性质，但是，18 世纪以来的道德情感主义却一直未能处理好两种赞同之间的关系。当这种道德情感主义基于情感机制——如"道德感官"和同情——阐述道德赞同和道德判断原则时，一方面未能赋予情感机制以先天性，另一方面未能基于该机制找到它与人类情感之间紧密相连的阿基米德支点。虽然斯洛特的《道德情感主义》第一次为情感机制找回了它本来就拥有的先天属性，但当斯洛特把具有后果论倾向的温暖感或冷漠感视为道德赞同的"语言"时，这表明这种道德情感主义也未能在情感机制与人类情感之间找到那个至关重要的连接点。就此而言，这为18世纪道德情感主义诞生之初的无利害感重新进入道德情感主义理论建构并被视为道德赞同的"语言"提供了新的理论契机。

最后，温暖感或冷漠感是十分难以被确定的情感感受，仅从现象本身而言，愤怒也时常会令人感到"温暖"。然而，当我们在情感机制的作用下从一个怒火中烧的人身上感受到该人产生的如火一般的"温暖感"时，我们绝不会把这种温暖感等同于伴随着道德赞同的那种温暖感①，但单纯就温暖这种物理效果来说，二者看起来似乎难分彼此。《道德情操论》专门讨论过愤怒之情，把愤怒和憎恨视为不友好的激情，认为这是一种难以使人产生同情的激情，因此，十分难以获得他人的赞同。当我们同情愤怒和憎恨时，我们要么是同情其主体，要么是同情其对象。当我们同情前者时，情感的强度必定低于该主体，因此，旁观者所感受到的愤怒和憎恨的强度会被降低，即使对愤怒和憎恨得以产生的原因了如指掌，旁观者的愤怒和憎恨也必定比不上主体本人。在这种情形中，只要被害者不是缺乏斗志或懦弱可欺，那么，被害者越是表现出忍耐、温和和仁慈，就越能赢得旁观者的同情。固然强烈的愤怒和憎恨十分难以赢得旁观者的同情，可由于这些激情是"人性中不可以缺少的组成部分"②，因此，如果主体面对伤害总是表现得逆来顺受或不报复，那么，这同样也不能赢得旁观者的同情，相反会被旁观者鄙视。总而言之，由于愤怒和憎恨包含着某种令人不快的东西，因此难以赢得同情，但由于它们对个人和社会都有益，所以，愤怒需有度。即使是适度的愤怒和憎恨也难以令人感到愉快，斯密举例说，当我们听到愤怒的声音时，我们既感到恐惧，也感到讨厌，究其原因，恐怕与天意有关，用斯密的话说，"愤怒和仇恨这两种激情，我们生来就讨厌，它们那种令人不快和猛烈狂暴的表达绝不会激起也不准备激起同情，甚至经常妨碍我们的同情……那些很粗暴和很不友好的情绪使人对其疏远，这种情绪很难和很少被传递，这似乎是天意"③。愤怒的声音很刺耳，包含着某种使人心烦意乱的东西，会打破对幸福而言必不可少的宁静和安宁，因此，音乐很难模仿愤怒，即使模仿成功，也会令听众感到非常不愉快；但欢乐的激情天生具有音乐的特性，模仿它们的音乐曲调会令人感到柔和、清晰、悦耳。《道德情操论》对愤怒和憎恨之情的描述表明这两种情感十分难以赢得同情，因此，由它们产生的温暖感不可能被视为道德赞同或道德判断的"语言"。

---

　　① 此处要感谢清华大学哲学系博士后章含舟与我的讨论。2020年12月5—6日，当"纪念中国伦理学会成立40周年暨2020中国伦理学大会"在无锡召开时，我与章含舟博士后讨论了《道德情感主义》中的温暖感和寒心感，他以愤怒为例认为温暖感十分难以被确定。

　　② Smith A. *The Theory of Moral Sentiments*. Indianapolis: Liberty Fund, 1984: 34.

　　③ Smith A. *The Theory of Moral Sentiments*. Indianapolis: Liberty Fund, 1984: 37.

如果当我们承认无利害感比温暖感或冷漠感更适合作为道德"语言"来固定对道德"善"的指称时，我们又将面对一个新的理论问题，即对于具有独立理论品性——无利害感——的道德赞同"语言"来说，在表达赞同和不赞同乃至道德判断时，是否意味着美学对称原则不再有效或可被抛弃呢？答案是否定的。无论是基于同情还是基于移情表达赞同或不赞同，其理论基础都是情感机制。就此而言，位于同一道德语境中的旁观者和当事人会遵循相同的情感机制对同一情感或受情感推动的同一行为表达道德赞同或不赞同。以温暖感为例，唯有受制于情感机制的当事人和旁观者同时从某一情感或受情感推动的行为中感受到温暖感，这种温暖感才会被赞同或认可为道德的情感。进一步说，当同情或移情根据内在的情感机制进行道德判断时，它必定会在具体的道德语境中首先表现为赞同或不赞同，这种赞同或不赞同必然以温暖感或冷漠感作为其情感"语言"，此种意义上的赞同意味着当事人和旁观者同时感受到了情感中令人感到温暖的东西，而不赞同则意味着当事人和旁观者同时感受到了温暖之情的缺乏，或者说，同时拥有某种冷漠感。唯有以此为基础时，以赞同和不赞同为前提的情感主义道德判断原则才会真正被确立起来。《道德情感主义》将这种类型的赞同或不赞同称为"二阶移情"（second order empathy）[1]，事实上，"二阶移情"之所以能被视为情感主义道德判断原则的内在理论基础，其深层原因并非其二阶性，而是位于同一道德语境中的当事人和旁观者在移情这种情感机制的作用下同时从某一情感或受情感推动的行为中感受到温暖感，换句话说，是二者所感受到的温暖感展现出了一种以对称或平衡为特征的美学特质。就此而言，位于同一道德语境中的当事人和旁观者的情感形成的美学对称或平衡便构成了推动当事人和旁观者进行道德判断的情感机制的自我表达。因此，即使为道德情感找到了具有独立理论品性的情感感受或道德"语言"，立足情感机制而做出的情感主义道德赞同和道德判断终究还是不能抛弃或背离以情感对称为表现形式的美学特性。

由情感机制表现出的情感性的美学对称原则不仅对斯洛特的道德情感主义哲学来说不可或缺，而且对18世纪道德情感主义哲学来说也是如此。那么，对于情感主义道德判断原则来说，为什么美学原则——斯密哲学的位于同一道德语境中的当事人和旁观者的情感所表现出的对称原则——是不可或缺的理论元素？为了回答这个问题，我们首先简要回顾苏格兰启蒙时代的道德情感主义哲学家们所阐释的道德判断原则。对于沙夫茨伯里和哈奇森的道德情感主义哲学来说，"道德感官"具有道德判断的功能，更具体地说，"道德感官"在二者的道德情感主义哲学体系中分别根据理性原则（沙夫茨伯里）和功利原则（哈奇森）做出道德判断，虽然二者都曾一再论证过"道德感官"的天然性，然而，分析显示，在讨论道德判断原则时，

---

[1] Slote M. *Moral Sentimentalism*. New York: Oxford University Press, 2010: 39.

二者均未沿着天然或自然路径阐明蕴含在"道德感官"内部的道德赞同或道德判断原则。当休谟和斯密把讨论道德赞同和道德判断的理论进路从"感官模式"转变为"同情模式"后，随着"道德感官"被同情取代，他们开始以同情或情感机制为基础理解道德赞同和道德判断。前文的分析显示，同情在本质上和自然情感的内在运行或生成机制有关，在休谟的道德情感主义哲学中，同情描绘了不同道德主体的情感传染或感染机制，而在斯密的道德情感主义哲学中，同情则描述了位于同一道德语境中的当事人与旁观者的情感生成机制。虽然同情在休谟的道德情感主义哲学中扮演了重要的角色，但休谟阐述的道德判断原则并未以同情展开，前文的叙述表明，效用在休谟所阐释的道德判断理论中扮演了更重要的角色，而当效用取代同情在道德判断过程中发挥关键作用时，同情机制就变成了不同效用之间的沟通者和对话者，于是，同情更多地被理解为运行于情感之间的感染或对话机制，与此同时，其美学特征便不再受到重视。然而，当斯密的道德情感主义哲学立足于同情探讨道德赞同和道德判断原则时，与同情紧密相关的效用受到了排斥，随着位于同一道德语境中的当事人和旁观者的情感呈现的美学对称效果被视为合宜性概念的核心原则，源于同情自身的美学原则便开始在道德判断原则中充当关键角色。归根到底，对于具有最彻底的自然化特征的斯密道德情感主义哲学来说，对于基于蕴藏在情感内部的同情机制来阐述道德判断原则的合宜性概念来说，情感机制必须借助美学原则来完成自我表达并成为道德判断原则的内在核心要素，就此而言，美学原则必将在道德判断原则中占据不可或缺的重要地位。

　　事实上，构建美的情感秩序，不仅是情感主义道德哲学在道德赞同或道德判断问题上的理论使命，也是其政治哲学的理论使命。沙夫茨伯里、哈奇森、休谟和斯密都把情感视为美德或高尚行为的动机，美德之所以成其为美德，其重要原因在于行为主体拥有使行为成为美德的那种独特行为动机，而较之行为后果，行为动机更应成为道德判断的关键性考量因素。追求美德，其结果固然会增进社会公共利益或公共善，但这终究只是美德的附加效应，美德自身并不以效用或功利为目标，道德主体的情感或行为也不会因其满足或实现了效用或功利目标而成为富有美德的行为。为什么苏格兰启蒙时代的道德情感主义一方面显得十分重视公共利益和效用但另一方面却不能被视为功利主义？原因之一在于，该派的道德情感主义始终坚持从美学或审美而非利益或效用的视角出发讨论美德。该派道德情感主义认为，追求美德从根本上说也是追求美，更确切地说，是在道德领域内追求心灵的情感秩序之美，这种行为固然能产生效用，固然能以非本意的方式增进社会公共利益或公共善，但效用终究只能被视为美或美德的附加效应而非美德自身的目的。对于沙夫茨伯里来说，追求美德，在很大程度上意味着超越自爱，而对"秩序之美"的爱则会比建立在自爱基础上的任何东西都更能自然而然地激发更强烈的情感①。进一步说，对"秩序之美"的爱会有效促进人们战胜自爱，极大地推动美德的成长，进而提升社会公共利益或公共善，用沙夫茨伯里的话说，"无疑，对一切秩序、和谐和比例的爱会自然而然地改善性情，促进社交感情，且极大地有助于美德"②。在这个世界上，即使最卑微的事物，一旦心灵见到了其富有秩序的外表，那么，该秩序也会吸引人们对它产生感情，而一旦世界自身的秩序显得既公正又美丽，那么，如此庄严宏伟的审美对象就能吸引人们对它产生崇敬，同时，也能更加有助于人们培养爱美之心。美的秩序背后蕴含着一种神圣的秩序，当人们对该秩序沉思时，必然会产生狂喜与极度兴奋的情感，同理，当任何含有恰当的比例与和谐的事物呈现于人的眼前时，也必然会以这种方式给自然科学家们和人文科学家们带来同样的兴奋之情。富含美德的行为在人类情感领域内造就了一种与自然秩序相呼应的秩序之美，当人们追求美德时，其实也只是在特定的领域求美罢了。总而言之，美以一种令人沉醉的方式吸引人们克服万千困难对它孜孜以求。如果说自然美会直接触动审美者的内心，使之产生求美之心，那么，由美德引起的美会以何种方式打动人们的求美之心并推动人们做出求美的行为？对于把道德情感定位于某种单一类型的情感的沙夫茨伯里和哈奇森来说，这意味着道德主体只需使这种被视为道德情感的情感——仁爱——在全部情感中处于支配地位即可，只要做到了这一点，求德就与求美实现了完全同一。然而，斯密的道德情感主义哲学并未把某种单一类型的情感视为道德情感，那么，如何才能实现美德与美的合一呢？《道德情操论》第四卷第一章指明，通过使我们感受到蕴含在美的事物——如财富——内部的愉悦和伟大，我们会在想象中感受到某种高贵和美好，这种感受会使我们认为美的事物——如财富——值得我们为获取它而克服一切艰难困苦。不过，斯密同时也注意到，诸如财富一类的美的事物固然能令人感受到美感，但同时也能令人感受到痛苦，原因在于，自然故意要用这种方式欺骗我们，不过，我们正是靠着这种欺骗而拥有了美德，我们辛勤地劳作，"建造房屋，创立城市和社区，创造和推进所有的科学和技艺，使人类的生活变得高贵和丰富多彩……改变世界的面貌，使自然而然的原始森林变成肥沃宜人的平原，把杳无人迹的汪洋大海变成人类赖以为生的新源泉和通往各国的大道"③。不仅如此，我们还会拥有勤勉之德，我们会通过劳动增加社会财富，在此过程中，我们不仅会创造富有美感的社会秩序，而且也会使自己的行为变成富有美德的行为。因此，就追求美德的情感动机而言，求德与求美再次实现了合一。

---

① Shaftesbury A A C. *Characteristicks of Men, Manners, Opinions, Times*. Vol. 1. Indianapolis: Liberty Fund, 2001: 74.

② Shaftesbury A A C. *Characteristicks of Men, Manners, Opinions, Times*. Vol. 2. Indianapolis: Liberty Fund, 2001: 43.

③ Smith A. *The Theory of Moral Sentiments*. Indianapolis: Liberty Fund, 1984: 183-184.

第五章　道德判断的客观性与规范效力

情感主义道德判断以道德赞同为前提。我们分别在第三章和第四章中讨论了道德赞同的模式与"语言"，本章将讨论情感主义道德判断的客观性与规范效力问题。之所以讨论情感主义道德判断的客观性问题，一方面是因为这是一个较重要的道德情感主义理论问题，另一方面是因为情感主义道德判断曾在历史上被批评为缺乏客观性以及随之而来的强制性。例如，"休谟的道德哲学提供的道德判断原则就被批评为太缺乏人们在康德理性主义中发现的那种严格性以及道德命令的强制性"[①]。道德情感主义以情感为道德"语言"表达道德赞同或道德判断，但该"语言"并不为客观性提供基础，更确切地说，该"语言"只可被视为引导人们做出道德赞同或道德判断的"向导"。前文说过，当斯洛特改造克里普克的指称固定理论并用温暖感或冷漠感固定对道德善的指称时，这种温暖感或冷漠感也只是充当了用以固定道德善之指称的"向导"。不过，由于温暖感或冷漠感极容易关联着情感或行为的后果，因此，它极容易使情感主义道德判断原则变成以先天机制和后果主义为表现形式的双重原则。为了消除温暖感或冷漠感对情感主义道德赞同或道德判断造成的这种"干扰"，本书致力于用无利害感取代它们并据此评析和阐述情感主义道德判断的客观性。至于道德判断的规范效力，由于与客观性问题紧密相连且在一定程度上是该问题的附属问题，故在此将不再重复讨论该问题的重要性和意义。

第一节　道德判断的客观性

情感主义道德判断的客观性并不来自主体的情感"语言"，而来自情感主义道德赞同或道德判断得以建立的基础——情感机制。只有当情感机制被视为情感主义道德赞同或道德判断的基础时，情感主义道德判断才会获得以情感为表象、以情感机制为基础的客观性：沙夫茨伯里和哈奇森试图基于以"道德感官"为名的情感机制论证道德赞同或道德判断的客观性，而休谟和斯密则试图基于以同情为表现形式的情感机制论证该问题。不过，在18世纪英国道德情感主义不断发展的过程中，虽然"道德感官"和同情都与情感机制紧密关联，但除斯密直接把道德赞同或道德判断建立在情感机制上，其他几种道德情感主义都并未做到这一点。沙夫茨伯里的"道德感官"虽然蕴含着情感机制，但其本质却是理性；而哈奇森的"道德感

---

① Slote M. *Essays on the History of Ethics*. New York: Oxford University Press, 2009: 103.

官"虽然也试图基于情感机制论证道德赞同或道德判断的客观性，但其基础却是仁爱；休谟第一次发现了以同情为表现形式的情感机制，但他论证的道德赞同或道德判断的客观性却与效用有关。虽然斯密把同情和情感机制关联起来以讨论道德赞同或道德判断，可由于他论证的道德赞同或道德判断的客观性源于合宜性，而前文的叙述表明，以合宜性为基础的道德判断蕴含着"游叙弗伦困境"，因此，以合宜性为基础的客观性面临着无规范的窘境。相比于沙夫茨伯里、休谟和斯密，哈奇森基于"道德感官"对道德赞同或道德判断的客观性的论证代表着18世纪英国道德情感主义对该问题作出的最杰出的论证。不过，由于完全以经验主义为前提展开其全部哲学讨论，哈奇森论证的道德赞同或道德判断的客观性的客观效力不可与斯洛特的论证相媲美。斯洛特指出，道德判断的客观效力来自以移情为表现形式的情感机制，以移情为基础做出的道德判断之所以具有客观性，是因为其效力源于移情机制的先天性。斯洛特在当代哲学语境中以一种令近代经验主义哲学家们反感乃至反对的方式赋予了情感机制以先天性，从而使道德判断具有了18世纪道德情感主义望尘莫及的客观性和规范效力。

一、本性的构造：哈奇森的方案

哈奇森的道德哲学把本性的构造视为情感或欲望的生发之源以及公共利益或公共善的情感发源地。如前文所述，他之所以这么做，目的之一是要反驳曼德维尔在《蜜蜂的寓言》中阐述的道德观。《蜜蜂的寓言》认为道德起源于人对自己的认知，曼德维尔基于人的自然状态而非宗教状态讨论他对人的认知，他说："当我谈论人的时候，我所指的既非犹太教教徒，也非基督徒，而仅仅只指自然状态下、对真神一无所知的人。"[①] 自然状态下的人被视为由各种激情组成的复合体，"我相信，人（除了皮肤、肌肉、骨骼等目之所及之处）是一个由各种激情组成的复合体，所有这些激情一旦被激发并表现出来，就会不管人的意愿而轮流支配人"[②]。我们的本性的本质是激情，激情是"人与生俱来的，属于我们的本性，在我们尚未觉察到的时候，其中一些就已经存在于我们心中，至少它们的种子已经存在于我们心中了"[③]。对于自然状态下的人而言，处于统治地位的激情是自爱之情，"人是一种格外自私、顽固且狡猾的动物，无论怎样为更高的力量所压制，都不可能单靠强力使他变得易于管教并完善自己"[④]。由于"我们总是按照我们所感受到的激情所指引的方向运用

① Mandeville B. *The Fable of the Bees*. London: the Penguin Group, 1970: 77.

② Mandeville B. *The Fable of the Bees*. London: the Penguin Group, 1970: 77.

③ Mandeville B. *The Fable of the Bees, or, Private Vices, Public Benefits, with a Commentary Critical, Historical and Explanatory by F.B.Kaye*. Vol. 2. Indianapolis: Liberty Fund, 1924: 121.

④ Mandeville B. *The Fable of the Bees*. London: the Penguin Group, 1970: 81.

理性"①，因此，理性在激情面前显得无足轻重，始终处于被支配的地位。在自爱面前，理性总是服从于自爱，"自爱总是可以为各人不同的见解进行辩护并为种种不同的行为意向进行论证"②。自爱是大自然赋予的本能，使物种喜爱自己并自我保护。自爱还使人自我欣赏，善于自赏的人对自我的评价往往高于其实际值，喜欢自己甚于其他一切。与此同时，自爱在人身上还会使人产生不自信，即意识到我们过高地评价了自己，为了消除这种不自信并进一步强化自信，我们热衷于获得他人的认可、喜爱或赞美，用他人对我们的认可、喜爱或赞美确证、巩固并印证我们对自己的评价。

曼德维尔据此认为，道德不是天生的，而是后天获得的。道德不会产生于在人性中占主导地位的自爱，它产生于对这种激情的征服和压制。唯有当情感或行为以公共利益或公共善为目的时，才会产生道德，然而，自爱却始终以私人利益或私人善为目的，因此，自爱不会自然而然地生出道德。毋宁说，道德源于对自爱的克制，用曼德维尔的话说，"世上没有一种美德不是旨在征服未经雕琢的天性或战胜这种天性"③，"不战胜种种激情，便谈不上任何优点；没有显著的自我克制，也就没有任何美德"④，"真正的美德要求战胜未经教化的天性；基督教信仰要求更严格的自我克制"⑤。那么，如何才能克制自爱并产生美德？曼德维尔提供的答案是：美德"出于为善（being good）的理性抱负、战胜自己的激情、对抗本性的冲动"⑥。因此，"依照美德原则行事的人，则始终以理性为指导，始终在与妨碍他们履行职责的每一种激情作战"⑦。与此相应，恶德就是对公共利益的对抗，对自身激情的放纵，用曼德维尔的话说，"毫不在乎公众，一心只想满足嗜欲（appetites）就是恶德（vice）"⑧。

既然自爱是在人性中占支配地位的激情，那么，如何才能使它被驯服从而推动道德得以诞生呢？曼德维尔认为，人自己不太可能主动克制自爱并建立美德，但有可能因诱导而做到这一点。美德与恶德的分界线在于能否克制自爱或自然冲动从而为他人善或他人利益做出贡献。"毫不在乎公众，一心只想满足嗜欲就是恶德，恶

---

① Mandeville B. *The Fable of the Bees*. London: the Penguin Group, 1970: 337.

② Mandeville B. *The Fable of the Bees*. London: the Penguin Group, 1970: 337.

③ Mandeville B. *The Fable of the Bees, or, Private Vices, Public Benefits, with a Commentary Critical, Historical and Explanatory by F.B.Kaye*. Vol. 2. Indianapolis: Liberty Fund,1924: 109.

④ Mandeville B. *The Fable of the Bees, or, Private Vices, Public Benefits, with a Commentary Critical, Historical and Explanatory by F.B.Kaye*, Vol. 2. Indianapolis: Liberty Fund, 1924: 109.

⑤ Mandeville B. *The Fable of the Bees, or, Private Vices, Public Benefits, with a Commentary Critical, Historical and Explanatory by F.B.Kaye*, Vol. 2. Indianapolis: Liberty Fund, 1924:127.

⑥ Mandeville B. *The Fable of the Bees*. New York the Penguin Group, 1970: 86.

⑦ Mandeville B. *The Fable of the Bees, or, Private Vices, Public Benefits, with a Commentary Critical, Historical and Explanatory by F.B.Kaye*, Vol. 2. Indianapolis: Liberty Fund, 1924: 119.

⑧ Mandeville B. *The Fable of the Bees*. London: the Penguin Group, 1970: 86.

德对社会有害，使人不为他人做贡献。"[1] 与此相反，"美德就是对自然冲动的遏制，基于在理性的眼光看来成为善的动机，其目的是战胜自身的激情而为他人利益做贡献"[2]。社会生活中，政治家或社会上最恶劣的人最有兴趣诱导他人克制自爱，理由在于，"社会上最恶劣的人对提倡公共精神最感兴趣，其目的是获取他人由劳动和自我克制而来的成果，并同时可以在放纵自己的欲望时较少受到干扰"[3]。曼德维尔把自然状态下在自爱的推动下追求私人善的情感称为嗜欲。每个人天然地都想使自己的嗜欲得到满足，而"当一个人越是不顾他人而专注于满足自己的个人利益时，他就越会发现，阻碍他达到目的的人不是别人，而是同他自己一样急于满足个人嗜欲的那些人"[4]。为了更好地满足自己的嗜欲，这些人非常乐见他人能克制自己，然而，现实却是人人都专注于满足自己的嗜欲。因此，这些人就对公共精神表现出了强烈的兴趣，开始想办法诱导其他人遏制自己的嗜欲。为了达到目的，他们将人分为两类。一类人一心只满足自己的嗜欲，他们宣称这种人"徒具人形""毫无理性"，是"人群中最糟糕的人"，"和田野中的野兽不相上下"[5]；而另一类人则充满"崇高的精神"，"从坚固的自私性中得到了解放"，"是人群中的优秀之人、有价值之人"，"一心想着征服自己的激情从而为公共利益做贡献"[6]。他们还宣称，前者受人鄙视，而后者则受人赞美。一方面，由于人人天然地喜爱被赞美且不喜爱被鄙视，故人人都会力争成为第二类人，避免成为第一类人。另一方面，还由于人人天生皆有骄傲之心，"骄傲与人的本质密不可分（无论狡猾的人如何隐藏或伪装骄傲），没有骄傲，人的构成成分就缺少了最主要的因素"[7]，所以，"对我们本性中的优缺点仔细观察就可以发现，没有一个人会无修养到对赞美无动于衷，也没有一个人会脾气好到对鄙视毫不在意，因此，奉承或谄媚（flattery）是制服人性的最有力的工具"[8]。骄傲使人喜欢他人对自己的嘉许，因为这些嘉许能满足我们的骄傲并确证我们对自己的自信的评价。因此，只要施行的技巧高妙，无论一个人具有多强的能力或多么敏锐的洞察力，他都不能完全抵御阿谀奉承。对于克服自爱的天性并将他人利益置于自身利益之上的英雄们，政治家或社会上最恶劣的人就会希望他们不放弃他们持有的观念，并用政府的公共权力嘉奖他们，大力赞美他们的卓越之处并给予他们尊荣。对于受到嘉奖的人来说，一旦得到了众人的喝彩和公共权力赋予的殊荣，就会在自爱中享受这种快乐。这样，曼德维尔认为，"越是深入研究人性，我们就越会相信，

① Mandeville B. *The Fable of the Bees*. London: the Penguin Group, 1970: 86.
② Mandeville B. *The Fable of the Bees*. London: the Penguin Group, 1970: 86.
③ Mandeville B. *The Fable of the Bees*. London: the Penguin Group, 1970: 86.
④ Mandeville B. *The Fable of the Bees*. London: the Penguin Group, 1970: 86.
⑤ Mandeville B. *The Fable of the Bees*. London: the Penguin Group, 1970: 84.
⑥ Mandeville B. *The Fable of the Bees*. London: the Penguin Group, 1970: 84.
⑦ Mandeville B. *The Fable of the Bees*. London: the Penguin Group, 1970: 84.
⑧ Mandeville B. *The Fable of the Bees*. London: the Penguin Group, 1970: 82.

道德是政治的产物，是对骄傲本性的迎合"①。就此而言，美德源于政治家或社会上最恶劣的人的反复灌输，"道德的最初基础，由老练的政治家不断灌输而形成，使人变得有用且易于管理，其目的是使野心家以最从容和最安全的方式管理大众并从中获取更多的利益"②。

曼德维尔之所以对道德的起源做出上述解释，是为了反驳沙夫茨伯里在《论特征》中阐述的道德起源论。如前文所述，《论特征》以情感为基础构建道德哲学，基于情感与道德的天然联系理解道德。然而，曼德维尔却认为，道德之于人性不是自然天成之物，而是人为制造之物。这种道德观呼应了17世纪流行的原子论式自爱说，与霍布斯等代表的17世纪道德哲学一样，都不认为道德与人性之间存有自然而然的情感纽带。就18世纪英国道德情感主义自身的发展而言，曼德维尔的道德观可被视为道德情感主义遭遇的理论挑战。第一个回应该挑战的道德情感主义者是哈奇森。哈奇森完全不赞同曼德维尔对道德起源的解释，也不认同他对沙夫茨伯里的批判。为了对沙夫茨伯里进行辩护并进一步发展其道德情感主义思想，哈奇森紧扣人性的构造证明道德可以在人的本性的构造中找到原初起点。事实上，初版《论美与德性观念的根源》曾匿名出版，副标题明确宣称作者的写作意图是为了反对曼德维尔并为沙夫茨伯里进行辩护。

哈奇森不仅成功地为沙夫茨伯里做出了辩护，而且进一步深化了道德情感主义理论，推动这种理论迈上了一个新台阶。哈奇森在《论美与德性观念的根源》中有力地批驳了原子论式自爱说，自此之后，情感被后来的英国道德哲学家视为关键词。不过，《论美与德性观念的根源》出版后受到了道德理性主义的批评，其中涉及了情感主义道德判断的客观性问题，为此，哈奇森创作了《论激情和感情的本性与表现，以及对道德感官的阐明》来应对这些批评。

情感或欲望产生于感官知觉，我们的感官之所以呈现如目前所是的样子，从根本上说与我们的本性的构造有关。这样，本性的构造不仅造就了我们的感官，而且造就了我们的情感或欲望，"我们确实发现，我们更强烈的欲望，无论是私人的还是公共的，都为不适之感所伴随，但这些感觉似乎不是欲望自身的必然结果，因为它们依赖于我们本性的当下构造"③。我们的本性的构造本身会被构造成如目前所是的样子，是"因为我们的知性是有缺陷的，所以我们需要嗜欲的感觉"④，同以私人善为指归的激情（即自爱）一样，以公共利益或公共善为指归的激情（即仁爱）也出自本性的构造，"经过些许的反思就会发现，这些感觉中的任何一种都不依赖于

　　① Mandeville B. *The Fable of the Bees*. London: the Penguin Group, 1970: 88.

　　② Mandeville B. *The Fable of the Bees*. London: the Penguin Group, 1970: 85.

　　③ Hutcheson F. *An Essay on the Nature and Conduct of the Passions and Affections, with Illustrations on the Moral Sense*. Indianapolis: Liberty Fund, 2002: 41.

　　④ Hutcheson F. *An Essay on the Nature and Conduct of the Passions and Affections, with Illustrations on the Moral Sense*. Indianapolis: Liberty Fund, 2002: 45.

我们的选择，而是出自我们本性的构造本身，然而我们可以控制或缓和它们"①。如果我们本性的构造并不能产生以公共利益或公共善为指归的激情，也就是说，"把我们所有的感情描述为自私性的东西，似乎每个人在其整体构架上仅仅只是一个异于其伙伴的独立体系，因此在他的构造中，没有什么东西会引领他趋向公共利益，除非他认为它从属于他自己的私人利益，除了能满足我们的外在感官和想象力或成为获取私人利益的手段之外，这种利益不会带来任何它物"②，那么，这意味着我们的一切所作所为都只服务于自爱，人性中没有任何情感会以社会公共利益为指归。哈奇森认为这种看法是对我们的本性的创造者的智慧的诋毁，"似乎他让我们用最强烈的行为意向做他的律法所禁止的一切，似乎他已通过我们本性的构造而使我们追求最卑鄙和最卑劣的东西，似乎所有善良的人作为体现我们本性之优异而呈现的一切只是一种由巧计和强权所造成的力量或限制"③。

本性的构造不仅是情感或欲望的生发地，而且借"道德感官"赋予情感或欲望以道德价值。虽然"道德感官"的基础是仁爱，但伴随着道德判断而生的苦乐感却与仁爱无关，因为它们出自"道德感官"。"道德感官"出于我们的创造者的智慧。我们的创造者之所以把包括"道德感官"在内的所有感官创造成如目前所是的样子，固然与便利有关，但最重要的原因却是神的善性，"从他（神）的善性出发，极大的道德必然性是，人类的内感官会被构造得如其目前所是那样，以便使多样性中的一致性成为快乐的诱因"④。就此而言，以如目前所是的方式创造我们的感官和我们的本性的构造，该做法同我们所认定的神身上的善良恩惠高度匹配。反过来，当我们的内感官呈现如目前所是的样子时，就是对神的善性的证明。例如，当我们凭借"美的感官"从"寓多样于一致"的对象知觉到美感时，我们的审美快乐就有了善性，"在对一致性的沉思中拥有了快乐的人们看来，效果之美是对智慧的证明，因为对他们而言，这就是善"⑤。仁爱是善的基础，当仁爱在心灵中处于支配地位时，心灵的情感秩序就会表现出美感并证明神的善性与智慧。"大自然中对我们而言显而易见的美，其自身不会证明处于缘由中的智慧，除非这种缘由或大自然的创作者被假定为仁爱。那么，对至高的缘由而言，人类的幸福的确就值得欲求或为善，而使我们愉悦的那种形式就证明了这种至高的缘由的智慧。这种论证的力量会随大自

① Hutcheson F. *An Essay on the Nature and Conduct of the Passions and Affections, with Illustrations on the Moral Sense*. Indianapolis: Liberty Fund, 2002: 42.

② Hutcheson F. *An Essay on the Nature and Conduct of the Passions and Affections, with Illustrations on the Moral Sense*. Indianapolis: Liberty Fund, 2002: 54.

③ Hutcheson F. *An Essay on the Nature and Conduct of the Passions and Affections, with Illustrations on the Moral Sense*. Indianapolis: Liberty Fund, 2002: 54.

④ Hutcheson F. *An Inquiry into the Original of Beauty and Virtue in Two Treatises*. Indianapolis: Liberty Fund, 2004: 80.

⑤ Hutcheson F. *An Inquiry into the Original of Beauty and Virtue in Two Treatises*. Indianapolis: Liberty Fund, 2004: 58.

然中表现出来并呈现给任何理性主体的美的程度成比例地增加。因为只要神是仁爱的，自然中所有显而易见的美都将证明仁爱的设计并给他带来审美之乐。"① 同理，当我们经由"道德感官"知觉道德快乐时，这种快乐也能充分证明我们的创造者的存在和伟大的善性。如同"美的感官"的构造体现了神的善性一样，"道德感官"的构造也出于神的善性②，因为"我们本性的构造（通过神的技艺和计划）是为每一种美德、为所有诚实而又广泛得到推崇的东西所设计的"③。

基于本性的构造，我们的心灵会决意"接受独立于我们意志的观念，并产生快乐或痛苦的知觉"④。也就是说，当我们的心灵接受来自感官的苦乐知觉时，并不以我们的意志为转移，因为这一切可以独立于意志而发生。就此而言，作为主体的我们在感官知觉面前是被动的。哈奇森曾详细解释过这种被动性。以"道德感官"为例，听觉、味觉、嗅觉等五官感官可以在不需要任何前定观念的条件下产生苦乐感，然而，由"道德感官"产生的苦乐感却离不开前定观念，"我们受到本性的如此构造，一旦我们形成了关于某对象或事件的观念，就会对它们产生欲望或憎恶，所以我们的感情必定非常依赖于我们根据呈现于我们心灵的某种东西的品质、偏好或效果所形成的观念"⑤。为"道德感官"所必需的前定观念即我们对自己和他人的情感或行为的反思或观察，一旦我们观察并反思自己或他人的情感或行为，我们就必然会产生道德知觉，就像蜂蜜会让我们知觉到甜味而苦艾则会让我们知觉到苦味一样，"这些道德知觉，如同其他各种感觉一样，必然会在我们身上产生，只要我们的前定观念或对主体之感情、性情或意图的理解保持不变，我们就既不能改变也不能终止它们，这种情形如同我们无法使苦艾变甜或蜂蜜变苦一样"⑥。除了必须依靠前定观念外，"道德感官"产生道德知觉的内在原理和以五官感官为代表的其他感官知觉无异，即我们都以独立于意志的方式被动接受感官知觉。

基于对蕴含在"道德感官"中的情感机制的天然性特征的证明，哈奇森道德哲学论证了情感主义道德判断的客观性。"道德感官"源于本性的构造，更确切地说，"道德感官"以先天的方式决定了我们本性的构造和由它而生的行为意向。"大哲学

① Hutcheson F. *An Inquiry into the Original of Beauty and Virtue in Two Treatises*. Indianapolis: Liberty Fund, 2004: 57.

② Hutcheson F. *An Inquiry into the Original of Beauty and Virtue in Two Treatises*. Indianapolis: Liberty Fund, 2004: 197.

③ Hutcheson F. *Logic, Metaphysics, and the Natural Sociability of Mankind*. Indianapolis: Liberty Fund, 2006: 200.

④ Hutcheson F. *An Essay on the Nature and Conduct of the Passions and Affections, with Illustrations on the Moral Sense*. Indianapolis: Liberty Fund, 2002: 17.

⑤ Hutcheson F. *An Essay on the Nature and Conduct of the Passions and Affections, with Illustrations on the Moral Sense*. Indianapolis: Liberty Fund, 2002: 66.

⑥ Hutcheson F. *An Essay on the Nature and Conduct of the Passions and Affections, with Illustrations on the Moral Sense*. Indianapolis: Liberty Fund, 2002: 17.

家关于天赋观念或实践和思辨原则的某些精致论文不外乎是这样的，'在我们存在之初，我们没有观念或判断'，他们或许还会加上，没有视觉、味觉、嗅觉、听觉、欲望和意志力。这种论文仅如同解释动物有机体一样解释人类本性，它证明胚胎在有牙齿、爪子和毛发之前或在它能吃、能喝、能消化或能呼吸之前就能活动，或者说，在植物的自然史中，它证明树木在有树干、树叶、花朵、果实或种子之前就开始生长，因此，所有这些事物都非自然而然之物或者说是巧妙设计的结果。但如果我们把'那种状态、那些行为意向和行为称为天然，我们因我们的构造中的某部分先于我们自身的意志而对它们产生了心理意愿，或者说它们源于我们本性中的某些原则，不管是我们自身还是他人的巧妙设计都无法教授给我们'，那么以上所说的一切就会出现这种情况，即'善良意志、博爱、同情、互助、繁殖并养育子孙后代、对社区或国家的爱、奉献或对某种支配性心灵的爱和感激的状态就是我们的天然状态'，我们天生倾向于此，而它事实上的确会以普遍而统一的方式出现，就像我们对待某种确定的身高和外形一样。"①哈奇森的这些主张表明，不仅"道德感官"或本性的构造中存在某种具有客观性或独立于意志的深层法则，而且由此生发出来的道德情感也具有客观性或独立于意志的品性。

由于"道德感官"和我们本性的构造均先于或独立于我们的意志而存在，因此，由"道德感官"产生的、以苦乐感为表现形式的道德判断能先于或独立于我们的意志而对我们发挥作用。由"道德感官"产生的道德快乐对我们来说是最高、最持久的快乐，这种快乐出自我们的本性，因此，道德高尚之人，虽然同任何人一样真实地拥有所有各种外在感官的快乐，但却更喜欢道德快乐，"它的确比其他东西都更容易影响我们，使我们自得其乐，并使我们喜欢我们的本性本身，我们会据此觉察到一种内在的尊严和价值，似乎会拥有一种通常是属于神的快乐，由此而享有我们自身以及其他存在物的完善。"②与此相应，由道德恶带来的痛苦对我们来说也是最不可忍受的痛苦，"同其他恶相比，道德恶显得更严重"③。"道德感官（moral sense）的痛苦和荣誉感官（sensen of honor）的痛苦几乎是永久性的。时间，作为其他痛苦的避难所，并不会使我们缓解这些痛苦。所有其他快乐就会因这些痛苦而变得索然无味，生命自身也会成为一种令人不悦的负担。因为我们自己本身、我们的本性会令我们不悦。"④由于出自"道德感官"的快乐会令我们体会到最高和最持

① Hutcheson F. *An Essay on the Nature and Conduct of the Passions and Affections, with Illustrations on the Moral Sense*. Indianapolis: Liberty Fund, 2002: 130.

② Hutcheson F. *An Essay on the Nature and Conduct of the Passions and Affections, with Illustrations on the Moral Sense*. Indianapolis: Liberty Fund, 2002: 107.

③ Hutcheson F. *An Essay on the Nature and Conduct of the Passions and Affections, with Illustrations on the Moral Sense*. Indianapolis: Liberty Fund, 2002: 97.

④ Hutcheson F. *An Essay on the Nature and Conduct of the Passions and Affections, with Illustrations on the Moral Sense*. Indianapolis: Liberty Fund, 2002: 108.

久的快乐，而出自"道德感官"的痛苦则会令我们感受到最难以摆脱的痛苦，因此，当我们为人处世时，必须小心翼翼，使情感或行为尽可能得到"道德感官"的认可，从而尽可能多地享受快乐并规避痛苦。为了达到此目的，哈奇森主张我们需要有意识地培养道德情感，减少不道德的情感。

综合看来，虽然哈奇森道德哲学认为经由"道德感官"而来的道德判断具有客观性，伴随着"道德感官"而生的道德"语言"也因此具有客观性，但由于把仁爱视为"道德感官"的基础，哈奇森始终围绕仁爱阐述道德判断并最终基于对情感后果的考量而提出了具有功利主义倾向的道德判断原则。哈奇森道德哲学虽然触及了隐藏于"道德感官"或本性的构造中的深层情感机制，但却未能以之为基础构建道德哲学体系。不仅如此，通过继承洛克的经验主义哲学立场并批判先天观念论，哈奇森强调他的"道德感官"和其他以五官感官为代表的感官一样均不以先天观念为前提，"我们并不认为这种'道德感官'比其他感官更多地假定了某种天赋观念、知识或实践命题"[1]。可是，在论证"道德感官"是出自本性的构造时，他却主张"道德感官"以先于或独立于意志的方式对我们发挥作用。毫无疑问，该观点与他对先天观念论的批判也形成了一定的张力。由是观之，对于18世纪道德情感主义哲学阵营中最透彻地论述过道德判断客观性问题的哈奇森道德情感主义哲学来说，虽然试图基于本性的构造论证隐藏在"道德感官"中的情感机制具有客观性，但这种观点在其整个哲学体系中始终都处于隐性状态，这表明，更多的工作有待后来者予以完成。

二、情感机制的先天性：斯洛特的方案

当道德情感主义发展到今天时，斯洛特试图基于移情论证道德赞同或道德判断的客观性，认为为这种客观性提供保障的是情感机制的先天性。斯洛特认为，我们的日常道德话语或情感本能均使我们相信，日常道德"语言"具有客观性。就此而言，受认知科学所主导的元伦理学情感主义构建的道德话语理论从根本上而言是错误的，其错误性在于它远离了以本能和情感为内核的古老的人类道德遗产。斯洛特主张从以移情为表现形式的情感机制入手来论证道德赞同或道德判断的客观性。立足于道德赞同，通过改造克里普克的指称固定理论，斯洛特为道德赞同或道德判断确立了先天性。

如前文所述，克里普克的《命名与必然性》发现，有些自然类词项可以使用分析定义，如"单身汉"可以用"没有结婚的人"来进行分析定义，但并非所有的自

---

① Hutcheson F. *An Inquiry into the Original of Beauty and Virtue in Two Treatises*. Indianapolis: Liberty Fund, 2004: 100.

然类词项都能给予分析定义，如"水"和"红"均不能予以分析定义。克里普克主张用指称固定理论解决该问题，这样，"红"虽不能给予分析定义，但其含义却可以用指称予以固定。同理，斯洛特发现道德善与"水"或"红"一样都不能给予分析定义，但可以对其指称进行固定。不过，他并不主张直接借用克里普克的指称固定理论解释道德善，因为被用来固定"水"与"红"的指称的东西具有经验性和后天性。如果以这种方式固定对道德"善"的指称，那么，道德"善"将失去先天性和客观性。因此，斯洛特主张改造克里普克的指称固定理论。

在固定对道德"善"的指称时，斯洛特试图借助温暖感或寒心感给它确立先天性。不过，离开了移情，温暖感和寒心感将无法固定道德"善"的指称。这样，所谓道德"善"，指的就是在移情机制的作用下使人产生温暖感的情感或行为，而所谓道德"恶"则指的是在移情机制的作用下使人产生寒心感的情感或行为。道德赞同意味着旁观者在移情机制的作用下反射或感知到道德主体身上的道德"善"所表现出的温暖感，道德不赞同则意味着旁观者在移情机制的作用下反射或感知到道德主体身上的道德"恶"所表现出的寒心感。赞同者之所以能在移情机制的作用下感受到温暖感，归根到底是因为赞同者在移情机制的作用下感受到了被赞同者身上本来就具有的那种温暖感；不赞同者之所以能在移情机制的作用下感受到冷漠感，归根到底是因为不赞同者在移情机制的作用下感受到了被人不赞同的对象身上本来就具有的那种冷漠感。就此而言，道德"善"虽不能进行分析定义，但对它的指称却可以通过经由移情而来的温暖感得到固定。与克里普克的指称固定不同的是，斯洛特认为，道德"善"的指称具有先天性，理由在于，移情机制具有先天性。如前文所述，斯洛特的移情机制与休谟和斯密的同情机制一样都属于情感机制，在作用于道德主体和旁观者的过程中，必然会支配并决定二者在相同的道德语境中产生相同的情感感受，这种必然性于人而言具有逻辑优先性，因此，其内在的必然性原则可直接赋予道德"善"以先天性。简言之，唯有立足情感机制来固定道德"善"的指称并借用该机制内部蕴含的必然性（即令人感到温暖的东西与道德"善"之间有一种先天必然联系，它会通过移情机制使我们也产生温暖感），才能论证蕴含于道德"善"中的先天性。

由于以移情为代表的情感机制之于温暖感和寒心感来说在逻辑上具有先天性，因此，用温暖感和寒心感确立的道德赞同或不赞同、道德判断和道德规范也随之具有了客观性，即一种基于先天性而来的客观性。不仅如此，道德话语和道德陈述也因此具有了客观性，这表明，深受科学主义影响的元伦理学情感主义话语理论显得不怎么具有"道德性"。

因此，严格立足于以移情为表现形式的情感机制，通过改造克里普克的指称固定理论，斯洛特的道德情感主义在当代西方哲学语境中成功地为道德"善"确立了先天性和客观性。作为具有先天特征的情感机制，移情会"客观地"使人产生温暖感，尽管温暖感是道德主体的主观感受，但由于移情机制具有先天性，因此，这种主观性不会影响或妨碍情感主义道德赞同或道德判断的客观性。在移情机制的作用下，只要情感或行为中包含令人感到温暖或寒心的东西，就意味着旁观者会以客观的方式产生温暖感或寒心感。处于二阶移情阶段的温暖感就是道德客观性的最佳证明，当旁观者看见或感觉到当事人的情感或行为表现出了温暖感时，该人必然也会在移情机制的作用下产生温暖感，这个过程不由人的主观意愿所决定，具有客观性与必然性。作为情感机制，移情具有剥离了道德主体之主观意愿或主观性的客观性或必然性，因此，它可以独立于人的意志而使人产生温暖感或寒心感，并据此表达具有客观价值的道德赞同或不赞同或道德判断。就此而言，斯洛特的道德情感主义进一步认为，建立在二阶移情基础上的道德判断也会包括道德主体的温暖感或寒心感，这种温暖感或寒心感虽然具有主观性，但却是具有客观效力或客观性的道德判断。

三、小　　结

上文的叙述表明，当发端于 18 世纪的道德情感主义为道德判断寻求客观性时，18 世纪的道德情感主义和当代西方道德情感主义经历了从本性的构造到先天情感机制的转变。这种转变虽然历经百年，但在理论上却具有内在一致性，因为先天情感机制隶属于本性的构造。基于情感机制固定道德"善"的指称，当代西方道德情感主义不仅赋予了道德赞同或道德判断以客观性，而且基于人类本能解释了道德"语言"的客观性。无疑，这是当代西方道德情感主义值得肯定的理论建树。然而，这并不意味着当代西方道德情感主义无须继续向前发展。如前文所述，温暖感或冷漠感具有后果论倾向，在引导道德主体表达道德赞同或道德判断的过程中很容易与移情机制结合起来产生双重赞同或判断原则。因此，较之温暖感或冷漠感，我们主张，与情感机制相连且受之作用的无利害感更适合被用来固定对道德"善"的指称。

第二节　裴格斯戒指问题

在讨论了情感主义道德赞同或道德判断的客观性之后，我们即将讨论情感主义道德赞同或道德判断的规范效力，换句话说，我们要对"道德主体为何需要遵守情感主义道德赞同或道德判断原则"或"道德主体基于何种理由而遵守情感主义道德赞同或道德判断原则"等问题做出解释。如前文所述，情感主义道德判断原则产生于以情感机制为基础的二阶移情，那么，这意味着情感主义道德判断原则总是离不开旁观者的情感反应，因此，讨论情感主义道德判断的规范效力，也等于说要对"道德主体为何需要敬重并遵守旁观者的情感反应"这一问题做出解释。这是个古老的哲学问题，柏拉图曾把它形象地描述为裘格斯戒指问题，《理想国》（*The Republic*）第二卷描述过裘格斯戒指的故事。裘格斯（Gyges）是为吕底亚（Lydia）国王效力的仆人。有一天，发生了暴风雨，随后又发生了地震，裘格斯在放牧的时候发现地表裂开了，出现了一道深渊。进入这道深渊之后，他发现了各种各样的新奇之物，最令人感到奇特的是，他发现了一匹铜马，铜马身上还有小窗户。透过窗户，他发现铜马里面有一具尸体，尸体的体格比一般人类的体格高大得多，尸体手上戴着一枚金色的戒指，除此之外，尸体身上什么也没有。裘格斯把戒指取下来并据为己有，其实，这枚戒指可以给予其拥有者以按其意志隐身的能力。按当时的规矩，牧羊人每个月都要开会，向国王禀报羊群的情况。当他去开会的时候，他戴上了这枚戒指。当他和其他牧羊人坐在一起时，他碰巧把戒指上的宝石向着自己的手心旋转了一下，于是，他惊奇地发现戒指给了他隐身的魔力，其他牧羊人都看不见他了，以为他离开了会场。他自己也深感困惑，稀里糊涂地把戒指上的宝石往外一转，于是别人又能看见他了。后来，他一再试验，百试百灵，最终他确信戒指让自己拥有了隐身的能力。裘格斯很快就被这种隐身的魔力所控制了，他利用这种能力当上了国王的使臣，然后引诱了王后，并在她的帮助下杀死了国王，夺取了王位，成为吕底亚的国王。《理想国》描述这个故事，目的是要讨论"如果不正义的行为不会害怕被人看见或被惩罚，那么理智之人是否还会做出正义的行为"这个问题。事实上，这个故事涉及的问题从根本上说与我们正在讨论的问题——情感主义道德规范的效力从何而来——有关。

　　能否基于情感为道德寻求规范？ 20 世纪以降，西方伦理学的舞台上流行着两种看法。情感主义元伦理学排斥规范，认为伦理学只是表达非事实性的情感和信念而已，不具备科学所具有的那种逻辑必然性和普遍确定性，由情感发出的命令不属于科学范围内的命令。概言之，"反自然主义、非认识主义和反规范性是情感主义伦理学的基本特点所在"[1]。以查尔斯·史蒂文森（Charles Stevenson, 1908—1979）等人为代表的元伦理学对道德情感的道德规范价值持否定态度，尽管他讨论过情感含义和价值判断或话语的"磁力"问题，但他既没有提到休谟，也没有提到移情或同情概念，更没有阐述过情感机制问题，虽然他也说过，评价性判断和道德判断能对他人产生影响并使之产生类似意见或态度，但他的主要目的仅仅是要论证他的情感表达主义。安斯库姆、菲利帕·福特（Philippa Foot, 1920—2010）等均不赞成他提出的这种思想，不过，尽管如此，他们并未从道德情感主义内部出发对这种观点给予过反驳。斯洛特则另辟蹊径，从道德情感主义内部出发，在批判该观点的同时以情感机制为基础构建了一种规范道德情感主义并据此反驳该观点。事实上，这并非斯洛特的独创。概言之，自 18 世纪以降，道德情感主义者们认为具有客观效

---

① 万俊人：《现代西方伦理学史》（上卷），北京：北京大学出版社，1990 年，第 342 页。

力的情感主义道德判断原则在指导道德实践时会以两种方式赋予道德判断以规范效力。对于以一阶情感机制为基础讨论道德赞同或道德判断的道德情感主义者们来说，他们倾向于用该情感机制产生的苦乐感阐述道德判断的规范效力，其中以哈奇森为典型代表，他曾基于源于本性的苦乐感解释过情感主义道德判断的规范效力。对于以二阶情感机制阐释过道德赞同和道德判断的道德情感主义者们来说，他们倾向于用真实的旁观者、内心的旁观者或想象之人的看法阐释道德判断的规范效力，其中以斯密和斯洛特为典型代表，斯洛特认为情感主义道德判断具有第二人称用法，并据此解释情感主义道德判断的规范效力。

一、源于本性之构造的苦乐感

哈奇森虽然把仁爱视为"道德感官"的基础，主张能为最大多数人带来最大幸福的行为是最好的行为，但在讨论为何我们要遵守"道德感官"的命令并做出道德的行为时，他还是致力于从"道德感官"的诞生地——本性的构造——寻找理由。那么，源于本性的构造的"道德感官"凭什么能使人接受并遵循自身的道德命令呢？哈奇森的答案是：苦乐感。

天然存在的各种感官就可使我们对独立于我们意志的外物产生令我们感到快乐或痛苦的感官知觉，从而自然而然地"直接促使心灵产生行动或运动的意志力"[①]。对于不以前定观念为前提的感官知觉，本性的构造会使我们直接对它们产生欲望或憎恶（也即情感），而对于以前定观念为前提的感官知觉，比如，由"道德感官"产生的感官知觉，我们也会对它们产生欲望或憎恶，但我们的感情会与这些前定观念紧密相连。由此可见，令我们感到快乐或痛苦的感官知觉是我们的情感的诱因，为了使我们在情感的指引下获得幸福，我们必须要对各种令我们感到快乐或痛苦的感官知觉进行比较。由于"任何快乐的价值以及任何痛苦的数量或构成要素都处于强度和延续性的复合比例中"[②]，因此，要比较这些感官知觉给我们带来的快乐和痛苦，就是要比较这些令人快乐或痛苦的感官知觉的强度和延续性。

在对各种感官快乐或痛苦的强度进行比较时，哈奇森认为，最有资格进行判断的人是体验过不同类型的感官快乐或痛苦的人。经比较，哈奇森得出结论，对美德的强烈喜爱以及对公共感官之乐或荣誉感官之乐的强烈喜爱，要比对其他感官之乐的喜爱更有价值，因为美德之乐不仅高于其他任何快乐，且"高于所有其他快乐的

①　Hutcheson F. *An Essay on the Nature and Conduct of the Passions and Affections, with Illustrations on the Moral Sense*. Indianapolis: Liberty Fund, 2002: 30.

②　Hutcheson F. *An Essay on the Nature and Conduct of the Passions and Affections, with Illustrations on the Moral Sense*. Indianapolis: Liberty Fund, 2002: 87.

联合"①。对于有美德的人来说，较之由正直、忠诚、好心、慷慨和公共精神产生的快乐，由外在感官或想象力产生的快乐几乎显得微不足道②；而对于恶人来说，一旦体验过美德之乐，就会尽力与道德高尚之人保持一致。这表明，对美德之乐的体验可使恶人放弃其他各种非道德之乐，心甘情愿接受美德的指引。不仅如此，对于所有一切非道德之乐——如由外在感官引起的快乐——来说，如果没有道德之乐的支撑，这种快乐将大打折扣，然而，道德之乐却不需要任何其他非道德之乐的支持，因为它来自我们的本性，天然具有自足性。"对于公共感情、德性和荣誉，无须任何种类的感官快乐来推荐它们，甚至连免除外在痛苦的看法或希望也不需要。这些强有力的形式能够表现得可亲可近，并吸引我们穿越饥饿、干渴、寒冷、劳作、付出、伤痕与死亡的崎岖路途去孜孜以求。"③综上所述，在所有各种快乐以及快乐的联合中，生于"道德感官"的道德之乐是强度最高和最有价值的快乐。

除了比较各种感官之乐的强度外，哈奇森还比较了各种感官之乐的延续性。外在感官之乐的延续性较短，"这种快乐不会比嗜欲延续得更久，它也不会在其身后留下什么东西来填补享乐的间歇。一旦这种感觉消失了，我们不会因它而更加幸福，其中不存在反思之乐，这种消失了的感觉无法保护或支持我们面对外在痛苦或任何一种易于对我们发生的恶"④。较之外在感官之乐，由"道德感官"产生的道德之乐的延续性十分持久，因为"它自身是稳定的，不会反复无常或变幻莫测"⑤。人人都能享受道德之乐，且不会因过度而感到烦腻。由"道德感官"产生的快乐可以增强其他感官之乐，因为美德的完善意味着我们能在独立于外物的条件下实现我们自身的完善，换句话说，"其他感觉都依赖于异于我们自己的某种东西……而美德之乐正是这个自身的完善，独立于外在对象而直接为人所知"⑥。由外在感官所产生的痛苦短暂易逝，可在时间的避难所中得到医治，而源于"道德感官""荣誉感官""公共感官"的痛苦却非常具有"持久性"⑦，会令人产生"几乎永久性"⑧的痛苦，

① Hutcheson F. *An Essay on the Nature and Conduct of the Passions and Affections, with Illustrations on the Moral Sense*. Indianapolis: Liberty Fund, 2002: 89.

② Hutcheson F. *An Essay on the Nature and Conduct of the Passions and Affections, with Illustrations on the Moral Sense*. Indianapolis: Liberty Fund, 2002: 89.

③ Hutcheson F. *An Essay on the Nature and Conduct of the Passions and Affections, with Illustrations on the Moral Sense*. Indianapolis: Liberty Fund, 2002: 91.

④ Hutcheson F. *An Essay on the Nature and Conduct of the Passions and Affections, with Illustrations on the Moral Sense*. Indianapolis: Liberty Fund, 2002: 105.

⑤ Hutcheson F. *An Essay on the Nature and Conduct of the Passions and Affections, with Illustrations on the Moral Sense*. Indianapolis: Liberty Fund, 2002: 106.

⑥ Hutcheson F. *An Essay on the Nature and Conduct of the Passions and Affections, with Illustrations on the Moral Sense*. Indianapolis: Liberty Fund, 2002: 107.

⑦ Hutcheson F. *An Essay on the Nature and Conduct of the Passions and Affections, with Illustrations on the Moral Sense*. Indianapolis: Liberty Fund, 2002: 109.

⑧ Hutcheson F. *An Essay on the Nature and Conduct of the Passions and Affections, with Illustrations on the Moral Sense*. Indianapolis: Liberty Fund, 2002: 108.

因为，这种痛苦来自"我们自己本身"和"我们的本性"[①]，只要它不消失，那么，"所有其他快乐就会因这些痛苦而变得索然无味，生命自身也会成为一种令人不悦的负担。因为我们自己本身、我们的本性会令我们不悦"[②]。

在比较了各种感官快乐的强度和延续性之后，哈奇森指出，"道德感官是最强烈的快乐之源"[③]，可为我们带来最大、最持久的幸福。因此，在所有感官快乐中，我们需给予道德之乐以优先性。为了达到这个目的，我们需使我们的行为最大限度地具有"道德感官"的基础——仁爱——所展现出的道德品性，换句话说，使我们的情感或行为最大限度地服从仁爱之情的支配，我们就能享有强度最高且持续最久的快乐。简言之，道德判断的规范效力虽然看似来自苦乐感，但事实上，苦乐感却并不能真正为道德判断提供规范效力。在哈奇森看来，真正能为道德判断提供规范效力的，不是苦乐感本身，而是使我们产生苦乐感的道德感官以及本性的构造。

二、道德判断的第二人称用法

前文叙述了哈奇森的方案，不过，即使在 18 世纪道德哲学的舞台上，哈奇森的方案也没能得到广泛认可。他的学生斯密基于旁观者或想象之人提出了一种不同的方案，即以合宜性为核心的方案。为了使情感或行为具有合宜性，我们须重视旁观者的意见，并据此调整我们的情感或行为。《道德情操论》第一卷的第二篇和第三篇都对此给予过详细的描绘，本书前文已讨论过该问题，此处不再赘述。那么，为什么人们乐于根据他人的意见和看法使自己的情感或行为具有合宜性呢？斯密认为这是天性使然，"人天生不仅渴望被人喜爱而且渴望成为可爱之人，或者说，渴望成为天然且合宜的爱的对象。他不仅天然地害怕被人憎恨而且害怕成为可恨之人，或者说，害怕成为天然且合宜的恨的对象"[④]。

18 世纪道德情感主义思想史已表明，如果立足于情感机制来阐释道德判断，那么，该道德理论就只能从旁观者或想象之人的意见或看法中寻求规范效力，当这种意见或看法被表达出来时，在语法上就会类似于第二人称命令，斯洛特在《道德情感主义》第六章中把它称为道德判断的第二人称用法，他说："道德命令以及诸如此类的东西拥有一种重要的第二人称用法。"[⑤] "我认为针对他人做出的道德陈述或

① Hutcheson F. *An Essay on the Nature and Conduct of the Passions and Affections, with Illustrations on the Moral Sense*. Indianapolis: Liberty Fund, 2002: 108.

② Hutcheson F. *An Essay on the Nature and Conduct of the Passions and Affections, with Illustrations on the Moral Sense*. Indianapolis: Liberty Fund, 2002: 108.

③ Hutcheson F. *An Essay on the Nature and Conduct of the Passions and Affections, with Illustrations on the Moral Sense*. Indianapolis: Liberty Fund, 2002: 106.

④ Smith A. *The Theory of Moral Sentiments*. Indianapolis: Liberty Fund, 1984: 113.

⑤ Slote M. *Moral Sentimentalism*. New York: Oxford University Press, 2010: 84.

命令——我把它称为道德陈述或命令的第二人称用法——是极其真实且丰富的道德动机之源。它们代表着一种方法，一旦拥有善的动机和道德感的人因被诱惑而做了错事，该方法可使之弃恶从善。"①斯洛特以照料重病缠身、年事已高且在医院住院的母亲的儿子为例阐释他所说的道德判断的第二人称用法。这个儿子十分精心地照料着母亲，当医院的护士或值班人员不上班时，他甚至会代替他们做很多事，这使母亲保持了愉快的心情。为了使母亲尽快康复，他还经常咨询医生的意见，而且他把家务事也处理得井井有条。不过，由于长时间做这些事，他已感到身心疲惫，他很想拥有属于自己的时间以自由享受自己的生活，如拜访朋友、看电影等。可是，当他真正放弃照料母亲并享受自己的自由时光时，他心中有个意识会问他在干什么并提醒他：这种行为无异于杀害母亲。这个意识提醒了他，让他果断地放弃享受自由时光，从而继续照顾母亲。在斯洛特看来，这种意识的本质就是旁观者的移情。一旦旁观者看到他为了享受自由时光而放弃照料母亲时，就会在心中产生冷漠感，当儿子对这种寒心感产生移情时，也会在内心产生同样强烈的寒心感并因此而停止做他想做的事。斯洛特把这种受移情支配的意识称为"第二人称情感含义的内在机制"②。斯洛特指出，如果移情机制不发挥作用，任何道德思考、道德原则或道德命令都不会发挥作用。在此意义上，斯洛特说，"在道德生活的很多领域内，规则和命令都无用武之地，而一旦它们开始发挥作用，就意味着道德滑坡、道德危险或道德失范"③，也就是说，人类的道德生活以令人温暖的移情为基础，如果移情机制未被激活，那么，仅凭道德命令或道德规则行事，将不仅不会产生道德行为，而且还会产生道德滑坡、道德危险或道德失范。

斯洛特所说的道德判断的第二人称用法生动地描述了移情机制的道德规范效力，再现了道德主体在它的指导下使自己的行为保持道德性的过程。斯洛特认为，道德判断的第二人称用法可以在温暖感或冷漠感的移情机制的作用下推动道德主体在道德动机不足或做错事时重回道德轨道。不过，我们认为，以移情为代表的情感机制是使道德判断的第二人称用法发挥作用的基本前提，而伴随着该机制的情感感受却并非温暖感或冷漠感，而是无利害感。

当道德主体的道德动机或道德感不足时，温暖感或冷漠感几乎不会在情感机制——如移情——的作用下对道德主体发挥作用。让我们以斯洛特在《道德情感主义》第六章中讨论过的伯纳德·威廉斯（Bernard Williams，1929—2003）的"落水例证"④为例。威廉斯认为，当妻子和陌生人同时落水且面临同样的危险时，如果只有能力救一人，那么，丈夫应该毫不犹豫地救自己的妻子，仅仅因为她是妻子。斯

---

① Slote M. *Moral Sentimentalism*. New York: Oxford University Press, 2010: 88.

② Slote M. *Moral Sentimentalism*. New York: Oxford University Press, 2010: 90.

③ Slote M. *Moral Sentimentalism*. New York: Oxford University Press, 2010: 94.

④ Williams B. *Moral Luck: Philosophical Papers 1973-1980*. New York: Cambridge University Press, 1981: 18.

洛特认为如果这个丈夫在跳水救妻前思考自己在道德上是否有义务先救她，这至少表明这个丈夫对妻子的爱不够深。他还指出，尽管理由千差万别，但大多数人都会认为这个丈夫的态度和动机出了问题。事实上，如果这个丈夫对救妻子还是救陌生人感到犹豫，就说明他已经有了道德动机，而这种道德动机得以产生的基础却不是斯洛特所说的受移情机制支配而产生的温暖感或冷漠感，而是无利害感。

　　尽管很多人都对这个丈夫的犹豫感到不满，但事实上，较之那种仅仅只考虑自己私人善的丈夫来说，这个丈夫显得更可爱。当这个丈夫开始犹豫该救谁时，他已经放弃了自己的安危（也即对私人善的功利考量），正是在这种受情感机制支配的无利害感的作用下，在只能救一人的情况下，这个丈夫才开始犹豫该救谁。唯有当这个丈夫已经产生了道德动机时，他才会对是否该救谁感到犹豫不决。基于对私人善的考量，对于深受功利感尤其是受基于私人利益和私人善而产生的功利感束缚的丈夫来说，根本就不会在内心产生这种犹豫。例如，《南国都市报》①曾刊登了这样一则新闻：福建福州女子陈琳（化名）和丈夫漫步香港浅水湾海边，不慎掉入海里，出乎她意料的是，会游泳的丈夫没有下水来救自己，而是转身离开去找别人来救。这个丈夫意识到自己要救妻子，但出于对自己私人利益的考量，他找了别人来救自己的妻子。他并没有对落水的妻子袖手旁观，但也没有自己出手相救，尽管自己会游泳。虽然陈琳女士最终被救了，但这次意外使她和丈夫十余年的婚姻产生了裂痕，回到家后，她马上向丈夫提出了离婚。法官认为，由于妻子并没有出事，所以丈夫的行为不涉及法律关系，只涉及道德。这个妻子真正对丈夫不满的其实是这个丈夫的行为严重缺乏无利害感，而法官之所以认为丈夫的行为只涉及道德，也是因为这个丈夫的行为缺乏无利害感。这充分说明，与情感机制相伴的无利害感是道德判断的第二人称用法真正得以生效的基本前提，也是道德动机得以产生的前提。

　　同理，如果缺乏与情感机制相伴的无利害感，那么，当道德主体做了错事时，伴随着移情机制的温暖感或冷漠感根本无法对道德主体发挥任何道德效力，换句话说，面对此情此景，道德判断的第二人称用法将变得苍白无力。让我们还是以前文中的儿子为例。斯洛特认为，儿子之所以能重新回到照料母亲的状态，既因为他对母亲怀有强烈的关爱之心，又因为他感受到了旁观者的冷漠感，所以才能最终在移情机制的作用下重回照料母亲的状态。可是，如果这个儿子一心考虑的是自己享受自由，从来没有考虑过生病的母亲，也从来没有照顾过她，也就是说，如果这个儿子心中缺乏与情感机制相伴的那种无利害感，他根本就不会放弃自己的私人利益去照顾母亲，也根本就不会出现斯洛特所说的那种心态。

---

① 《妻子落水丈夫"见死不救"》，载于《南国都市报》，2013年11月5日，第16版。

结语　重拾道德情感主义哲学的“初心”

以被称为道德感官、同情和移情的情感机制为基础，用无利害感或无利害性来阐释情感主义道德赞同和道德判断，是本书的创新之处。需要说明的是，该创新并非源于一时空想，而是试图在当代哲学语境中重拾18世纪苏格兰启蒙时代的道德情感主义诞生之时的理论“初心”的结果。

18世纪道德情感主义哲学虽曾凭此“初心”推动了道德情感主义的诞生与发展壮大，但基于种种复杂的原因，无论是对18世纪道德情感主义者们来说，还是对今日西方道德情感主义者们而言，这种甚为宝贵的理论“初心”早已被遗忘乃至被尘封起来。

作为18世纪首位道德情感主义者，沙夫茨伯里曾第一次在道德情感主义哲学中提出无利害感，并试图用道德情感中的无利害性反驳以洛克和霍布斯等为代表的17世纪道德哲学，尤其致力于反对这种道德哲学中的原子论式自爱说以及由此而来的对奖惩法则的重视，论证道德于人而言乃自然而然之物而非精心算计后用以服务于私人善或私人利益的工具。不过，令人遗憾的是，沙夫茨伯里虽曾把无利害感和作为道德判断原则之基础的“道德感官”以及作为审美判断原则之基础的“美的感官”联系起来，但囿于道德情感主义者之开拓者的身份的限制，沙夫茨伯里的道德情感主义哲学不仅未能发现并充分阐释隐藏于“道德感官”和“美的感官”中的情感机制，而且也未曾把无利害感与情感机制关联起来。

哈奇森也曾指出，蕴含于仁爱中的无利害感是仁爱之情具有道德价值的基础所在，也是这种感情具有美学价值的基础所在，然而，在用以仁爱为基础的“道德感官”解释道德赞同和道德判断时，哈奇森的道德情感主义哲学终究还是被功利裹挟，尤其是被有别于私人善或私人利益的他人善或他人利益以及公共善或公共利益裹挟，从而不仅遗忘了仁爱中的无利害感，而且永久地失去了基于隐藏在“道德感官”中的情感机制的无利害性来构建道德情感主义大厦的理论可能性。

在抛弃哈奇森的“道德感官”概念的同时，休谟凸显了深藏于该概念内部的情感机制，虽然他第一次用同情之名阐释了该机制，但由于从未把18世纪早期道德情感主义者们提出的无利害感与情感机制结合起来，因此，休谟对在深受时空远近法则支配的情感机制的影响下产生的道德赞同或道德判断原则抱以高度不信任，与此同时，他主张把效用引入道德赞同或道德判断原则，从而弱化了情感机制在情感主义道德判断原则中的地位与作用，由此导致的后果是休谟无法在道德领域明确地提出绝对命令，而“这会让人认为，他的情感主义的路径太‘软’了，太缺乏人们在康德理性主义中发现的那种严格性，这使他无法承认绝对命令的地位或道德陈述或话语的强迫性"①。由是观之，忽视基于情感机制而生的无利害性或无利害感，道德情感主义将无法构建具有客观效力的道德判断原则。

在批判休谟倚重效用构建道德情感主义哲学体系时，斯密的道德哲学试图基于以同情为代表的情感机制来理解赞同原则和道德判断原则，但启蒙思想家的身份使其依然如沙夫茨伯里、哈奇森和休谟一样高度重视公共善或公共利益。因此，由他所构建的道德哲学体系内部出现了挥之不去的"游叙弗伦困境"，而当这种道德哲学开始为《国富论》奠基并为现代社会秩序提供理论蓝本时，时至今日，虽然自由自然的市场经济原则已被广泛认可，但该体系自 18 世纪以来所产生的问题——社会财富的增加与道德情感的败坏——却依然未能得到有效解决。我们时常猜想，假如斯密不是基于相互同情之乐或合宜性之乐而是基于伴随着情感机制的无利害感来理解赞同原则和道德判断原则，至少可以消除这些曾令斯密深感头疼的理论问题。不过，猜想归猜想，囿于时代的限制，斯密的道德情感主义哲学终究不仅无可奈何地忽视了 18 世纪早期道德情感主义者们提出的无利害感，而且更未能把这种无利害感和情感机制结合起来。

事实上，不仅 18 世纪英国道德情感主义哲学在发展过程中遗忘了早期道德情感主义者们提出的理论"初心"，而且当今的道德情感主义也未能关注到它。斯洛特的道德情感主义虽然把情感机制——移情——上升至了先天层面，从而赋予了情感主义赞同原则和道德判断原则以及由此而产生的道德规范以客观性，但是，被这种道德情感主义所重视的情感机制却没有摆脱情感后果的制约，如前文所述，它必须借助情感后果才能解决移情疲劳问题。这表明，自 18 世纪以降，虽然沙夫茨伯里和哈奇森曾以道德情感的无利害性找到了道德与审美的相通之处，并试图以此为基础论证道德于人而言的天然性，但由于受制于启蒙的迫切需要，该"初心"不仅在 18 世纪受到了忽视，而且也在今日西方道德情感主义舞台上受到了冷落。

对于道德情感主义之理论构建来说，遗忘"初心"而带来的理论后果可谓不可承受之重。本书已对此进行过分析，在此不再赘述。在回归道德情感主义之"初心"的过程中，本书试图以情感机制的无利害性为基础来重新解释情感主义赞同原则和道德判断原则。对 18 世纪道德情感主义来说，当我们把斯密的道德情感主义视为 18 世纪道德情感主义的标志性成果时，当我们基于由情感机制而生的无利害性或无利害感来解释道德赞同和道德判断时，我们将找到一条全新的理论路径以合理地解决斯密道德哲学中呈现的"游叙弗伦困境"。对当代西方道德情感主义而言，当我们把斯洛特视为当代西方道德情感主义的典型代表时，基于伴随着情感机制的无利害感来解释道德赞同和道德判断，一方面可以使我们沿着斯洛特开辟的道德情感主义理论新道路把道德情感主义发展到一个新的高度，另一方面也能使我们较好

①　Slote M. *Essays on the History of Ethics*. New York: Oxford University Press, 2009: 103.

地解决斯洛特的道德情感主义在讨论道德赞同和道德判断时所呈现给我们的双重原则问题。

尽管本书试图在回归18世纪道德情感主义之理论"初心"的基础上推进对道德情感主义理论的建设，但却不能说本书已经推动这种"初心"完全实现了复苏。这不仅因为由本书构建的这种道德情感主义尚有诸多有待进一步发展的地方，而且还因为本书构建的道德情感主义暂时尚未触及18世纪道德情感主义和以斯洛特为代表的当代西方道德情感主义高度关注的政治哲学问题。自从沙夫茨伯里开始，道德情感主义在诞生之初就怀有强烈的政治抱负，这种抱负在18世纪取得的最杰出的成果集中体现在《国富论》中。到了今天，当斯洛特讨论道德情感主义时，也不忘用它来分析家长制、父权制、国际援助、正义、宗教迫害等各类与政治有关的社会现象。令人遗憾的是，本书目前尚未触及此类主题。因此，与其说本书完全复苏了道德情感主义之"初心"，不如说它仅仅只是把一颗沉睡的种子移栽到了适合它发芽并茁壮成长的环境中罢了。

附　　录

附录一　当代西方道德情感主义的中西哲学传统渊源

美国当代道德情感主义哲学、美德伦理学代表性哲学家克尔·斯洛特近年对中国哲学表现出了浓厚的兴趣，《阴阳哲学大观：从心灵和谐到宇宙和谐》《更新阴和阳》《阴阳与心灵》《阴阳的哲学》《认识论中的阴与阳》《重启世界哲学的宣言：中国哲学的意义》等多种著述都吸收了来自中国哲学与文化的思想，尤其是与阴阳有关的思想。在翻译《道德情感主义》的过程中，笔者与斯洛特以面谈和邮件的方式进行了数次对话，深入探讨了他所创立的当代道德情感主义的核心理论特征及其与18世纪英国情感主义哲学和中国哲学之间的关联，在此把部分对话内容呈现出来，以特殊的视角向读者介绍当代美国道德情感主义哲学的新特征，以期引起中西方哲学家们尤其是中国哲学家们的关注与兴趣。

一、当代西方规范道德情感主义的特征

李家莲：请您介绍一下您创立的道德情感主义哲学的核心概念，可以吗？

斯洛特：好的，我的情感主义哲学的核心概念是移情（empathy）。

李家莲：请问您什么时候对移情开始感兴趣并把它纳入您的哲学思考之内？

斯洛特：1998年，我在马里兰大学哲学系担任系主任。有一天，我的副系主任阿伦·斯泰尔斯（Allen Stairs）来我的办公室对我说起著名的法官约翰·努楠（John Noonan）话，他说，"我们不应该堕胎，因为我们要对胚胎移情"。当我听到这话时，我感到很震惊。我当时想的是，如果移情能对堕胎有用，那么，它就可以对一切伦理学问题都有用。后来，我在我的研究中发现，规范伦理学中的所有问题都可以用移情解释。这大约是发生在1998年的事情。对我来说，这是一个非常非常重要的时刻。2000年1月，当我认为可以用移情分析义务论的时候，我也知道了它能被用于元伦理学。休谟是对的，不以任何既定道德判断原则为预制前提的道德赞同/不赞同是道德判断的基础，是的，在这点上我是非常认同休谟的，但我对道德赞同/不赞同的根源的解释不同于休谟。在我看来，道德赞同是对移情的移情，也就是说，道德赞同建立在二阶移情的基础上。在确立了这个观点之后，我便开始用移情解释道德判断。对我个人来说，这是我学术生涯中的重要时刻。对元伦理学

而言，当我第一次读吉列根的书的时候，我就发现，她在《不同的声音》中主张，有两种路径可以研究伦理学，也就是说，可以用关怀伦理学和正义伦理学的方式研究元伦理学。刚开始的时候，她没有告诉我们用哪种伦理学研究元伦理学更佳。20世纪90年代初，当我读她这本书的时候，我发现吉列根的书里面列出了两种伦理学，也就是说，男性伦理学和女性伦理学。如果吉列根是对的，那么，这就表明，世界上没有一种普遍的伦理学，但是，我一点儿都不喜欢这种观点。我希望找到一种普遍的伦理学，我对自己说，我们可以用关怀伦理学解释正义，这是我在1995年左右确立的观点。后来，我在吉列根的书里也发现了类似的说法。总而言之，我和吉列根更偏爱关怀伦理学。我对关怀伦理学的研究聚焦于正义，我认为我们可以用关怀来理解正义，这是我1996年做的工作，那时候我还没有提出移情的概念。自此之后，我对关怀伦理学的兴趣日益浓厚，其根源就在于我发现关怀可被用来解释正义。不过，第一个持有该观点的人却不是我，而是铂西·比希·雪莱①（Percy Bysshe Shelley, 1792—1822），他是一个著名的诗人，在他19世纪30年代的诗歌《基督教随笔》（"Essay on Christianity"）中说过，正义仅仅只是爱，类似于关怀的爱。不过，我是在有了自己的观点后才读到他的观点的，当我读到他的观点时，我发现他才是第一个提出这种观点的人。

李家莲：您以移情为基础创立的道德情感主义哲学有什么典型特征？

斯洛特：总体看来，这种情感主义具有三个典型特征。第一，以移情为核心，我改变了元伦理学对情感的看法，元伦理学认为道德情感没有规范价值，只是情绪的表达，对此，我是不赞同的。我的情感主义通过利用元伦理学的研究方法改造了元伦理学情绪主义（emotivism），我认为道德语言中的情感不只是情绪的表达，而且具有规范价值，而且这种规范价值具有客观性和先天性。第二，我的道德情感主义思想对关怀伦理学进行了推进，关怀伦理学不怎么注重对正义、尊敬、自主性等问题的研究，我把移情概念引入关怀伦理学，使关怀伦理学得到了一些新的发展。我的这种做法得到了吉列根的认可，她曾对我的这种做法这样评价，"祝贺迈克尔·斯洛特对关怀伦理学做出了最大胆的推进，祝贺他对个体道德和政治道德进行了更好的解释。在论证严谨、极富远见的新书②中，他在道德哲学中引发了哥白尼革命，推动移情和关系从伦理学的边缘走向了伦理学的中心。在这样做的过程中，他揭露了父权观念和制度的残酷性，而在这种观念和制度中，关怀、移情和女性都一度是边缘化的概念。斯洛特的研究使道德哲学和神经生物学与发展心理学的研究相吻合，揭示了理性和情感、自我与关系之间的关联，同时也揭示了斩断这种关联所要

---

① 生于英格兰，19世纪英国浪漫主义诗人、散文家、改革家、政论家、柏拉图主义者和理想主义者，被誉为"诗人中的诗人"，深受空想社会主义思想影响，恩格斯称其为"天才预言家"。

② 此处指的是《关怀伦理学与移情》这本书，该引文刊载于该书的扉页上。

付出的代价"①。第三，我的道德情感主义的另一个典型特征是重视情感主义道德教育。我认为道德教育很重要，在《道德情感主义》和我后来出版的著作中，我都谈到了道德教育问题，因此，重视道德教育可以说是我的道德情感主义哲学的另一个典型特征。

李家莲：刚才您谈到了您的道德情感主义与元伦理之间的关联，请问您可以深入谈谈这种关联吗？

斯洛特：在元伦理学领域中，我是休谟的追随者，休谟曾说，我们可以用同情来理解道德陈述，也可以用同情来理解道德赞同／不赞同，在这个基础上，他说我们可以用道德赞同／不赞同来理解道德判断。我同意休谟所说的这一切，我同意所有这一切背后的那种基本思路。但是，我对道德赞同／不赞同的理解完全不同于休谟。在休谟看来，赞同就是一种快乐的感觉，或者说，给予第三者的快乐，对此，我有完全不同的理解。我不认为赞同是一种快乐，例如，在《道德情感主义》一书中，我说，当第三者对某人感到温暖时，这种温暖的感觉不一定是快乐的感觉。事实上，休谟在他的学说中对自己的这种观点也进行过反驳，例如，在《人性论》接近尾声的地方，当休谟说我们被温柔的情感感动得落泪时（他的原话是，"眼泪自然而然地出现在我们的眼中"），实际上他就反对了他惯有的观点——（一切）赞同现象以一种单一或明白的方式令人感到愉快或愉悦。在我看来，这种被感动的状态，不一定就是快乐。休谟从行为的后果解释道德赞同／不赞同，对此，我也是不同意的，我认为，道德赞同／不赞同应该聚焦于行为主体来进行解释，而不是从行为的后果来进行解释。

李家莲：谢谢您！我觉得您对休谟观点的改造是站得住脚的，我认同您的改造。不过，就您的道德情感主义与元伦理的关联来说，仅仅只改造休谟关于道德赞同／不赞同的观点，我认为是不够的。事实上，就您实际上已经完成的工作来说，远比这多得多，比如，您还做了非常重要的一项工作，也就是对克里普克的指称固定理论的改造。请问您可以给我详细谈谈您在这个问题上做的工作吗？换言之，您是如何完成对克里普克指称固定理论的改造的呢？

斯洛特：好的，在介绍我对克里普克指称固定理论的改造前，我首先要谈一谈克里普克的指称固定理论。克里普克说，有些词可被给予分析定义，例如，"单身汉"可被定义为"没有结婚的人"，"单身汉"与"没有结婚的人"的意思是一样的，然而，有些词是不能被给予分析定义的，例如，"水"就是这样的词项。有人或许会说，"水"可被定义为"透明的流动性液体"，但是，这不是对"水"的分析定义。因为有些东西可以是透明的流动性液体，但不是水，也就是说，有些东西看起来像水一样是透明的流动性液体，但这些东西的化学成分却不是 H_2O，不能被称

---

① Slote M. The Ethics of Care and Empathy. New York: Routledge, 2007. Titlepage

为水，我们认为这些东西都不是水。同理，与"水"一样，颜色类词项比如"红"也是这样，"红"无法被给予分析定义。当克里普克发现这个问题的时候，他发明了指称固定来解决这个问题。"红"就是"使事物红的东西"，"红"这个东西无法以分析的方式被定义，但它的所指是可以被固定的。换言之，"红"的所指可以被"使事物变红的特征"所固定，我们可以把这种特征理解为具有一定波长的光，而当我们说一个东西是红色时，我们并不是在说一定波长的光，换句话说，"具有一定波长的光"不是对红的定义，"使事物红的东西"也不是对红的定义，而是用以固定"红"所指的东西，简言之，是用以固定其指称的东西。故，我们虽然无法定义"红"，但我们可以理解"红"，因为我们能以某种方式固定其指称。在《道德情感主义》中，我用类似的方式认为，我们不能用分析的方式定义道德善 / 恶，但我们可以用指称固定的方式理解道德善 / 恶，换言之，通过固定其指称，我们可以理解道德善 / 恶。那么，用以固定道德善的指称是什么呢？在我看来，道德善就是我们通过移情感知到的温暖，我们可以用这种特征来固定其指称，而能使道德善的指称得以固定的就是关怀、暖心暖意等之类的情感，因为它们能使人借助移情而感知到温暖感。反之，道德恶就是通过移情感知到冷漠，故，我们能用这种特征来固定其指称，而能使道德恶的指称得以固定的就是冷酷、残忍之类的情感，因为它们能使人借助移情而感知到冷漠感。

李家莲：关于您对克里普克指称固定理论的改造，您解释得很详细，谢谢您！那么，对于您提到过的元伦理学来说，这种被改造了的指称固定理论在您的道德情感主义哲学体系有什么独特价值？

斯洛特：克里普克的指称固定理论，尤其是对自然概念的分析，排除了先天判断。以"英尺"为例，克里普克认为它包含一种先天性，但却是偶然的先天性。克里普克的指称固定理论不包含必然先天性。克里普克从来没有用指称固定理论分析过道德问题，当我分析道德判断的时候，我不想像克里普克那样做，因为我坚信道德判断必定包含某种先天性内容。我想要接受克里普克的指称固定理论，但又想给它注入先天判断，这就是我最初想要做的事情。因此，我觉得我必须改造克里普克的指称固定理论。但是，当我有了这个想法后，在接下来四年半时间内，我都不知道我该如何做，尽管如此，我却一直在持续不断地思考这个问题。我认为经由移情而感知到的二阶温暖感是导致道德赞同的原因，虽然这种温暖感是借助移情而被感知到的，但是，就其来源来说，或者说，就其根源来说，它并不来自移情，主体身上的温暖是唯一能导致我通过移情而产生温暖感的东西。简言之，对于造成道德赞同的温暖感来说，虽然它来自移情这个中介，但其真正的原初根源或来源却不是移情，而是主体身上的温暖感。换言之，如果我经由移情而感知到温暖，或者说，我感知到了一种移情性的温暖，那么，这种温暖一定来自主体身上的温暖，它仅仅只来自令人产生温暖感的那个主体，唯有主体身上的温暖才能使人通过移情感知到温暖，这是一个先天判断，或者说，这是先天性的。对我而言，关怀和道德善是同一回事，都来自指称固定的先天性。我的这种指称固定理论和克里普克的指称固定理论不一样，因为我纳入了先天性。道德善就是移情温暖，只有当主体自身具有温暖时，这种温暖才能使人在道德上产生温暖感，而道德赞同就意味着赞同者借助移情感知到了主体身上的那种温暖，它是一种二阶移情，是在移情的帮助下对温暖感产生的温暖感。这是道德领域内的先天判断。这样，通过改造克里普克的指称固定理论，我给道德判断注入了先天性。我的指称固定理论可以帮助我们理解道德善，正如克里普克的指称固定可以帮助我们理解我们如何使用"红"、理解"红"一样。在我看来，这种纳入了先天判断的指称固定可以帮助我们确立情感主义的道德规范性，还可以帮助我们理解道德语言中的情感。这是一个普遍的结论，移情在道德善的概念中扮演了关键角色，同时，这还可以帮助我们解释下述问题：为什么没有移情在道德上是错误的？一个人帮助陌生人却不帮助自己的孩子，这是缺乏移情的表现，为什么这种行为在道德上是错的？在用被改造了的指称固定理论回答上述问题的过程中，该理论有助于我们把道德判断建立在移情的基础上。

李家莲：刚才我们谈到了您的道德情感主义哲学和元伦理学与规范伦理学之间的关联，现在，想请您谈谈您的道德情感主义哲学和关怀伦理学之间的联系，您觉得可以吗？

斯洛特：在关怀伦理学中，我比吉列根更重视移情，移情是我的关怀伦理学的核心概念，然而，对吉列根的关怀伦理学来说，移情不是核心概念。诺丁斯（Nel Noddings, 1929—　）也不会用移情解释关怀伦理学的全部概念，例如，她不用移情解释尊重和正义等词汇。在我看来，移情应该成为个体道德和政治道德的核心概念。移情还应该成为政治、法律和个人行为的核心概念。推动我成为情感主义者的原因是，当我读关怀伦理学的时候，我发现以移情为基础的关怀伦理学可以为义务论做出解释。休谟谈到了义务论的某些方面，如正义、诺言，但在他对义务论的解释中，没有对义务论的基本特征——使坏事发生和任坏事发生（cause something bad to happen, is different from allow something bad to happen）——做出区分。甚至可以说，休谟从来没有意识到这个问题，西季威克也没有意识到这个问题。功利主义不认同义务论，例如，我是一个很好的外科医生，我可以做很好的手术，几个车祸患者来到我的诊所，没有人在那里，他需要帮助，如果我只能通过移植这几个人的器官才能救其中某人，功利主义将允许这样做，但是，义务论不允许这样做。休谟没有意识到这个问题，边沁、穆勒和西季威克都没有意识到这个问题。最先意识到这个问题的是罗伯特·诺齐克（Robert Nozick），在他1974年出版的《无政府、国家与乌托邦》（Anarchy, State and Utopia）一书的第30页的脚注里面，他提到过这个问题，他是第一个意识到这个问题的人。虽然他没有将这个问题说得很明白，但他说了这个问题的大部分内容。当休谟谈论正义的时候，他没有涉及这个问题，在"做"和"任其做"（doing and allowing）之间，休谟没有进行过讨论，也没有做过任何区分。对我而言，我相信义务论，我认为哲学应该对它做出解释，在我看来，"使坏事发生"（cause something bad to happen）和"任坏事发生"（allow something bad to happen）二者是存在差异的，二者的差异是义务论的核心问题。2000年1月，我发现道德情感主义能对这个差异做出解释，这直接使我自此成为道德情感主义者。在2000年前，我不是道德情感主义者，虽然我想要成为道德情感主义者，但我未能完全被自己说服。从2000年开始，我第一次使用移情来解释"造成伤害"（doing harm）和"任伤害发生"（allowing harm）。在我看来，较之我们任伤害发生，我对我们造成的伤害更加敏感，当我彻底明白了这点以后，我真正变成了一个道德情感主义者，这一切发生在2000年。对我来说，2000年是一个转折点。

二、当代西方道德情感主义与18世纪英国道德情感主义哲学的渊源

李家莲：看得出来，您的道德情感主义哲学主要是立足美国当代哲学语境而创立，它与美国当代元伦理学和关怀伦理学等理论有着非常密切的关联。我们知道，西方道德情感主义的源头不在美国，而在18世纪的英国，更确切地说，在18世纪苏格兰启蒙学派之内，我们知道，在这个学派内部，从沙夫茨伯里到哈奇森，从休谟到斯密，这种道德情感主义哲学的内在线索是具有自然主义特色的情感机制。请问您的道德情感主义哲学和18世纪英国道德情感主义哲学之间有关联吗？如果有，其连接点是什么？

斯洛特：我的道德情感主义哲学和18世纪英国情感主义哲学都建立在具有自然主义论证的情感机制之上。在某种意义上，我们都相信，情感而非理性才是道德的基础。故，我们都是道德情感主义者。对休谟而言，情感是道德的部分基础，但对我而言，情感是道德的全部基础。对于情感与情感的相互感染这一问题，休谟比哈奇森讨论更深入。我的道德情感主义哲学和18世纪英国道德情感主义者的另一个相同点是，我们都用不以任何既定道德判断为预制前提的道德赞同/不赞同来解释道德判断，但我的做法和所有18世纪英国道德情感主义者的做法都不同。尽管如此，我还是认为我和18世纪英国道德情感者们具有很大的相同点，因为使我的道德情感主义和18世纪英国道德情感主义产生紧密关联的就是具有浓厚自然主义特色的情感机制，故此，在我看来，我的移情概念和18世纪英国道德情感主义者们讨论过的"道德感官"和"同情"概念就是一回事，换言之，我的移情概念是沙夫茨伯里和哈奇森的"道德感官"概念和休谟的"同情"概念在当代哲学语境中的复活与新发展。在《移情的多面性》一文中，我说过，当你通过移情感知到他人的

温暖时，这个过程可被称为哈奇森的道德感官发挥作用的表现形式。在哈奇森那个时代，尚未产生移情这个词，哈奇森肯定不知道什么是移情，正是因为这样，他没能对道德感官做出进一步解释，由此导致了休谟的批评。休谟很不喜欢沙夫茨伯里和哈奇森提出的道德感官这个概念，在《人性论》结尾处，当他说我眼里因被爱而感动得落泪时，其实他可以说，这就是道德感官发挥作用的表现形式，但是，他没有这样说。在我看来，这是移情机制在起作用，它的运行使我感知到了因爱而来的那种温暖，并使我感动得落泪。

李家莲：我赞同您的观点，在休谟哲学中，他虽然主张要用赞同和不赞同来解释道德判断，也主张要用同情来解释赞同和不赞同，但在真正操作的过程中，休谟并没有纯粹从情感出发来解释赞同和不赞同，而是引入了受情感推动的行为的后果来解释赞同和不赞同。这说明，在解释赞同和不赞的时候，休谟偏离了情感主义的立场。不过，我发现，虽然休谟在解释赞同和不赞同的时候把行为后果考虑进来了，但休谟并不是一个功利主义者，在伦理思想史上，休谟更多地被视为一个情感主义者而不是功利主义者。您的道德情感主义纯粹从情感的角度来解释道德赞同／不赞同，就此而言，您在这个问题上比休谟更加情感化，是一个更彻底的情感主义者，是吗？

斯洛特：对，我完全同意你的看法。我聚焦于行为者或行为主体来解释道德赞同／不赞同，当我这样做的时候，我实际上是在用一种更加情感主义化的方法来理解赞同／不赞同。在我看来，要从行为者或行为主体来解释道德赞同／不赞同，而不是从行为的结果或后果来解释道德赞同／不赞同，而从行为者或主体来解释道德赞同／不赞同，实际上就是从行为者或主体的情感来解释道德赞同／不赞同。相比于休谟，我的元伦理学更加情感化一些，不仅如此，我的规范伦理学也更加情感化。休谟曾说过，一个行为是不是美德，要考虑行为的后果是令自己还是令他人感到愉快，这种做法在我看来不是情感主义的做法。在我看来，一个行为是美德，因为它内在地具有情感主义的特征。总体来说，对我而言，我在元伦理学和规范伦理学上，都比休谟更加情感化。我完全同意你的看法。

李家莲：刚才我们谈到了您的道德情感主义和18世纪道德情感主义的关联，我很认同您的观点，现在，我想请您谈一谈您的道德情感主义哲学对18世纪英国道德情感主义哲学的发展，您觉得可以吗？

斯洛特：18世纪英国道德情感主义者和我一样，都是自然主义者，然而，所有的著名的理性主义者都反对自然主义，如康德、托马斯·内格尔（Thomas Nagel, 1937—　）等，无一例外，他们都反对自然主义。不过，在我看来，建立在自然主义基础上的18世纪英国道德情感主义哲学难以解释道德规范性问题，例如，斯密的伦理学就有这个问题。很多人都指出过斯密伦理学的这个问题，而休谟的著作，也没有很好地解决道德规范性问题，虽然他说过道德可以给我们提供动机并承认道德可以提供规范，但休谟的道德情感主义提供的规范理论不具备道德客观性。令人感到遗憾的是，所有 18 世纪英国道德情感主义者们都没有直面这个问题，更没有试图去解决这个问题，但是，与他们所有人不同的是，我不仅直面了这个问题，而且尽力去解决这个问题。这是我与 18 世纪英国道德情感者们的不同之处，也可以看作是我在当代哲学语境中对 18 世纪英国道德情感主义哲学做出的新发展。把移情概念引入道德情感主义哲学之中后，我发现我们可以用它来解释道德规范性问题，我的目标是既要保持道德的规范性又要保持道德的客观性，移情这个概念帮助我较好地实现了这个目标。这是我不同于 18 世纪情感主义者的地方，也是我对该派哲学做出的新贡献。除此之外，我所建立的以自然主义为基础的道德情感主义不同于 18 世纪道德情感主义的地方在于，我的正义观和 18 世纪英国情感主义哲学中的正义观有很大不同。休谟认为正义需要用人为美德来进行解释，哈奇森说正义来自仁爱，而斯密认为正义来自自然情感的自由运行，是消极的，在我看来，唯一的正义就是以移情为基础的正义。我记得 21 年前，当时我是马里兰大学哲学系系主任，有一天一个年轻人到我办公室进行工作面试，我让他描述一下正义和情感的关系，这个年轻人想了想，沉默了很久之后就离开了我的办公室。这充分说明，用道德情感的内在原则解释正义，不是一件容易的事情，但我一直在努力完成这个目标，这是我的观点不同于 18 世纪道德情感主义的另一个地方，也是我在当代哲学语境中从另一个角度对该学派的新发展。

李家莲：与 18 世纪道德情感主义哲学相比，您的道德情感主义引入了先天判断或先天性概念，请您谈一谈自然主义和先天性哪个概念对您更重要？

斯洛特：如果要我选择，我会选择先天，先天对我更重要，我不讨论不自然的特征，阴阳作为移情的基础，本质上是自然的，没有超越自然。但对于理性主义者而言，当他们讨论先天的时候，他们总是反自然主义的，康德、帕菲特（Derek Parfit, 1942—2017）、内格尔、斯坎龙（Thomas Michael Scanlon, 1940—　）等都是这样的，摩尔（George Edward Moore，1873—1958）虽然不是康德主义者，但是他也反对自然主义。西季威克，也是一个功利主义和非自然主义者。功利主义可以把自然主义和先天联系起来，但他们的问题是规范性，功利主义缺乏对规范性问题的研究。通过移情，我把自然主义和先天统一起来了，并为道德确立了规范性。我之所以做出这样的统一，是因为我想要把理性主义和情感主义连接起来。对康德和柏拉图而言，道德判断是先天的。对 18 世纪英国情感主义哲学而言，道德判断是以自然主义为基础的。对我而言，我想把二者统一起来。借用移情的帮助，我做到了这点，移情一方面是自然的，另一方面却包含先天判断，能给予道德规范性和道德概念同时以自然和先天的内涵。

三、当代西方道德情感主义与中国哲学传统的渊源

李家莲：近些年，我们注意到您的情感主义哲学和中国哲学发生了密切关联，请您谈一谈其中的原因？

斯洛特：对，我的情感主义哲学和中国哲学的确有紧密关联，情感是我与中国哲学发生内在联系的重要纽带和桥梁。中国哲学，从来没有发展出任何一种极端的伦理理性主义，从来没有出现过类似"纯粹理性"之类的东西，从中国人对"心"的概念的理解来看，中国文化从来不认为人类的心灵以理性为本性，因此，在这种意义上，一般意义上的道德情感主义和我所提出的道德情感主义或一般意义上的哲学情感主义，和中国哲学是有亲缘关系的。我反对极端的伦理理性主义，我不接受极端的伦理理性主义，因此，我非常亲近中国哲学。

李家莲：您对中国传统哲学持有什么看法？您认为中国传统哲学的精华是什么？您特别喜爱哪位或哪几位中国哲学家？

斯洛特：我喜欢中国传统哲学，原因有二：第一，我喜欢儒家哲学的入世精神；第二，我喜欢中国哲学中的阴阳观念。我认为中国传统哲学的精华是心物不分、主客不分以及情感与认知不分。以中国传统哲学中的"心"的概念为例，该概念本来就包含了情感和认知两种成分，我认为这是值得西方哲学家学习的地方。中国文化与哲学中的那种心灵观，在西方是从来没有过的。我发现，中国哲学中的不同哲学家对情感持不同看法。王阳明和孟子对情感的重视要大于荀子、朱熹等，故，作为情感主义者，我和孟子、王阳明的距离要更近一些。尤其是孟子，他把他的道德建立在四端之上，这四端都是情感性的。我喜欢孟子的思想，我认同他的观点，不过，和他的四端相比，我的情感主义哲学只建立在一端之上，这一端就是移情。我和王阳明的共同之处是，我们都非常重视良知，对王阳明而言，知道正确的事情和做正确的事情在他那里是没有区分的，对我而言，当我对另一个人产生移情，意味着我当即就认识到了这个人的痛苦，与此同时，这也意味着我会努力去帮助这个人，我的这个思想里面包含着知行合一的观点。进一步说，我认为知识／认知和美德不分。此外，与我的思想不同的是，王阳明没有用阴阳概念来解释知行合一，但是，我用了阴阳概念去解释知行合一，我认为王阳明也是可以这样做的，但是，很遗憾，他没有这样做。

李家莲：当您讨论移情的内在运行机制时，您用中国哲学中的阴阳概念描述移情的内在运行机制，请问阴阳概念在您的思想中是如何和移情结合在一起的呢？

斯洛特：阴阳，是中国特有的东西，日本也没有，在英语世界，阴阳的翻译都是直接音译过来，在俄语中也一样。阴阳，是我与中国文化、中国的心灵观以及中国本身的联系点。阴阳概念在中国文化中早于中国哲学出现，就像《易经》一

样。我认为《易经》包含着丰富的哲学智慧，然而，当中国哲学家做中国哲学的时候，他们却没有从《易经》中吸收这种思想资源。相反，中国哲学家普遍认为用阴阳去做哲学是非常过时的一种做法。不过，我认为这种说法是要得到修订的。当我用阴阳理解移情的内在运行机制时，我用的是被我更新后的阴阳，而不是中国文化与哲学中流行的那种阴阳观。比如把山之南理解为阳，把山之北理解为阴；再如，《易经》中的阴爻和阳爻等。诸如此类的阴阳观都不是我对阴阳的理解。通过在哲学上高度抽象中国文化与哲学对阴和阳的理解，我把阴理解为承应（receptive/receptivity），自 2013 年以来，我从未改变过把阴理解为承应的做法，但对于阳的内涵，我却经历了一个不断改变的过程。我一度把阳理解理性控制（rational control），后来又把阳理解为果断（decisiveness），在最新出版的著作中，我把阳理解为定向目的或冲力（directed purpose/impulse/impulsion）。不管我对阳的内涵的命名有何不同，它都是与承应紧密相连的一种主动性的行动倾向。

李家莲：您有很长时间一直在研究移情，请您具体谈一谈您讨论问题的中心是如何从移情转到阴阳的？

斯洛特：在《阴阳哲学》第二章以及《从启蒙到承应》等著述中，我一直强调承应的重要性，但是，当我们把"阴"翻译到英文的时候，却会出现很多译名，我不认为承应就是阴，除承应外，很多东西都可以是阴。对我而言，我的移情中包含两种元素，当我对某人的痛苦感到痛苦的时候，我会去帮助别人，这就是移情在起作用，当我思考得更深的时候，我发现，移情既包含动机，又包含承应。我认为这种理解同时包含着阴和阳，更确切地说，这里既有阴包阳，也有阳包含阴，阴和阳在这个例证中是紧密结合在一起的，二者不可分离。动机和移情是不能分开存在的，如果这种观点是对的，那么，这就意味着阴包含阳，这使我开始认为，可以用阴阳来解释以移情为基础的动机和助人行为。我的哲学不描述人性，但通过阴阳、移情等概念，我描述了个体与个体之间自然而然发生的情感连接。

李家莲：我们知道，18 世纪的道德情感主义也讨论道德的内在情感机制，但这是一种消除了先天观念的自然情感机制。当他们不以任何既定道德判断原则为预制前提讨论道德赞同时，他们没能据此找到有效的道德规范原则。那么，借用阴阳概念，在您的道德情感主义哲学中，您是如何使用移情机制解释道德赞同和道德善的呢？

斯洛特：我完全同意你的看法。我的确是用了移情来解释不以任何既定道德判断原则为预制前提的道德赞同，而我所讨论的移情，其内在机制就是我们前面讨论过的阴阳。当我基于移情解释道德赞同时，我认为能成为道德赞同的基础的移情，不是一阶移情，而是二阶移情。所谓二阶移情，就是对令人温暖的行为感到温暖，也可以说是二阶温暖。对令人感到温暖的情感或行为感到温暖，这种温暖不是纯主观性的，它受到某种更强大的东西的支配，这种东西是移情，移情是使人对令人感到温暖的情感或行为感到温暖的幕后之手。对令人感到温暖的情感或行为感到温暖，这是二阶移情，由于这种被视为道德赞同之源的二阶移情加入了主体性因素，因此，引发道德赞同的事实从根本上说不同于自然事实。这是我理解的道德赞同。对于道德善来说，我通过改造克里普克的指称固定理论来理解它。我认为未被改造的克里普克指称固定理论不能被用来解释道德善，以自然类词项"红"为例，在未被改造的克里普克指称固定理论看来，用来固定该词之指称的，是从物体身上反射而来的、如此这般波长的光，很显然，该事实是后天／验性的，然而，被用来固定道德善之指称的事实从根本说与此不同。用以固定道德善之指称的东西是二阶移情，这种东西不具有纯后天／验性，因为它受主体和移情者身上的移情的支配，而移情，对于主体来说，具有先天／验性。认识到这点，我发现，当二阶温暖感被用来固定道德善的指称时，道德善就具有了先天性，随之而来的是，它相应也具有了客观性。

李家莲：您开始从情感入手讨论道德问题，您所讨论的哲学问题就不再只限于道德，我发现您已经开始用情感主义的立场讨论认识论问题并在牛津大学出版社出版了关于情感主义心灵观的专著。请问您是否打算从情感出发讨论一切哲学问题？

斯洛特：是的，我的确想这么做。我不仅是道德情感主义者，更是哲学情感主义者，休谟是道德情感主义者，但他不是哲学情感主义者，我说过，中国哲学家大多都可以被默认为哲学情感主义者，他们甚至都没有意识到自己是哲学情感主义者，中国文化和哲学中没有西方意义上的那种纯粹理性，但大多数中国哲学家都没有意识到这点，事实上，他们从来没有把情感和理性分开过。与此同时，西方哲学家们思考的那种类似纯粹理性的东西，中国哲学家们从来没有思考过。西方的柏拉图和康德都害怕情感，但中国哲学家们却没有这样对待情感。中国从来没有像西方人这样害怕过情感。中国哲学没有在情感和理性之间以及知识和情感之间划定明确的界限，这就是我和中国哲学的深刻渊源。对18世纪英国道德情感主义者们来说，他们都仅仅只是道德情感主义者，不是哲学情感主义者。与他们不同的是，我打算把我的情感主义思想从道德领域扩展到认识论以及一切哲学领域中去，在这个意义上，我的确是一个哲学情感主义者。"道德情感主义者"和"哲学情感主义者"的概念是我发明的。西方曾出现过哲学情感主义者，例如，19世纪末的赫尔德以及20世纪早期的舍勒，他们都是哲学情感主义者，他们都反对理性主义，尤其是反对康德的理性主义。不过，除他们外，我没有发现其他哲学情感主义者。

附录二　论斯洛特道德情感主义哲学对"先天"的证成及其意义

近代英国道德情感主义哲学是苏格兰启蒙学派道德哲学中的重要内容，以沙夫茨伯里、哈奇森、休谟和斯密为典型代表，自从康德对其进行过系统且深入的批判后，其理论发展一度陷入困境，在哲学史上沉寂近两百年。直到近些年，借助美德伦理学的复兴，该派哲学才开始在当代哲学语境中重新崭露头角。作为美国当代规范道德情感主义和美德伦理学的代表性人物，迈克尔·斯洛特创立的道德情感主义既对近代英国道德情感主义传统进行了创造性发展，又对它面对的当代和历史批评进行了回应，全方位推动了道德情感主义哲学的理论构建。这种新的道德情感主义之所以能做到这点，源于它在严格坚守从 18 世纪英国道德情感主义哲学延续而来的自然主义传统的同时在当代哲学语境中对该传统进行了创造性的改造与开新，通过对指称固定理论进行改造。斯洛特在经验性的情感体验中证成了"先天"概念，这是一种创新的理论尝试。在全面介绍这种理论创新的同时，本文将分析这种创新之于道德情感主义哲学中的道德善和道德规范原则的独特意义，最后指出，这种创新使道德情感主义哲学扩展了哲学地基，重构了伦理理性主义与伦理情感主义的关系，并使道德情感主义具备了从道德领域拓展为一般哲学领域的潜质。

一、斯洛特对"先天"的证成

斯洛特道德情感主义理论中"先天"一词的原文是"a priori"，该词源于拉丁文，意为"在事之前"，其"前"指的是"在逻辑上而不是时间上在先"，因此，该词也指"逻辑上在经验之前/先"。对经验现象而言，具有先天特征的事物暗示了一种逻辑上的优先性，由此看来，具有先天特征的事物，一方面既与经验有关，另一方面却享有先于经验的逻辑优先性。为了更好地理解斯洛特道德哲学中的"a priori"（先天）一词的含义，我们可以把斯洛特哲学中的"a priori"与康德哲学中的"a priori"进行对比。日本著名新康德主义者桑木严翼在《康德与现代之哲学》中指出，"a priori"起源于拉丁文，其古义表示"根据事物的原因或理由来认识事物"，与"a priori"相对的"a posteriori"指的是"根据事物的结果来认识事物"。桑木严翼指出，康德所说的"先天知识"指的是不需要依赖个别经验事实、独立于经验而存在的知识[①]。斯洛特哲学中的"a priori"的具体含义不同于康德哲学中的"a priori"，因为斯洛特并不赞成脱离具体的、情境性的善的行为或情感来讨论一种具有超越性

[①]　桑木严翼：《康德与现代之哲学》，余又荪译，上海：商务印书馆，1935 年。

的、普遍性特征的善或道德知识，然而，斯洛特哲学中的"a priori"与康德哲学中的"a priori"在古义的意义上具有相通性，以善行为例，二者都试图为善行找到某种"在事（善的行为或情感）之前"的东西来对善本身进行界定。不过，虽然二者在方法论上具有相通性，但二者用同一方法发现的理论结果却截然不同。对康德来说，"先天"意味着超越或脱离经验，换言之，是在经验之外的东西，然而，对斯洛特来说，"先天"则是位于经验世界内的东西，换言之，是经验中的东西。那么，斯洛特是如何做到这点的呢？《道德情感主义》一书给我们提供的答案是：改造克里普克的指称固定理论。

斯洛特的"先天"概念的理论基础是克里普克的指称固定理论，但这种包含了"先天"成分的指称固定理论已经不再是原汁原味的克里普克指称固定理论了，更确切地说，他的指称固定理论是对克里普克指称固定理论进行改造之后的结果。斯洛特之所以选择用对克里普克的指称固定理论进行改造的方式来证成其学说中的"先天"概念，根本原因在于斯洛特对克里普克的指称固定理论持有保留的赞同态度。

斯洛特之所以赞同克里普克提出的指称固定理论，因为他认为我们可以用该理论确立道德善的内涵。克里普克在《命名与必然性》中指出，我们并不能对所有词汇进行分析定义。例如，"单身汉"可以用"没有结婚的人"来进行分析定义。然而，"水"却不能进行分析定义，既不能用"透明的、流动性的液体"来定义，也不能用"无色无味的液体"来定义，因为有些液体具有透明、流动性、无色、无味等特征，但它却不是水，其化学成分亦不是 H_2O。同理，"红"也是如此。"红"就是使事物变红的东西，但当我们使用"红"这个词语的时候，我们并不说"红"就是一种能产生红的颜色效果的光波，那么，"能产生红的颜色效果的光波"或"使事物变红的特征"都不是对红的分析定义。当克里普克发现这个问题的时候，他发明了指称固定理论来解决这个问题。我们之所以能理解"红"这个自然类词项，是因为我们能以某种方式固定其指称。这样，"红"虽然不能进行分析定义，但它的含意却可以用指称予以固定。斯洛特对克里普克的指称固定理论持有赞成态度，因为他认为，和"红""水"等自然类词项一样，道德善同样不能进行分析定义，但我们可以通过借用指称固定理论固定其指称的方式确定其内涵。

斯洛特之所以对这种指称固定理论持有保留的赞同态度，原因在于，他认为我们并不能用原汁原味的克里普克指称固定理论固定道德善的指称，换言之，必须对其进行改造，我们才能真正固定道德善的指称。那么，斯洛特改造克里普克指称固定理论的关键点在何处？克里普克用以固定自然类词项的指称的东西是纯后验性的东西，例如，用以固定"红"之指称的东西就是如此。即使承认被用来固定自然类词项之指称的后验之物中存在着先天性，那也只是一种偶然的先天性。例如，对"1英尺等于12英寸"这个定义而言，这里面包含着一种先天性，但这是一种偶然的先天性，而非必然的先天性。在斯洛特看来，如果要用这种方法固定道德善的指称，那么，这就意味着用以固定道德善之指称的东西是纯后验性的，换言之，是不包含任何先天之物或先天性的，然而，这与我们的本能对道德善的理解是不吻合的。简言之，在斯洛特看来，用以固定道德善之指称的东西，必须包含某种先天性或先天之物，故，必须对克里普克的指称固定理论予以改造，该理论才能被用来固定道德善的指称。

在阐述了改造的原因后，我们需要回答的另一个问题是，斯洛特是如何改造克里普克的指称固定理论的呢？这里面包含两个内容。

其一，用以固定道德善之指称的指称固定者是二阶温暖感 / 冷漠感。作为道德情感主义者，在固定道德善的指称的时候，斯洛特把道德善理解为一种情感，即使人产生温暖的感觉，道德善的情感表现形式就是温暖感，而道德恶的情感表现形式则是冷漠感。道德赞同就是主体身上产生的、能使旁观者感到温暖的那种温暖感，斯洛特称其为二阶移情。如果我通过移情感受到了移情性的温暖（也即由移情产生的温暖），原因一定因为主体身上有令我感到温暖的东西，也就是说，我所感受到的移情温暖仅仅只来自令人感到温暖的主体。尽管这两种温暖都是温暖，但却具有不同的性质，一种是主体身上令人感到温暖的东西，它属于主体，具有主体性，而另一种则是我在移情的作用下从主体身上感知到的温暖，虽然它来自主体，但它却不属于主体，若非有移情的帮助或作用，我是无法体会到这种温暖感的，因此，从本质上说，它不具有主体性，它是我受移情支配的结果。赞同意味着我经由移情而体会到了一种温暖感，道德善就是这种经由移情而来的温暖感。相对 18 世纪以降的英国道德情感主义哲学来说，斯洛特把二阶温暖感 / 冷漠感视为道德善 / 恶的指称固定者，这是一个重大理论创新。这种理论创新有两种表现形式。首先，我们知道，所有 18 世纪英国道德情感主义者都把苦乐感视为道德善 / 恶的情感表现形式，然而，以休谟的《人性论》为基础，斯洛特彻底改变了这个传统，主张把温暖感 / 冷漠感视为道德赞同的情感表现形式，这是对 18 世纪英国道德情感主义哲学的理论创新。理论创新的第二种表现形式是用指称固定的方式使用这种温暖感 / 冷漠感，而非像 18 世纪英国道德情感主义者们那样直接用苦乐感理解道德赞同 / 不赞同。就此言之，在如何对待道德赞同的情感表达这一问题上，相对 18 世纪英国道德情感主义者们来说，斯洛特在当代哲学语境中做出了另一理论创新。为了进一步阐释该问题，我们可以把斯洛特对道德善的理解与 18 世纪道德情感主义者哈奇森对道德善的定义进行对比。哈奇森认为，"善是行为中被人理解的、能给行为者带来赞许和爱的某种品质"[①]。对该定义的解读显示，哈奇森试图直接用行为中被人理解的、能

---

① Hutcheson F. *An Inquiry into the Original of Our Ideas of Beauty and Virtue: in Two Treatises*. Leidhold: Indianapolis: Liberty Fund, 2004: 85.

给行为者带来赞许和爱的某种品质来定义道德善。然而，斯洛特并未用同样的方式理解道德善，他试图用指称固定的方式对待这种品质，二者之间的差别正是斯洛特对 18 世纪英国道德情感主义哲学进行理论创新的结果所致。

其二，对我们来说，二阶温暖感 / 冷漠感会以先天的方式使我们感到温暖 / 冷漠。二阶温暖感 / 冷漠感之所以能以先天的方式使我们感到温暖 / 冷漠，根源在于移情机制。也就是说，在移情机制的作用下，二阶温暖感 / 冷漠感才能以先天的方式使我们感到温暖 / 冷漠。这样，由于二阶温暖感 / 冷漠感包含先天之物 / 先天性，因此，当我们用它来固定道德善的指称时，道德善也就相应有了先天性。通过改造克里普克的指称固定理论，斯洛特在道德情感主义哲学中创立了一种通过指称固定理论理解道德善的新路径。道德善就是能使人通过移情而感到温暖的东西，一种能使人通过移情而感受到温暖的东西必然在逻辑上先于温暖本身具有使人产生温暖的能力，这种可以使人先于温暖的经验而感受到温暖的东西就是移情机制。这样，具有先天特征的移情机制，就成了可以固定道德善的指称的东西。就此言之，斯洛特所说的道德善就具有了先天性，这种道德善虽然具有 "令人温暖" 的情感表现形式，但这种情感本身却不完全是经验性的，因为它包含着先天成分，且只有在先天成分的作用下，作为道德善之内容的温暖才能得以表现出来。这样，道德善的指称就如同克里普克所说的 "红" 的指称一样得到了固定，如 "红" 一样，我们虽不能对道德善进行分析定义，但我们却可以对它的指称进行固定。同时，与克里普克的指称固定理论不同的是，仅仅只有纯后天或后验的东西能被用来固定 "红" 的指称，但用以固定道德善的指称却因具有先天性，就此言之，斯洛特根据 "在事之先"（a priori）的路径成功改造了克里普克的指称固定理论。以此为基础，斯洛特认为我们对关怀、道德善等词汇的理解都是如此，其指称都包含 "先天" 成分。

就此言之，斯洛特成功依据 "在事之先" 或 "根据事物的原因或理由来认识事物" 的路径定义了道德善。更确切地说，斯洛特站在经验主义和情感主义立场上通过借用 "先天" 所暗含的方法论上的意义对指称固定理论进行改造，从而给情感主义哲学所理解的道德善注入了一种先天成分。这是一种位于经验也即温暖感 / 冷漠感内部的先天，与康德哲学所言的那种位于经验外部或超脱于经验的先天具有根本性的差异。以移情为基础，通过对克里普克的指称固定进行改造，斯洛特把善定义为 "某种经验，它指向他人且反射他人之所感"①，就此言之，道德善可被理解为以先天方式服务于或有助于固定道德指称的因果机制和移情现象。当移情机制以先天的方式借助指称固定理论固定了道德善的指称后，斯洛特的道德情感主义哲学在地基上便拓展了传统意义上狭隘的经验主义哲学，并因此成功克服了传统道德情感主义哲学在道德善和道德规范问题上为人所诟病的各种缺陷。

---

① Slote M. *Moral Sentimentalism*. Oxford: Oxford University Press, 2010: 63.

二、被证成的"先天"之于道德善的意义

众所周知，在经验主义哲学视域中，"先天"在近代英国道德情感主义那里不是一个受重视的概念，更确切地说，以严格经验主义为基础而建立起来的这种情感主义对它持有排斥态度。比如，哈奇森在其道德哲学中曾反复宣称过自己的这种立场。以经验主义哲学为理论背景的道德情感主义，通过论证自然情感的道德有效性，最终终结于获取普遍幸福的方法，例如，《国富论》主张要用自然自由的政治经济体系来增加国民财富。然而，这种以自然主义为基础的道德情感主义，自其诞生起，就一直饱受理性主义的批评，其中最猛烈的批评来自康德，除此之外，功利主义、后果主义也对它进行了强烈批评。面对这种批评，道德情感主义理论构建曾一度遭遇严重困境，甚至接近灭亡的边缘。斯洛特的道德情感主义的出场，其中一个重要任务就是要对这些批评进行回应。通过为表现为温暖情感的道德善引入"先天"概念，斯洛特创立的这种道德情感主义很好地担当了回应批评的责任，并在回应过程中促进了道德情感主义理论建设自身不断走向自我完善。通过改造指称固定理论，斯洛特给使人产生温暖情感的移情机制赋予了先天性，这种做法一方面使斯洛特的道德情感主义与近代英国道德情感主义实现了创造性关联，同时又得以对它的内在缺陷进行全新的改造，从而把道德情感主义理论建设推向了一个新高度。就传统道德情感的当代发展而言，斯洛特通过指称固定而建立起来的"先天"概念，对道德善来说，其意义是多重的。

首先，被证成之后的"先天"刷新了道德情感主义哲学对道德善的理解，克服了传统道德情感主义理论所面临的"自然主义谬误"。由于借助"先天"把经验主义推入了一个更深的发展层次，因此，斯洛特所讨论的"善"虽然立足于经验或语境，但却有效避免了摩尔所说的那种用具有善的属性的事物定义善本身的"自然主义谬误"。以斯洛特为代表的当代道德情感主义是以近代英国道德情感为基础而发展起来的，与近代英国道德情感主义一样，它也认为道德的基础是情感。不过，近代英国道德情感主义认为，作为道德基础的情感是排除了一切先天成分的情感。沙夫茨伯里把道德的基础直接定位为有益于整体利益的适度自然情感，哈奇森则把道德的基础进一步定位为能为最大多数人带来最大幸福的仁爱，休谟和斯密则把道德的基础确立为同情。无论是自然情感还是仁爱，无论是旁观者的同情（斯密）还是出自普遍视角的同情（休谟），近代英国道德情感主义者们所讨论的道德基础都建立在以排斥"先天"为理论前提的经验主义哲学基础上。在关于善的定义问题上，这种做法导致了两个后果：第一个后果是陷入摩尔所指的"自然主义谬误"，即用善的自然属性定义善；第二个后果是不可知论。

通过引入"先天"成分，斯洛特所创立的当代道德情感主义在坚持道德之情感

性和自然性的同时为道德情感主义注入了新的理论活力。一方面，斯洛特坚持了近代英国道德情感所坚持的经验性、情境性道德立场；另一方面，由于为道德哲学引入了"先天"概念，斯洛特的道德情感主义从根本上杜绝了"自然主义谬误"，同时也在指称固定理论的帮助下在坚持善不可定义的前提下排除了道德领域内的不可知论。正是由于坚持了道德的情感性和自然性，斯洛特的道德情感主义在新的历史时期从新的理论高度上使沙夫茨伯里和哈奇森的"道德感官"以及休谟和斯密的"同情"得到了"复活"。与近代英国道德情感主义者一样，斯洛特也认为，道德的基础是情感，但不同于他们的是，他并不主张用快乐或不快乐来描述道德情感，而是主张用温暖或冷漠的感觉对它进行描述。理由在于，有时候我们虽然一点儿都不快乐，但我们却能对道德行为表达赞同，或，我们能对对行为表示赞同进行有效道德判断。例如，休谟在《人性论》第三卷说过，我们一想到慈爱的情感就会"热泪盈眶"[1]，很显然，这时候我们并不快乐，但却并不意味着我们不赞同令我们流泪的那种行为。在斯洛特看来，使我们产生道德赞同的，既不是仁爱，也不是"道德感官"，更不是同情，而是移情。在《移情的多面性》一文中，斯洛特明确指出，移情不仅使哈奇森的"道德感官"得到了复活，也使休谟的"同情"得到了复活。由于移情是推动主体对道德行为产生温暖感觉的直接因素，因此，它可以对道德善的指称进行固定。在此意义上，我们认为，在"先天"概念的帮助下，以移情为基础的道德情感主义，在复兴近代英国道德情感主义的理论传统的同时为这种理论进行了更强、更有力的理论辩护。

其次，被证成之后的"先天"弥合了横亘于"是"与"应该"之间的鸿沟。众所周知，道德情感主义者休谟指出了从"是"推演到"应该"的问题。休谟之所以提出该问题，很大程度上是因为他未能在经验性的道德赞同／不赞同中找到先天成分，事实上，对于18世纪英国道德情感主义哲学来说，不仅休谟如此，沙夫茨伯里、哈奇森和斯密讨论的道德赞同／不赞同都有相同的问题。对于斯洛特来说，一旦证明了道德赞同／不赞同中含有先天成分，那么，隐藏在道德赞同／不赞同中的"是"就找到了通往道德善中的"应该"的有效路径。事实上，正是基于该思路，《道德情感主义》第五章才专门讨论了从"是"推演出"应该"的具体方法。囿于篇幅和主题的限制，在此不再复述作者在该章节展开的论证，但我们始终要记住的是，没有该书第四章对"先天"的证成，第五章是无法展开这种推演的。

三、被证成的"先天"之于道德规范的意义

18世纪英国道德情感主义哲学非常重视道德规范，几乎每位道德情感主义者都

---

[1]　Hume D. *A Treatise of Human Nature*. Oxford: Clarendon Press, 1896: 604.

在道德规范问题上提出了自己的看法，然而，几乎每位道德情感主义者在道德规范问题上的研究都不尽人意。沙夫茨伯里提出的道德规范是美学性的，由于美学性的规范与道德规范不是一回事，因此，沙夫茨伯里的道德规范理论被认为是无效的。哈奇森试图基于仁爱产生的后果构建情感主义道德规范原则，然而，仁爱产生的后果不同于仁爱本身，因此，由他构建的道德规范原则被认为偏离了道德情感主义的理论立场。休谟构建的道德规范理论被认为缺乏强制效力。与沙夫茨伯里、哈奇森和休谟的规范理论不同的是，斯密构建的道德规范理论则被批评为缺乏规范性，故，现在让我们重点谈谈他的规范理论。斯密的道德哲学中的核心概念是同情，它一方面具有情感的表现形式，因为旁观者必须站在当事人的立场或场景并在这种立场中产生情感，另一方面，同情却又具有非情感的表现形式，理由在于，为了确立合宜的标准，当事人和旁观者须把二者的情感进行对比，当二者具有一致性的时候，我们才会说其是合宜的，而唯有符合合宜之要求的情感才能受到赞同从而成为道德情感。很显然，斯密所说的作为道德规范性之来源的同情机制事实上建立在以当事人和旁观者的情感对比所产生的美学对称效应之上。由于深受经验主义哲学立场的限制，斯密学说中的同情是不具有先天性的，正是因为无法从先天性上为道德确立规范原则，斯密才把情感与情感之间的外在美学对称效应视为合宜的来源与基础。坎佩尔和拉斐尔在评价这种规范理论时说，《道德情感论》是一部描述心理学或社会学的著作，而非规范道德理论著作[①]。很显然，这在一定程度上以一种十分委婉的方式否定了斯密对规范问题的探讨。《亚当·斯密与美德特征》以及《斯密的生活市场》都认为，《道德情感论》难以为道德提供规范判断[②]。在对《亚当·斯密与美德特征》一书进行评价的时候，波士顿大学哲学教授艾伦·加勒特也明确表示，如同巴特勒和休谟一样，斯密并无心倡导一种特定的规范理论。进一步说，斯密倡导一种以自然自由为特征的伦理观，虽然解放了思想，释放了自由，推动了生产力的发展，增进了国民财富，但该理论从其创立之初就没有解决规范问题，从而导致基于该理论而建立起来的经济学产生了财富与美德相背离的问题。

通过引入"先天"概念，斯洛特创立的当代道德情感主义较好地克服了近代英国道德情感主义的理论缺陷，为情感主义道德确立了道德规范性。移情中的先天性直接赋予以移情为表现形式的自然情感因果机制以道德有效性。作为具有情感主义特征的道德规范性的来源，移情具有以规范为特征的情感表现形式——温暖或冷漠的感觉。什么样的行为会让人感觉温暖呢？答案是，符合移情原则的情感。那么，具有先天性特征的移情以什么原则来决定温暖或冷漠的感觉呢？答案是，以移情为

① Campbell T D. *Adam Smith's science of morals*. Totowa: Rowman & Littlefield: 1971. Raphael D D. *The Impartial Spectator*. Oxford: Clarendon Press: 2007.

② Hanley R P. *Adam Smith and the Character of Virtue*, Cambridge: Cambridge University Press, 2009. Otteson J, *Adam Smith's Marketplace of Life*. Cambridge: Cambridge University Press: 2002.

表现形式的自然情感机制。没有人能摆脱自然情感机制的约束，任何违背自然情感机制的行为，都不会给自己或他人带来温暖的感觉，也不会赢得他人的赞同，最终会被认定为不道德的行为。例如，由于受自然情感因果机制的支配，移情要求我们更易对眼前的人或事产生移情，如果一个人不帮助眼前的、自己的孩子，而帮助远方的、素不相识的陌生人的孩子，这就表明这种行为违背了移情原则，随之而来的是，它会给人带来寒心（冷漠）的感觉，因此会被评判为不道德的行为。再例如，面对遭遇矿难而大声呼救的工人，一个人如果不及时采取行动快速施救，而把用于施救的钱投入某个防止矿难发生的公司让该公司在遥远的未来进一步完善矿井的基础设施建设，这种行为也是不道德的，因为它能给人带来一种寒心（冷漠）的感觉。简而言之，由于引入了"先天"概念，移情在进行道德判断的过程中，其规范性不仅来自蕴含在这种情感内部的自然情感机制，而且来自具有先天地位的自然情感机制。

当斯洛特基于具有先天性的移情机制以指称固定的方式讨论道德善的时候，其道德情感主义学说中的规范理论便因先天性而具有了客观性和强制性。道德情感主义者须坚持情感立场，但情感却必然与主观撇不开关系，因为没有哪一种情感不具备主观表现形态。以主观情感为内容的道德如何具有客观有效性，这是道德情感主义面对的另一个理论难题。休谟论证的道德情感主义几乎完全建立在主观情感体验的基础上，在这种情感主义哲学中，道德规范最终演变成了一种不具客观性的主观体验。然而，道德自身却一直在呼唤着客观性。因此，由于没有在情感内部找到客观性，休谟转向了情感外部，即效用，来为道德确立客观性。进一步说，当情感主义思想家把道德判断标准确立为某种情感的时候，必定会遇到的理论难题是：发生在我身上的这种情感如何才能内在地具有客观有效性？如果它纯粹是主观的，那么，以这种情感为基础的道德哲学就是一种缺乏客观性的道德哲学，而如果它是客观的，例如，像斯密或休谟那样把客观性建立在外在于情感的美学原则或效用原则基础上，那么，就会面临无规范性的问题。为道德情感主义确立一种内在客观性是斯洛特的情感主义道德哲学面临的另一个理论任务，具有先天特征的移情最终帮助他成功地完成了这个任务。作为具有先天特征的自然机制，移情会"客观地"使人产生温暖。一个人在面对令人温暖的行为时，基于移情机制的作用，该人会不自主地也产生一种温暖的感觉。道德客观性来源于二阶移情，当旁观者看见或感觉到当事人的行为表现出了令人温暖的感情时，该人必然也会产生温暖的感觉，这个过程不由人的主观意愿所决定，具有客观必然性。由于移情机制具有一种剥离了主观意愿的客观性或必然性，因此，移情可以独立于人的意志而使人产生温暖或冷漠的感觉，并据此作出道德判断。这种客观性是人作为自然法则中的一员不得不接受自然法则支配的表现。在这个意义上，斯洛特的道德情感主义进一步认为，道德判断表现为令人温暖的情感，然而虽然这种情感具有主观表现形式，但它自身并不是主观判断，而是具有客观效力的客观判断。

四、结　论

在当代哲学语境中把近代英国道德情感主义排斥的"先天"概念重新引入情感主义哲学体系中，斯洛特的道德情感主义对近代英国道德情感主义实现了创造性发展。就道德情感主义的经验主义哲学基础以及就其与理性主义的关系来说，这种发展至少可以使我们得出两个极富启发性的结论。

就道德情感主义哲学的理论地基来说，被证成的"先天"意味着被 18 世纪英国道德情感主义者们视为理论地基的英国经验主义哲学需要得到重新理解。事实上，这也是斯洛特的基本立场。《道德情感主义》告诉我们，"基于我们目前的讨论，那似乎疯狂地跨越了经验主义的界限，我不是任何广义性的经验主义者，即便我的确承认很多经验主义者们都承认的下述重要命题：道德建立在情感的基础上"[1]。不仅如此，斯洛特还进一步说，"在对情感主义进行辩护和论证时，我不会像休谟那样认为经验主义是一种综合性的哲学。我们的某些概念并不会依靠或借助（感官）经验而习得，我要为乔姆斯基（Chomsky）或其他意义上的先天知识的可能性（或事实）留有一定空间。经验主义自然而然会全面接纳某种道德情感主义，而如果人们的主要目的是要论证道德情感主义，经验主义不管怎么说都不必讨价还价"[2]。时至今日，这意味着道德情感主义已然发展为一种具有独立身份的哲学流派，而非隶属于经验主义哲学的附属物，故，为了证成自身的关键性核心概念，该派哲学已不再固守其前辈们坚守的那种严格的经验主义哲学理论地基。对于道德情感主义哲学的发展来说，这是关键的理论突破。很显然，在《道德情感主义》一书中，斯洛特充当了该领域内的破冰者。

对于伦理理性主义与伦理情感主义之间的关系来说，证成位于温暖感/冷漠感中的先天，这意味着伦理理性主义与伦理情感主义不再是势不两立的对立关系，二者可以基于对自然的新理解找到一种更具包容性的融合之道。斯洛特的道德情感主义的理论依然具有情感表现形式，但与 18 世纪英国道德情感主义不同的是，它没有单纯否定先天概念，而借助改造克里普克的指称固定理论，重新论证了隐藏在道德赞同/不赞同中的先天性，从而为道德情感主义提供了规范性和客观性。然而，需要注意的是，虽然斯洛特的道德情感主义融合了"先天"成分，但它绝不能因此就被划入道德理性主义的阵营，不仅因为它在道德基础的问题上持有情感的立场，而且因为这种道德情感哲学所讨论的先天并不能独立于人的经验世界和感性情感而产生规范性和客观性，或者说，这种道德情感主义理论中的先天性仅仅只来自与温

① Slote M. *Moral Sentimentalism*. Oxford: Oxford University Press, 2010: 10.
② Slote M. *Moral Sentimentalism*. Oxford: Oxford University Press, 2010: 12.

暖或冷漠的情感紧密相连的移情机制。归根到底，这种道德情感主义中的"先天"在内容上与西方传统理性主义哲学所理解的"先天"并无任何相同或相通之处。毋宁说，在对近代英国道德情感主义理论进行创造性发展的同时，通过"先天"概念这个纽带，斯洛特的道德情感主义弥合了道德理性主义和道德情感主义的分歧，在哲学层面消除了自康德哲学以来的"先天"与自然的对立。自康德以来，当理性主义者们讨论先天性的时候，几乎总是持有一种反自然主义的态度，这几乎成了理性主义者们的惯有做法。从康德到帕菲特，从内格尔到斯坎龙，理性主义者们无一不对自然主义持有反对态度。在理性主义阵营之外，也有思想家对自然主义持有反对态度，例如，作为功利主义者和非自然主义者的摩尔和西季威克等。理性主义和情感主义在先天性和自然主义的问题上各执一词，长期以来，这种分裂的局面一直未能得到统一。对理性主义者而言，道德是先天性的但却不是自然的，然而，对于情感主义而言，尤其是对于近代英国道德情感主义而言，道德是自然的但却不是先天的。斯洛特所创立的当代道德情感主义弥合了这种分裂的局面，并在这个基础上要把理性主义中的先天性和近代英国道德情感主义中的自然主义统一起来。在迈阿密大学哲学系访学期间，笔者曾就"自然主义和先天谁更重要"这个问题当面请教过斯洛特。斯洛特迟疑片刻后回答说，"先天对我更重要，当我讨论道德的时候，我不讨论不自然的特征，但在我看来，移情是自然的，没有超越自然，我不讨论超越自然的东西。我的目标就是要把先天和自然统一起来"。就此言之，以对自然的新理解为基础，斯洛特找到了伦理理性主义和伦理情感主义的融合之道。

　　有鉴于突破了经验主义之哲学基础的道德情感主义哲学有重新厘定自身与伦理理性主义之间的关系的趋势，那么，我们可以进一步设想，蕴含着"先天"的道德情感主义哲学的理论愿景绝不会仅仅只停留在如何处理好自身与伦理理性主义的关系之上，而是要不断扩展自己的理论地盘。事实上，的确如此，斯洛特哲学后来的发展显示，移情不仅能在道德领域内发挥作用，而且能超越道德而在一般哲学领域内发挥作用。在蕴含着先天成分的移情概念的帮助下，斯洛特把情感主义从道德扩展到包括认识论在内的其他哲学领域，从而确立了哲学情感主义的独立身份与地位。当斯洛特把这种具有当代哲学气质的理论创新从道德领域推广到认识论、逻辑哲学、心灵哲学等其他哲学领域时，他主张，人类一切理性活动都包含着情感，没有不包含情感的理性活动。以此为基础，斯洛特创立了以移情为基础的情感主义美德认识论、情感主义美德美学、情感主义逻辑哲学以及情感主义心灵哲学等。就此言之，我们发现，美国当代道德情感主义正在逐步走出道德领域，走向更广阔的哲学领域，从发端于经验主义的道德情感主义演变成兼具经验主义和理性主义双重特色、具有独立身份的哲学情感主义。很显然，这不仅是一个值得引起道德情感主义者们关注的全新理论动向，而且也是一个值得引起包括道德理性主义者和功利主义者在内的所有非道德情感主义者们关注的全新理论动向。

附录三　论斯洛特道德情感主义哲学中的阴阳

迈克尔·斯洛特是美国当代美德伦理学的重要代表人物。在讨论美德的过程中，斯洛特尤其重视从情感的视角进行讨论，因此，斯洛特又被称为当代道德情感主义的代表人物。不过，在斯洛特本人看来，情感不仅是道德哲学的基础，而且是一切哲学的基础，更确切地说，他认为他的哲学不能仅仅被称为道德情感主义，而应该被称为情感哲学。最近一些年，很多中国学者都注意到一个令人感兴趣的现象：中国哲学中的阴阳概念已经进入斯洛特的情感哲学体系中，并且还在该体系中占据了非常重要的地位，发挥了极为重要的基础性作用。事实上，斯洛特不仅在很多论文中多次深入讨论了中国哲学中的阴阳概念，而且还出版专著《阴阳的哲学》详细讨论了阴阳概念。基于对这个现象的观察，很多中国学者不禁会问，作为一个非汉学家，斯洛特为何会把中国哲学的阴阳概念纳入其情感哲学体系？或者说，中国哲学中的阴阳概念因何种契机而进入斯洛特的情感哲学体系之中？进入之后，阴阳在该哲学体系中发挥什么功能？事实上，这些问题也曾一度令笔者深感困惑。带着这些问题，以文本细读与翻译为基础，基于2016—2017年笔者在迈阿密大学哲学系访学期间与斯洛特进行的深入讨论，笔者对斯洛特情感哲学体系中的阴阳概念进行了系统研究。聚焦于阴阳概念的本质与作用，本书试图对斯洛特情感哲学体系中的阴阳概念进行阐述。

一、阴阳的本质

探明阴阳在斯洛特情感哲学中的本质，即为探明阴阳得以进入其情感哲学的契机或原因，斯洛特最早对中国哲学发生兴趣，源于对亚里士多德美德伦理学在西方没落的原因的思考。2010年，斯洛特出版了《道德情感主义》一书，斯洛特在该书扉页上表示要把该书献给休谟。斯洛特公开表示，"若无休谟，将无本书"[①]。就思想史的关联性而言，该书与18世纪英国道德情感哲学家休谟的情感哲学思想具有紧密关联。该书出版三年之后，斯洛特于2013年在《道》这本杂志上发表了《阴阳新解》一文；到了2014年，斯洛特相继发表了《阴阳与道德情感主义》等论文，明确地把阴阳与道德情感哲学关联起来；自2014年之后，斯洛特把对阴阳的讨论从道德领域扩展到认识论、心灵哲学等领域，并在牛津大学出版社出版《心灵情感主义理论》等专著。斯洛特在2010—2014年的学术思想演变过程表明，就时

---

① Slote M. *Moral Sentimentalism*. Oxford: Oxford University Press, 2010.

间线索而言，在《道德情感主义》出版之后，斯洛特才开始关注阴阳，同时这也表明，就思想史之间的关联性而言，为斯洛特所重视的阴阳概念，在一定意义上也与 18 世纪英国道德情感哲学具有紧密关联。那么，把这一切关联起来的"连接点"到底是什么呢？这是我们将要讨论的问题。

18 世纪的英国道德哲学，是一种以情感为主旋律的道德哲学，不管是沙夫茨伯里还是哈奇森，不管是休谟还是斯密，他们都视情感为道德哲学的基础，并从这个出发点论述了建立情感主义道德理论的可能性问题。在情感主义道德哲学的理论构架中，把情感论述作为道德的基础，这不难，然而，要把情感论述作为道德判断原则的基础，则是一个相当有挑战性的工作。其挑战体现为两方面。其一，使道德判断原则摆脱情感之"情"所带来的主观性，从而使道德判断原则具有客观效力。其二，对情感主义道德判断原则的内在运行机制进行描述。为了把情感确立为道德判断原则，休谟的道德哲学在这两个方面都做出了努力。在休谟之前的 18 世纪英国道德情感哲学家，如沙夫茨伯里和哈奇森，在讨论道德判断原则的时候，均把某种特殊类型的自然情感，如仁爱，视为道德判断原则的基础。很显然，对于把情感（如仁爱）视为道德基础的情感主义道德哲学家而言，这不仅会为自身招致"循环论证"的批评，而且会面临着在何处寻找道德判断原则之客观效力的问题。为了解决这个问题，哈奇森采用的办法是，通过诉诸情感的后果——情感给当事人或旁观者带来的益处的大小或幸福的量——来为道德判断原则寻找客观效力，因此，哈奇森在其道德哲学中明确表示，为了对以仁爱为动机的行为进行道德判断，我们需要遵循的原则是"最大多数人最大幸福"原则[①]。这种做法受到了休谟的道德哲学的批判，休谟试图把情感主义道德判断原则建立在情感——同情（sympathy）——之上。同情即为情感与情感之间的感染，这种感染既可以发生在个体与个体之间，也可以发生在个体内部的不同感官之间。首先，个体与个体之间的情感很容易相互感染。苦难导致的结果，如悲痛、哀伤、眼泪、叫喊、呻吟等，都会以一种非常活跃的方式触动我们，使我们充满怜悯和不安[②]。当主体遭遇了幸福或苦难之后，就会展现某种情感，从而在我们心中引起快乐或不安的同情活动。同理，对于当事人所表现出的愉快，旁观者也是"通过感染或自然的同情而进入这同一种愉快的心境，领略这种情感"[③]，由于人都会热爱使人快乐的东西，所以在同情的作用下，人们就会对传达出了愉快情感的人自然而然地产生好感。例如，一个人走进剧院，很容易就会被演出者所展现的情感所影响。其次，同一个体身上的不同感官之间也很容易相互感染。例如，在朗诵的过程中，某些音节或字母如果给说话器官带来了痛苦，那

---

① ［英］弗兰西斯·哈奇森：《论美与德性观念的根源》，高乐田等译，杭州：浙江大学出版社，2009年，第 127 页。

② ［英］休谟：《道德原则研究》，曾晓平译，北京：商务印书馆，2001 年，第 71 页。

③ ［英］休谟：《道德原则研究》，曾晓平译，北京：商务印书馆，2001 年，第 101 页。

么，出于一种同情，耳朵也会显得刺耳和不快。同情所具有的这种感染性，使得人的心灵变成了一面可以相互反射情感的镜子，"人们的心灵是互相反映的镜子，这不但是因为心灵互相反映它们的情绪，而且因为情感、心情和意见的那些光线，可以互相反射，并可以不知不觉地消失"①。把同情理解为情感与情感之间的感染，休谟赋予了同情以一种既属于人又不属于人的特性。同情属于人，是因为它是人所表现出的情感；同情不属于人，是因为这种情感本质上是一种情感自然发生机制，是一种属于自然法则的东西。因此，同情作为道德判断原则，虽然具有情感的表现形式，但实际上却拥有一种来自自然的客观效力。把具有情感形式的自然法则视为道德判断原则的内容，休谟把18世纪道德情感哲学的理论建设向前推了一大步。然而，在讨论同情的内在运行机制的时候，休谟认为效用才是最重要、具有决定性的因素。很显然，效用是情感所产生的某种后果或结果。就此而言，在对以同情为内核的道德判断原则的内在运行机制进行描述的过程中，休谟依然没有落入来自他的前辈——哈奇森——从情感的后果或结果入手的窠臼。然而，这正好构成了斯洛特讨论情感主义道德判断原则的起点与挑战。

如何立足一种源于自然且具有情感表现形式的自然法则讨论道德判断原则，并对该原则的内在运行机制进行描述，构成了《道德情感主义》一书的核心命题。在当代西方哲学语境中，斯洛特摒弃了休谟的"同情"概念，其重要理由之一在于，该概念属于启蒙时代，在情感倾向上具有太多的投射性，这并不能得到斯洛特的赞成。较之同情，斯洛特更重视情感的接受性或容纳性（receptivity），但与此同时，斯洛特并不排斥情感的投射性。更确切地说，他认为情感同时具有接受性和投射性，以此为基础他把具有这种情感特征的道德判断原则称为移情（empathy）。虽然移情和同情在情感的投射或接受问题上各有偏爱，但是，作为情感主义道德判断原则，二者同样拥有一种既属于人又不属于人的特性，因此，二者不仅具有情感的形式，而且具有有别于情感的、源于自然的客观效力。斯洛特把移情视为其道德情感哲学的道德判断原则，认为任何处于二阶移情阶段的、令人感到温暖的情感都能成为道德情感②。无疑，把移情成功确立并论证为道德判断的原则，这意味着《道德情感主义》在当代道德哲学语境中解决了18世纪道德情感主义者留下的历史遗留问题。一旦把移情确立为道德判断原则，斯洛特的道德情感主义便彻底改变了元伦理学认为道德情感不具规范价值、只是情绪表达的看法，而且还对当代西方盛行的关怀伦理学理论进行有效推进。

然而，当移情被确立为道德判断原则之后，斯洛特面临的下一个必须解决的问题是要对移情的内在运行机制进行描述。很显然，哈奇森和休谟情感从后果或效用

---

① ［英］休谟：《人性论》，关文运译，郑之骧校，北京：商务印书馆，1980年，第402页。

② Michael Slote. *Moral Sentimentalism*. Oxford: Oxford University Press, 2010: 39.

入手来描述情感的内在运行机制的做法显示，这不是一种成功之道。历史留下的前车之鉴必须予以重视。在对这个问题进行思考的过程中，中国哲学中的阴阳概念进入了斯洛特的视野。斯洛特发现，中国传统哲学中的阴阳概念可以用来准确地描述移情内在具有的、以情感的接受和投射为表现形态的情感运行机制。纳入了阴阳的视域之后，斯洛特这样解释作为道德判断原则的移情的内在运行机制：当我感知到某人的痛苦时，就意味着我接受或容纳了该人的情感，对他人情感的接受或容纳即为"阴"。由于移情不仅包含以"阴"为表现形式的情感的接受或容纳，也包含以"阳"为表现形式的情感的投射或生发，因此，一旦我感知或接受到对方的痛苦情感，如果我对我感知或接受或容纳的痛苦无动于衷，很显然，这便违背了蕴含于移情内部的阴阳法则。对某人有移情，首先要接受他人的痛苦情感，然后，移情就会产生一种动机，使人产生缓解他人痛苦的动机，这构成了移情的阴阳两面。

至此，我们发现，如果说阴阳在中国哲学中的本质或意义是多维的，那么，在斯洛特的情感哲学中，它的本质便演变成了一种纯自然意义上的概念，用来对自然情感的内在运行法则进行描述。然而，需要注意的是，斯洛特虽然在自然意义上使用阴阳概念，但他并不赞成在哲学中在实物意义上使用该概念，比如，讨论食物或某些自然事物的阴阳特性。毋宁说，斯洛特沿着自然的路径在一个非常抽象的意义上使用阴阳概念，对以自然情感的容纳和投射为表现形式的内在运行机制的描述为起点，斯洛特试图把它发展为一个高度抽象的基本哲学原则，并把对情感的讨论从道德领域延伸至一切哲学领域。斯洛特注意到，很多中国传统哲学家，如孟子或王阳明，均不像他那样使用阴阳概念。在他看来，如果孟子能用阴阳来解释"仁"，那么，该概念或许会被解释得更好。斯洛特注意到王阳明等哲学家在讨论阴阳的时候，也纳入了一种自然主义的视角，这是他与王阳明哲学的相通之处。但是，与王阳明不同的是，他认为自己沿着自然主义的路径把阴阳进行了高度抽象，而中国哲学家一般不会采用这种方式讨论阴阳。斯洛特认为，以这种方式讨论阴阳，正体现了自己对阴阳的更新。那么，我们不禁要问：这种被更新后的阴阳观在斯洛特的哲学体系中发挥了什么功能呢？

二、阴阳的功能

虽然阴阳首先通过道德哲学，尤其是道德情感主义的路径进入斯洛特的哲学视域中，但是，阴阳在斯洛特哲学体系中却不限于只在道德哲学中发挥其应有的功能。在道德哲学中，阴阳本质是要对自然情感内部的自然运行机制进行描述，并为道德情感哲学提供深层理论基础。在阴阳被确立为道德情感哲学的基础的同时，情感的内在运行机制也得到了清晰的解释，美德的运行机制也得到了解释。此时，斯洛特发现，凡是一切与人有关的哲学活动，均不能离开人的感知能力，更不能离开人的情感，人类一切情感均具有阴阳的特性，以此类推，一切以情感为动机的心灵也具有阴阳的特性。阴阳既是一切美德赖以运行的基础，也可以用来解释一切美德的内在运行原理。对于以理性为内核的美德，也能用阴阳予以解释。世界上存在着两种类型的理性，一种是实践理性，另一种是认知理性，不管哪一种类型的理性，都有可能成为美德。总之，不管哪一种美德，都能用阴阳予以解释。与实践理性有关的美德，是一种与人的行动或行为有关的美德。与认知理性有关的美德，是一种与人的信念有关的美德，2014 年牛津大学出版社出版的《心灵情感主义理论》一书用阴阳系统解释了心灵的运行原理以及发生在心灵中的认知美德。此后，斯洛特进一步扩展阴阳的应用领域，用阴阳来解释美学美德。就此而言，阴阳已经超越了道德哲学领域，被斯洛特扩展到了认识论、美学领域，在这些领域中发挥了重要哲学作用，并用来解释这些领域内的美德的运行机制。因此，在与人类的心灵活动有关的各领域中，阴阳至少能用来解释伦理美德、认识论美德和美学美德。

第一，阴阳能解释伦理美德的运行原理。如果阴阳在心灵中顺利运行，就会产生一种有美德的心灵。以同情这种美德为例，同情是一种美德，它就既包含阴，也包含阳。如果一个人感知到了另一个人的心灵中的情感，却对他人的情感感受无动于衷，在斯洛特的美德观看来，这本身就是一种精神病态的表征。所谓同情，首先需要以开放的心态对他人的感受或情感进行感知，这就是阴，在此基础上，它还要求对这种感知报以温和的或正面的或肯定性的赞许态度，即，给予同情式反馈，唯有如此，才能生成真正的同情这种美德。再如，我在一个房间里，但房间着火了，我无法扑灭大火，需要逃生，我能感受到我心中充满恐惧，这时候，我看到了一扇门，在这种情境中，所谓"阴"，指的是我对周围的世界的意识，还指我注意到了燃烧的大火，所谓"阳"，指的是我产生通过门逃离火灾现场的动机。在这种场景中，阴阳的在心灵中若能有效运行，就会直接推动心灵产生审慎（prudence）这种美德。如果一个人发现房间着火了却依然待在房里，这就是不审慎的表现。如果一个人足够审慎，就肯定会选择逃离火灾现场。在此意义上，如果你能在心灵中让阴阳有效运行，那么，你的心灵就能产生美德。当斯洛特从情感出发讨论美德并用阴阳对美德予以解释的时候，有一个必不可少的前提，即，这种情感是否获得了人的注意力，唯有如此，一种情感方能具有阴阳的属性，也唯有如此，这种情感才能发展为美德。对于那种未能充分获得人的注意力就产生的情感，由于未被人的注意力所关注，既未被人接受或容纳，也未使人产生动机，斯洛特认为那种情感不在美德讨论的范围之内。例如，恐慌就是这种类型的情感。当一个人感到恐慌的一刹那，既没有充分的意识，也没有明确的行为倾向，因此，这种情感既不具有阴的属性，也不具有阳的属性。与此紧密相连的恐惧，则是一种同时具有阴阳属性的情感。恐慌是一种非理性的情感，位于美德反面，与美德处于对立状态。

　　第二，阴阳能解释认识论美德的运行原理。尽管亚里士多德曾在《前分析篇》和《后分析篇》中讨论过认识论美德，但并未引起西方人的充分重视，直到最近40年以来，西方哲学才开始普遍关注并讨论认识论美德问题。不过，就目前西方学者对认识论的讨论而言，几乎所有思想家都认为，信念不包含情感因素。但是，这在斯洛特看来是有问题的，因为信念不仅包含情感，而且可以用蕴含在情感内部的阴阳观予以解释并确立一种认识论美德。以容纳或接受为表现形式的阴和以决断力或目的性为表现形式的阳，在认识论领域也如同在伦理学领域内一样，承担着重要角色。认识论意义上的容纳或接受，与伦理学意义上的容纳或接受一样，都指一种天然的接受力或容纳力，这是二者唯一具有的相同点。二者的不同之处在于，二者所接受或容纳的对象是不同的，前者指的是对他人情感或感受的容纳或接受，而后者则指的是以开放的心灵接受或容纳他人的意见或对周围世界的感知。斯洛特把接受或容纳视为认识论和信念论证中的"阴"，在认知世界的时候，我们自然而然会对周围世界形成感知。这是一个自动的过程，它使我们相信周围世界的真实存在，在此意义上，我们有理由可以反对认识论怀疑主义（epistemological skepticism）。斯洛特把我们在感知世界的过程中产生的决断力或目的性理解为认识论中的"阳"。当科学家在等待增加更多实例或证据或对立理论之前就推论出了自己的理论或结论时，他们对这种推理过程所拥有的决断力和控制力要远大于那些犹豫不决、优柔寡断的思想家，因此，犹豫不决的思想家实际上显现出了一种认识论上的软弱状态。据此而言，在认知领域内的"阴"的内容虽然是一堆以非推理性为特征的记忆或知觉，但它却是理性证明或推理赖以进行的基础所在，而"阳"则是理性证明或推理得以顺利进行的动力所在。知觉和记忆以"阴"的方式给人提供信念，而信念以"阳"的方式进行概括或理论总结。虽然正常的推理必须以某种已为人所接受的东西为起点来进行，也就是说，以接受力或容纳力所接受或容纳的某种东西为前提来进行推理，但是，在推理过程中，人们既可以表现得犹犹豫豫，又可以表现得极富决断力，唯有在后一种情形中，才能产生认识论意义上的美德。在此意义上，当然，如果推理符合认识论美德，它还需要展示出某种具有主动特征的针对性或控制力。因此，推理的全过程，既证明了阴的接受性或容纳性，也证明了阳的主动性或直接性。

　　第三，阴阳能解释美学美德的运行原理。借用王阳明的知行合一观，斯洛特对美学美德进行了解释。王阳明的知行合一观表明，在道德领域，如果你知道了什么东西是善的，那么，你就会立即去行动。斯洛特认为，知行合一也能扩展至美学领域。如果你看见了美的事物，你就要进行审美欣赏。前者被我们称为伦理美德，而后者则被我们称为美学美德。一个人若感知到了美，在美学的意义上就具有了"阴"的属性，而一旦该人以此为基础开始欣赏这种被自己感知到的美，那么，该人在美学意义上就具有了"阳"的属性，二者结合起来，就构成了一种美学美德。

同理，在讨论美学美德的时候，斯洛特讨论问题的前提与其讨论伦理美德前提是一样的，即，二者都要以主体意识到某种事物或对象为前提，若一个事物未能被主体意识到，就既不会使人产生伦理美德，也不会使人产生美学美德。斯洛特注意到，王阳明也在其哲学中讨论过美学问题，以"山中花树"为例，王阳明认为"你未来看此花时，此花与汝心归于同寂；你来看此花时，则此花颜色一时明白起来：便知此花不在心外。"（《传习录·下》）。不过，在斯洛特看来，他所讨论的美学美德与王阳明的讨论不一样，区别在于，讨论美学美德的时间前提是你开始看此花之后。更确切地说，在这个前提下，此花的感觉与花的颜色是否会一时明白起来，这其中起决定作用的是一个人是否拥有美学美德。对于拥有美学美德的人而言，在看到此花的时候，此花的感觉与花的颜色会立即明白起来。对于不拥有美学美德的人而言，即使看到了此花，此花的感觉与花的颜色也同不会明白。

　　虽然斯洛特的情感哲学重点讨论了阴阳在心灵中的运行原理并对以情感为基础的心灵活动的美德进行了解释，但斯洛特同时也注意到，阴阳不仅存在于心灵世界，而且广泛存在于一切事物之内，就此而言，阴阳可以成为一种新世界观的基础。以运动和静止为例，西方哲学很早就开始关注运动与静止的问题，亚里士多德说，运动是不自然的，而静止是自然的，而伽利略、牛顿等人不认可亚里士多德的观点，牛顿认为世界上的基本法则是运动法则，并以此为基础为现代科学奠定了基础。斯洛特注意到，周敦颐把静止视为阴，把运动视为阳，"太极动而生阳，动极而静；静而生阴，静极复动。一动一静，互为其根。分阴分阳，两仪立焉"（《太极图说》），周敦颐用阴阳来解释运动和静止的法则，在此意义上，他认为周敦颐甚至先于牛顿为现代科学奠定了基础。不过，斯洛特认为周敦颐并未明确说过，静止和运动含有什么共同的元素。但是，牛顿对此发表过自己的观点。牛顿认为静止和运动受相同的法则所支配，只要没有外力干扰，二者都会继续下去，因为二者受相同法则支配，也就是说，静止和运动含有某种共同的东西。那么，这种共同的东西是什么呢？在斯洛特看来，这种共同的东西就是阴阳。固然，把运动视为阳而把静止视为阴是一种富有洞见的观点，但这远远不够。观察显示，一个运动的物体，若要继续运动，就需要从先前的运动中接受动能，然后继续保持运动状态。接受即为"阴"，而继续保持运动状态即为"阳"。同理，静止也可以这样解释。因此，运动和静止自身就分别包含"阴"和"阳"。除了运动与静止之外，很多其他现象也可以用阴阳予以解释。例如，化学活动中也广泛存在着阴阳。一个铁器，如果长期接触空气（阴），就会生锈（阳），此为化学中的阴阳。不过，化学家们虽然经常与这些化学活动打交道，但却没有注意到那就是阴阳。总之，阴阳存在于一切事物中。阴阳不仅仅只存在于心灵之中，而且存在于整个世界。就此而言，阴阳是心灵世界和心灵之外的世界共同拥有的法则。不过，我们需要注意的是，虽然斯洛特认为心灵世界与非心灵世界共同拥有阴阳，但他却坚决反对把心灵视为物质世界。不过，通过发现心灵世界和非心灵世界之间的共同元素，斯洛特认为我们可以找到心灵世界与非心灵世界保持和谐的基础。古代中国哲学认为，心灵与心灵周围的世界是和谐的状态。在斯洛特看来，心灵与非心灵世界之所以能保持和谐，是因为二者都含有阴阳元素，换句话说，阴阳既为二者的和谐状态提供了最初的基础，也为二者的和谐状态提供了相同的法则。

三、结　语

很显然，中国哲学中的阴阳概念是多维的，其内涵远比斯洛特所讨论的阴阳要丰富得多，基于对道德情感哲学，尤其是对情感的内在运行机制的研究，斯洛特以一个较小、较窄的切入角度把阴阳与自己的道德哲学体系结合起来。斯洛特之所以能把阴阳纳入自己的哲学体系之中，最初的契机与斯洛特对道德情感问题的研究紧密相关。斯洛特对道德情感问题研究，其理论来源与 18 世纪苏格兰启蒙学派中的休谟哲学有非常密切的关系。对 18 世纪苏格兰启蒙学派的道德情感学说的全面综合考察显示，自然主义是该派情感学说的深层哲学基础。或许正是基于这个原因，当康德后来批判该学派的时候，他批判的对象不是"情感"而是"自然"。从自然出发对道德情感的内在运行机制进行系统描述，构成了 18 世纪苏格兰启蒙时期道德情感哲学的主要问题意识。无疑，斯洛特在讨论道德情感问题的时候，也面临着相同的问题意识并且试图也以自然主义路径来解决这个问题，由于纳入了中国哲学中的阴阳概念，较之 18 世纪的道德情感哲学，无疑斯洛特所提出的道德情感学说显得更深刻、更具合理性。不过，我们始终需要注意的是，斯洛特与 18 世纪的道德情感学派一样，二者都是在自然主义的视域中讨论情感，也正是基于这个原因，为斯洛特所讨论的阴阳，总是染上了浓厚的自然意蕴和自然意义上的抽象意蕴。在此意义上，斯洛特情感哲学体系的阴阳可以被视为是 18 世纪苏格兰启蒙时代的道德情感哲学沿着自然主义路径进一步向纵深发展的必然结果。

值得一提的是，在西方道德情感哲学的语境中对阴阳的本质与功能进行了解释之后，当斯洛特转向当代中国哲学语境来考察阴阳时，他发现当代中国哲学并不重视阴阳，相反，阴阳被视为一种过时的甚或一种迷信的观念，《阴阳新解》指出，"古老的中国阴阳概念在今天并未引起充分重视"[①]。不仅如此，斯洛特还发现，当代中国人研究中国哲学的时候不仅有忽视自己的哲学传统的优秀元素的倾向，而且还存在着试图用西方哲学的术语或思想来解读或肢解中国哲学的倾向，在他看来，这需要得到改变。一方面，西方哲学过于重视理性，而这本身是有问题的，就此而言，

---

① Michael Slote. Updating Yin and Yang. *Dao*, 2013, 12(3): 271-282.

西方哲学需要重启，而唯有中国哲学"能成功地按下重启键"①；另一方面，他认为中国哲学若要在世界哲学舞台上真正发出自己的声音，首先必须自己肯定自己，不能一味用西方哲学的思维或观念来改造或肢解自己，因为中国自己的哲学传统内本身就存有值得西方学习的东西。中华民族的复兴，离不开中华传统文化的复兴。如何使优秀传统文化得到复兴，无疑，美国学者斯洛特的做法给我们提供了有益的借鉴与参考。

---

① 迈克尔·斯洛特：重启世界哲学的宣言：中国哲学的意义，学术月刊，2015(5)：36-42.

后　记

本书在写作过程中得到了很多师友的指点与帮助，在此，我想对他们表达最诚挚的谢意。非常感谢迈阿密大学迈克尔·斯洛特教授。作为迈阿密大学的"大学教授"①，斯洛特教授不仅以卓越的研究成果备受认可，而且以杰出的教学业绩受到了包括访问学者在内的众多师生的尊敬。受国家留学基金管理委员会资助，我于2016年1月至2017年3月在迈阿密大学哲学系从事学术访问。在讲座、听课、写作和阅读之余，斯洛特教授坚持每周与每位访问学者在办公室进行两次学术谈话。正是在这些学术谈话的过程中，我开始思考本书讨论的核心问题。学术访问期间，承蒙斯洛特教授信任，我开始翻译 *Moral Sentimentalism* 和 *A Larger Yin/Yang Philosophy: From Mind to Cosmic Harmony*②，翻译过程让我进一步深化了思考。在写作的过程中，万俊人教授、田海平教授、江畅教授、戴茂堂教授和龙静云教授等富有智慧且诲人不倦的师长通过各种不同方式推动我进一步完善了思考，在此我想对他们一并表达感谢！本书在出版过程中，得到了科学出版社"道德·价值·文化丛书"的支持，编辑杨婵娟女士和陈晶晶女士对本书提出了很多宝贵修改意见，付出了很多耐心，耗费了很多精力，在此，我想对她们表达最特别的谢意！

特别要指出的是，本书为湖北省社会科学基金重点项目暨习近平文化思想研究专项课题成果，感谢湖北省委宣传部对本课题的支持。课题组申报题目是"湖北文化的国际传播能力和效能"。该项目乍看起来似乎与本书的主题联系不大，但事实上，其与本书讨论的主题有非常紧密的关联，甚至可以说本书讨论的主题构成了该项目不可或缺的基础研究。自从2013年开始为《中国文化发展报告》撰写"中国文化国际传播与影响力报告"这一分类报告以来，我已以本书阐明的基本理论为基础连续多年考察了中国文化国际传播与影响力问题。基于对相关数据进行的分析，我发现中国文化在国际传播过程中持续表现了"贸易赤字"。针对该问题，我和课题组成员围绕文化传播与本书讨论的情感机制引起的赞同问题提出了一系列对策建议，其中多篇对策建议类文章已被咨政建言类刊物刊发，有的还获得了政府相关部门和领导批复，对社会产生了积极影响。这充分说明，就基础理论研究与实践应用研究的关系来说，前者是后者取得真正有分量的研究成果的重要基础与支撑。

虽然在黑尔在《道德语言》中明确说过，任何道德赞同都要以某种既定判断原

---

① 大学教授（University Professor）是美国大学系统中极荣耀和稀有的荣誉头衔，相当于一所大学的名片。获此殊荣的教师不仅是享有极高荣誉和非凡国内外影响力的顶级学者，也必须具备卓越的教学能力，是一位备受尊重的优秀教师。虽然大学没有对任命大学教授的人数做出硬性限制，但该头衔所承担的特殊职责和严格的选择标准决定了只有极少数教授能获此殊荣。

② 这两本书的中译本《道德情感主义》和《阴阳哲学大观：从心灵和谐到宇宙和谐》，即将在商务印书馆出版。

则为前提，但事实上，如休谟和斯洛特所言，道德情感主义哲学将不以任何既定判断原则为预制前提的道德赞同作为前提讨论道德判断。这充分说明，道德情感主义者不会以既定道德判断原则为预制前提讨论道德赞同以及道德判断。之所以如此，是因为道德情感主义者们始终基于情感机制讨论道德赞同。换言之，由于可以根据有别于任何既定道德判断原则的新基础讨论道德赞同和道德判断，所以就不必以既定道德判断原则为前提讨论道德赞同和道德判断。不过，虽然所有道德情感主义者都以情感机制为前提讨论道德赞同和道德判断，但由于多种原因，不同道德情感主义者对同一情感机制给予了不同的名称，比如，沙夫茨伯里和哈奇森曾将其命名为道德感官，休谟和斯密曾将其命名为同情，斯洛特则将其命名为移情。尽管情感机制在道德情感主义哲学中具有如此重要的基础性和前提性地位，但除了斯洛特外，却鲜有思想家真正基于情感机制本身为道德情感主义哲学提供道德赞同原则，虽然所有18世纪英国道德情感主义者都曾试图以此为理论目标。通过阐述隶属于情感机制的内在阴阳原则，斯洛特给我们描述了内在于情感机制自身的赞同原则和规范原则，较之18世纪英国道德情感主义哲学，这是一个了不起的理论贡献。本书指出，被视为道德赞同的情感机制除了具有以阴阳为表现形式的客观性之外，还需具有主观表达形式，这种主观表达形式不是18世纪英国道德情感主义者们说的苦乐感，也不是斯洛特说的温暖感/冷漠感，而是无利害感。虽然沙夫茨伯里曾明确讨论过这种无利害感，但却没有把它与公共善紧密联系在一起，直到多年后，斯密在《国富论》中才隐晦地把无利害感与公共善联系在一起。即便如此，斯密也没有明确地把无利害感视为道德赞同的情感表达。《国富论》指出，自爱之人能以非本意的方式实现社会公共利益/善，"非本意"意味着支配自爱之人实现公共善的情感感受既非苦乐感，也非温暖感/冷漠感，因为这些感受直接隶属于主体自身，要么为之所欲求，要么为之所回避，在这种情况下，无利害感就成了支配主体以非本意的方式实现公共善的情感感受。斯密真正想说的似乎是，只有受无利害感支配，情感机制才能真正指引自爱之人以非本意的方式实现公共善。在这个意义上，我们可以说，受无利害感支配的情感机制也是民族/地域文化传播的内在机制。对于现有文化传播理论来说，虽然这是一个新观点，但它却受到了文化传播现象与事实的有力支撑。对包括影视、报纸、图书、习俗、风尚等在内的文化传播现象的研究显示，唯有遵循内在情感机制，文化传播才能取得良好的效果；反之，若违背了内在情感机制，任何文化都难以传播开来。

正是基于这种关联，课题组曾以"中国文化国际传播与影响力报告"为题在2013—2023年坚持为《中国文化发展报告》蓝皮书撰写分类报告，并取得了良好社会影响。就此言之，道德情感主义哲学中的情感机制的理论范畴不仅属于伦理学，更属于伦理学之外的广阔哲学领域。因此，不管是伦理学研究，还是伦理学之外的其他研究，都有很多工作等待我们去完成。